后种族隔离时代南非对外战略研究

South Africa's Foreign Strategy after Apartheid

张　凯　著

国家社科基金后期资助项目
出版说明

后期资助项目是国家社科基金设立的一类重要项目，旨在鼓励广大社科研究者潜心治学，支持基础研究多出优秀成果。它是经过严格评审，从接近完成的科研成果中遴选立项的。为扩大后期资助项目的影响，更好地推动学术发展，促进成果转化，全国哲学社会科学工作办公室按照“统一设计、统一标识、统一版式、形成系列”的总体要求，组织出版国家社科基金后期资助项目成果。

全国哲学社会科学工作办公室

目录 Contents

导 论

一 选题的缘起及意义

南非位于非洲大陆的最南端，东、南、西三面为印度洋和大西洋所环绕，北部陆地边界与纳米比亚、博茨瓦纳、津巴布韦、莫桑比克等国相邻。这些邻国与南非实力对比相去甚远，远无法对其构成威胁。这一基本的地缘政治优势为南非寻求大国地位和发挥区域大国作用奠定了坚实的基础。南非不仅地缘位置重要，而且拥有丰富的战略矿产资源和稀有金属，有“矿产波斯湾”之称。[①] 特别是通过谈判方式结束种族隔离制度、实现民主政治转型的独特经验，不但被视为一种奇迹，而且无形中提高了南非的声望和道德影响力。正因如此，很多学者认为，南非在国际舞台上发挥了超越其自身实力的影响力。在此基础上，后种族隔离时代的南非开始了在非洲大陆和全球层面追求大国地位的外交历程。

（一）选题的缘起

1994 年 4 月，南非举行首次非种族、非歧视、包容性民主大选。非洲人国民大会（简称非国大）赢得 63% 的选票，代表白人利益的国民党与以祖鲁族为支持基础的因卡塔自由党分别获得 20% 和 11% 的选票。根据南非过渡宪法的规定，非国大与国民党和因卡塔自由党联合组建民族团结政府（Government of National Unity）。1994 年 5 月，非国大领袖曼德拉成为南非历史上首位经民主选举产生的黑人总统，塔博·姆贝基和德克勒克为副总统。这一事件不仅意味着实施了近半个世纪的种族隔离制度的彻底崩溃，而且为南非与地区国家及域外国家关系的演变开辟了新的空间。正如英国学者詹姆斯·巴博（James Barber）所言，国内革命改变了南非的对外关

① 杨立华、葛佶、何丽儿、舒展、贺文萍等：《正在发生划时代变革的国度：南非政治经济的发展》，中国社会科学出版社，1994，第 205 页。

系。新政府的产生标志着南非自我认知与其他国家对南非认知的改变。[①]

种族隔离时期，为维持少数白人对国家权力的控制，南非白人政府对地区邻国采取殖民与强权政策，因而在南部非洲地区建构了一种相互敌对的国家间关系。从第二次世界大战结束到1990年，南非逐渐沦为国际社会的“弃儿”，对外交往的国际和地区空间大为压缩。南非不仅丧失了大多数国际组织的成员资格，而且大多数国家，特别是非洲国家断绝了与南非的外交关系。政治上被孤立、经济上受制裁是南非白人政府面临的基本国际困境。随着1990年后德克勒克政府的改革与国内政治协商进程的开启，南非与地区和世界的关系开始发生显著变化。虽然这与冷战结束和国内政治谈判进程的开启不无关联，但是南非对外关系的实质性变化还是发生在曼德拉执政之后的民主政府时期。

早在上台执政之前，曼德拉就在1993年第5期《外交事务》杂志上发表的《南非未来的外交政策》（“South Africa’s Future Foreign Policy”）一文中详细阐述了非国大执政后南非的外交政策取向与南非外交所遵循的基本原则。他认为，人权问题是国际关系的核心，对人权的理解不仅应超越政治，还应包括经济、社会和环境范畴；人类问题的持久解决只能通过在世界范围内推进民主来实现；应通过国际法和尊重正义来指导国家之间的关系；和平是所有国家追求的目标，必须通过国际社会共同同意的非暴力机制，包括有效的军控机制来实现和平；非洲大陆的利益与关切应反映在南非的外交政策之中；经济发展有赖于在相互依赖的世界中加强地区与国际经济合作。[②] 南非对自身身份的认知由西方在非洲大陆抵御共产主义的桥头堡角色转变为对非洲国家身份的认同。身份认同的转变与曼德拉的道德浪漫主义情怀迅速改变了南非与非洲国家和国际社会的关系。南非不仅与世界绝大多数国家恢复和建立了正式的外交关系，而且重新被绝大多数国际组织接纳为成员。

虽然南非新政府无论在价值观念还是遵循的外交原则方面都与种族隔离政权呈现截然不同的风貌，但在关于南非国际地位的认知上也存在某种连续性。正如约翰·巴拉特（John Barratt）所言，在大部分方面，南非新的自我形象与旧形象相当不同。主要的连续性便是南非外交决策者仍然把

---

① James Barber, *Mandela's World: The International Dimension of South Africa's Political Revolution 1990 - 1999*, Athens: Ohio University Press, 2004, p. 5.

② Nelson Mandela, “South Africa's Future Foreign Policy”, *Foreign Affairs*, Vol. 72, No. 5, 1993, p. 87.

南非视为一个主要的国际行为体。[①] 新南非在积极拓展全面外交[②]的同时，也积极利用反种族隔离斗争的历史神话与道德资产来提高自身的国际影响力，并试图在全球多边主义外交中发挥引领作用。例如，新南非不仅利用作为南部非洲发展共同体主席（1995～1999 年）、联合国贸发会主席国（1996～1999 年）、不结盟运动主席（1998～2001 年）、联合国人权委员会主席（1998～1999 年）、英联邦集团主席（1999～2002 年）、联合国安理会非常任理事国（2007～2008 年、2011～2012 年、2019～2020 年）的身份在正式的国际组织和国际机制中发挥着显著的影响力，而且在气候变化、核不扩散、全球禁雷运动、非洲区域安全治理等问题领域中也发挥着重要作用。虽然在第 50 届党的全国代表大会上，非国大把新南非定位为一个小的中等收入国家，但它同时也认为，南非不应该低估自己在民主转型中获取的相对影响力、在地区中的战略地位，以及自身所拥有的资源与潜力。[③] 进入 21 世纪以来，南非积极谋求成为联合国安理会常任理事国，并与印度和巴西结成三方对话论坛，加入金砖国家集团，试图与新兴大国合作推动国际体系转型。在 2007 年 12 月举行的第 52 届党的全国代表大会上，非国大指出，南非处理国际关系的方式建立在南非国内政策与国家利益之上。因此，南非外交政策的主要特征之一便是确保在全球政治性问题上的影响力。[④] 2011 年南非政府出台的外交政策白皮书规划了南非对外战略的远景目标，即到 2025 年成为国际社会中成功的、有影响力的成员。[⑤]

南非在废除种族隔离制度之后，国际政治地位和影响力迅速上升。与此同时，随着国内政治经济形势的好转，南非对大国地位的追求也立即显露出来，它不仅谋求做非洲地区的大国，还要成为具有世界影响力的大国。它以非洲复兴为己任，大力加强与其他新兴大国的战略协调与合作，

① John Barratt, "Current Constrictions on South Africa's Foreign Policy and Diplomacy", in Alexander Johnston, Sipho Shezi and Gavin Bradshaw, eds., *Constitution - Making in The New South Africa*, London, New York: Leicester University Press, 1993.

② 沐涛教授把后种族隔离时代南非的对外关系称为“全面外交”，以与白人统治时期旧南非的“片面外交”相区别。参见沐涛《南非对外关系研究》，华东师范大学出版社，2003。

③ "ANC Strategy and Tactics, As Amended at the 50th National Conference", December 1997, https://www.marxists.org/subject/africa/anc/1997/strategy-tactics.htm.

④ "52nd National Conference: Resolutions", 20 December, 2007, https://web.archive.org/web/20171124134643/http://www.anc.org.za/content/52nd-national-conference-resolutions.

⑤ "Building a Better World: the Diplomacy of Ubuntu, White Paper on South Africa's Foreign Policy, Final Draft", 13 May, 2011, http://www.gov.za/sites/www.gov.za/files/foreignpolicy_0.pdf.

主张创立南方国家峰会，积极争取成为联合国安理会常任理事国。这些都是南非追求大国地位的具体体现。[①] 那么，如何理解后种族隔离时代南非对大国地位的战略追求？在追求大国地位的过程中，南非是如何处理与非洲邻国、以美国为中心的西方霸权、新兴大国以及多边国际机构之间的关系的？面对地区性、全球性结构问题，南非是如何维护其在非洲大陆的引领地位并努力追求在全球层次的影响力的？本书旨在围绕以上问题对南非追求大国地位的外交战略进行系统分析和论证。

（二）选题意义

基于在非洲大陆特别是在南部非洲地区的实力地位和自身的道德影响力，南非积极追求在地区和全球层次的影响力，并试图与国际社会中的进步力量一道共同推动全球治理体系变革和塑造国际新秩序。对南非追求大国地位的外交战略进行研究具有重要的现实意义和学术价值。

1. 现实意义

首先，研究南非的外交战略有助于理解和认识南非的国际地位和作用。南非是非洲大陆的地区性大国，在非洲事务上具有重要影响力，在全球层次也具有一定影响力。以经济和军事实力为标准进行衡量，南非在南部非洲地区具有绝对优势地位，在非洲大陆也具有相对优势地位。和平的民主转型又赋予南非无形的道德软实力。这些因素为南非发挥地区和国际影响力奠定了坚实基础。在全球层次，南非是全球经济治理新平台二十国集团（G20）中唯一的非洲国家，也是新兴大国集团金砖国家的成员，在国际事务中扮演着重要角色。南非还积极利用在重要国际组织中的成员身份维护发展中国家的利益和推动国际体系转型，其作用不应小觑。对南非对外战略进行系统研究不仅有助于把握非洲大陆国家间关系的演进态势，而且有助于理解一个地区性大国对待国际政治的基本态度和政策取向。鉴于南非在非洲大陆的重要角色，对其对外战略进行研究具有重要意义。

其次，研究南非的对外战略有助于中国制定对南非政策，发展与南非的友好合作关系。种族隔离时期，中国政府对南非民族解放运动给予了大力支持。1994 年民主转型后，基于对自身利益的考虑，南非政府最终于 1998 年断绝了与台湾地区的“邦交”关系，并在承认“一个中国”的原

① 张忠祥：《新兴大国南非外交战略评析》，《西亚非洲》2009 年第 6 期，第 53 页。

则下与中华人民共和国建立了正式外交关系。建交之后，中南双边关系步步提升，2000 年建立了“伙伴关系”，2004 年确立了“战略伙伴关系”，2006 年签署了《中南关于深化战略伙伴关系的合作纲要》，2011 年时任南非总统祖马访问中国期间，中南两国将双边关系提升为全面战略伙伴关系。2017 年 2 月，时任南非总统祖马在国情咨文中称，中国是南非最重要的合作伙伴。与政治关系发展相一致，中南双边经贸关系也取得了显著成就。2009 年中国成为南非最大贸易伙伴国，进一步夯实了双方战略合作的基础。中国经济的安全保障离不开南非战略矿产资源的供给，而南非经济的持续发展也离不开中国的巨大市场需求。中国与南非之间的政治经济关系日益密切。在此背景之下，研究南非的外交战略对中国正确处理与南非关系，从战略高度制定对南非政策，发展双方友好合作关系具有重要意义。

最后，研究新南非的对外战略有助于在促进非洲大陆发展及推动全球治理体系改革方面加强同南非的团结合作。南非是非洲大陆的地区性大国。由于具有显著的实力优势地位，南非在非洲的政治经济发展、安全秩序构建、区域多边制度建设等方面发挥着关键作用，同时也是推动全球治理体系改革的积极建设性力量。21 世纪以来，中国实力迅速提升，在非洲大陆以及全球层次的影响力不断拓展。与此同时，中国在非洲和全球层面遇到的大国博弈和战略竞争也有所加剧。无论是在非洲大陆推动建立良好的区域秩序，还是在全球层面建立公平合理的国际政治经济新秩序，与志同道合的新兴大国开展合作无疑是一项重要的战略选择，而南非作为具有一定全球影响的非洲区域大国恰恰是这种战略选择的重要依托。在此背景下，研究南非的对外战略有助于正确理解其关于非洲大陆和全球治理的基本战略取向。这有助于中国在促进非洲大陆发展和推动全球治理体系改革方面加强同南非的协调与合作。2015 年 12 月，中国与南非两国国家元首共同主持召开中非合作论坛约翰内斯堡峰会，中非一道同意将双方关系由新型战略伙伴关系提升为全面战略合作伙伴关系。在全球气候变化、经济治理、国际金融机构改革等领域，中国与南非也存在密切的对话、协调与合作。这些事例充分表明，加强对南非对外战略研究，有助于深化中南在区域和全球层面的战略协调与合作。

2. 学术意义

除了正确理解南非的对外战略、加强与南非的合作、借助南非力量发展对非关系和推动全球治理体系改革等现实意义外，本项研究还具有一定学术意义。

第一，有助于弥补国内学界对新南非外交战略研究的不足。南非作为非洲大陆的地区性大国并没有引起国内国际关系学界的足够重视。虽然国内学界对新南非的对外关系进行了一定研究，但这些研究往往局限于某一具体的政策分析（如南非对津巴布韦的外交政策、姆贝基政府的非洲复兴政策等），或者以政府更迭为节点，着重阐述非国大上台后每届政府的对外政策取向，缺乏从战略角度对南非对外关系的研究，尤其是全球战略。本书运用国际关系理论研究新南非追求大国地位的外交战略，为后种族隔离时代的南非外交研究添砖加瓦。

第二，本文运用新古典现实主义理论框架分析一个具体国家的对外战略，有助于深化对新古典现实主义基本假设的认识。新现实主义强调国家实力地位和国际体系结构在决定一国外交战略中的核心作用，对国内变量往往不做分析。然而，通过对新南非追求大国地位的外交战略进行分析，可以认识到决策精英观念认知、政党政治格局等国内政治因素作为中介变量的重要性。新古典现实主义的重要进展便是将国家重新引入分析框架，强调国内变量在“结构决定论”中所发挥的过滤作用。将观念认知纳入外交战略理论研究的范畴有助于弥补新现实主义理论存在的不足，深化对新古典现实主义的认识。

二 研究现状与不足

政治制度变迁为后种族隔离时代南非与非洲地区及域外国家关系的改善开辟了新的空间。在此背景下，国内外学者对新南非的对外政策（包括对外政策的基本原则、对外政策的基本特点、对外战略取向及其演变等）表现出浓厚的兴趣，并开展了相关研究。根据研究成果的分类可以发现，中文文献与外文文献之间存在明显的研究偏好差异，同时也存在某些不足。

（一）中文文献

中国社会科学院西亚非洲研究所杨立华研究员曾在2011年第5期《西亚非洲》杂志上发表题为“南非国别研究综述”的学术文章，全面系统地梳理了国内非洲学界对南非的研究现状。从专著以及学术文章的发表情况来看，国内非洲学界把研究精力主要集中在以下四个方面：南非历史和南非华人史研究、种族隔离制度以及种族隔离制度下黑人解放运动和南非与邻国关系研究、南非政治变革与社会转型研究、中南建交后南非发展走向的研究。① 就国内国际关系学界而言，与对美国、欧盟以及中国周边邻国对

① 杨立华：《南非国别研究综述》，《西亚非洲》2011年第5期，第69~74页。

外关系的研究相比，对南非以及非洲的研究无论是在学者数量还是在学术资源上都存在相对不足。而对南非研究本身而言，大部分学者也把主要精力放在了对其历史、政治经济转型以及社会发展的研究上，对南非对外关系特别是后种族隔离时代南非对外关系研究存在严重不足。通过笔者的归纳和梳理，大致可以将国内学界对新南非对外关系的研究划分为以下几个方面。

一是对新南非对外关系的整体研究。华东师范大学历史学系沐涛教授于2003年出版的《南非对外关系研究》是中国出版的第一部关于南非对外关系研究的专著，也是第一部撒哈拉以南非洲国家的外交史著作。沐涛教授从历史角度阐述了南非自1910年建立联邦以来对外关系的形成、发展和演变过程，同时以时间为线索，把南非对外关系划分为四个阶段：1910～1960年是南非联邦自主外交的形成期和发展期；1961～1974年是共和国初期南非对外关系的转轨时期；1975～1989年是南非对外关系中的孤立时期；1989～1994年是南非重返国际社会的努力期。此外，作者对曼德拉执政后新南非的对外关系也进行了简单的叙述，但是由于时间所限，曼德拉之后南非历届政府的对外政策并没有囊括其中。[①] 杨立华于2010年出版《列国志·南非》一书，分别从历史、政治、经济、军事以及对外关系等多个方面对南非的国情进行了系统深入的介绍。其中，第七章对南非与非洲国家、欧洲国家、美国、苏联/俄罗斯、中国的关系以及南非的多边外交进行了比较详尽的分析和论述。虽然这部著作并不是以新南非对外关系为主题，但是在新南非对外关系研究方面是最全面的。[②] 此外，中国现代国际关系研究院曾强研究员对新南非对外关系的成就进行了总结和概括。[③] 现任职于中共中央对外联络部的张伟杰的博士学位论文《南非外交战略中的非洲议程——以南非－非盟关系为重点》，深入探讨了南非外交战略的核心“非洲议程”，并以南非－非盟关系为例，系统分析了南非在非盟创建和发展以及非洲一体化进程中所发挥的作用及其面临的制约因素，并对南非如何更好地实施“非洲议程”提出了思考和建议。[④] 浙江师范大学非洲研究院兼职研究员方伟在2014年底出版的《新南非对外关系研究》一

① 沐涛：《南非对外关系研究》，华东师范大学出版社，2003。

② 杨立华主编《列国志·南非》，社会科学文献出版社，2010。

③ 曾强：《新南非外交工作的成就》，《国际资料信息》1999年第7期，第20～25页。

④ 张伟杰：《南非外交战略中的非洲议程——以南非－非盟关系为重点》，北京大学博士学位论文，2012。

书中，系统分析了1994～2014年20年来南非对外关系的总体演进历程。作者将这一历程概括总结为：促进非洲的“和平与发展”，成为“非洲大陆的代言人”；促进“南南合作”，提升南方国家在国际事务中的影响力，成为“南南合作的重要推动者”；加强南北对话，维护南方国家在国际交往中的重大权益，成为南北对话的“桥梁建设者”。[①] 以上著作和文章着重历史性描述，并不是从国际关系理论的角度对新南非的对外战略进行分析。

二是对新南非与中国关系的研究。伴随着南非的民主转型以及中国经济的不断发展，中南两国关系日益密切。在这种背景下，国内学界对南非与中国关系的研究也显著增多。曾强对南非放弃与中国台湾的“邦交关系”而选择与中华人民共和国建交的原因进行了详细分析。[②] 杨立华从中南建交、经贸合作以及战略合作等方面对新南非与中国关系进行了全面系统分析。[③] 南非具有丰富的自然资源尤其是矿产资源。中国经济的迅速发展进一步提高了对这些资源的需求和依赖。在这种背景下，南非与中国的经济关系不断深化。2009年中国成为南非的最大贸易伙伴国，从而为双方关系发展奠定了坚实的经济基础。鉴于南非与中国经济关系的现实以及巨大潜力，诸多学者对双方的经贸关系、金融合作，中国企业对南非投资等进行了深入研究。虽然南非与中国之间的经贸关系存在一些问题，但学者们对双方之间的关系总体上持相对乐观态度。[④] 当然，对中国与南非经贸

① 方伟：《新南非对外关系研究》，浙江人民出版社，2014。

② 曾强：《南非将与中国建交的原因初探》，《西亚非洲》1997年第3期，第7～9页。

③ 杨立华：《中国与南非：战略伙伴关系的发展》，《国际政治研究》2006年第4期，第68～79页；《中国与南非建交的战略选择（上）》，《西亚非洲》2007年第9期，第11～16页；《中国与南非建交的战略选择（下）》，《西亚非洲》2007年第10期，第51～55页。

④ 张宝增：《我国同南非的经济关系及对策建议》，《西亚非洲》1996年第3期，第35～41页；杨立华：《南非及南部非洲经贸市场前景广阔》，《西亚非洲》1998年第8期，第64～68页；邓祖涛、杨兴礼：《南非对外贸易简论》，《西亚非洲》2001年第6期，第24～28页；张跃东：《中国与南非经贸关系中存在的问题及前景展望》，《辽宁行政学院学报》2001年第3期，第56～57页；吴丹红：《中国南非矿业合作前景分析》，《西亚非洲》2003年第2期，第63～67页；吴丹红：《我国企业开拓南非市场的障碍与对策》，《国际贸易问题》2004年第8期，第37～44页；韩燕：《聚焦中国与南非经贸关系》，《国际经济合作》2009年第10期，第29～31页；张宗良：《中国与南非贸易摩擦及对策分析》，《特区经济》2009年第1期，第91～92页；武敬云：《中国与南非的经贸关系及发展前景——基于贸易互补性和实证性的分析》，《国际经济合作》2011年第10期，第56～60页；张俊超：《中国与南非深化经贸合作面临的障碍及建议》，《经济论坛》2018年第12期，第68～71页；郝宇彪、尹元：《中国企业对南非投资的风险识别与管控》，《区域经济评论》2019年第6期，第146～153页。

关系的研究往往是由经济学专业的学者做出的。

三是对新南非与非洲国家关系研究。伴随着种族隔离制度的结束，南非与非洲地区国家之间的关系需要重新加以调整和应对。曼德拉总统明确表示要把非洲大陆作为新南非外交政策的中心，而其他非洲国家也对新南非在非洲大陆安全建设与经济发展中扮演更重要的角色寄予了厚望。中国社会科学院西亚非洲研究所贺文萍研究员对新生的南非共和国与非洲之间的关系进行了初步分析，并且指出了新南非与非洲邻国之间深化关系面临的问题：非法移民问题、南非输出武器和军人问题、曼德拉与姆贝基之间的潜在较量以及地区合作中的均衡收益问题等。总体上作者对新南非与非洲国家关系的进一步发展以及南非发挥更大的作用持乐观态度。① 浙江师范大学非洲研究院李鹏涛副研究员对姆贝基政府时期南非面对津巴布韦危机实行“静悄悄”外交政策的原因、表现以及影响进行了剖析。作者认为，姆贝基政府采取“静悄悄”政策的原因在于：南非欲与其他非洲国家在对津巴布韦问题的态度上保持一致；穆加贝的话语优势；吸取曼德拉时期的历史教训；出于非国大在国内的政治需要等。“静悄悄”外交政策取得了一定的成效，但也存在严重问题，在南非国内外引发强烈批评，姆贝基所提倡的“非洲发展新伙伴计划”也因而蒙上了阴影。② 作者的分析虽然比较全面和翔实，但在阐释南非采取“静悄悄”外交政策的原因时仍然忽视了另外一个重要因素，即南非自身身份定位的变化和姆贝基自身的观念认知。姆贝基政府时期，南非对非政策以“非洲复兴”思想为指导，国内也有学者对此进行了研究。③ 北京大学非洲史教授郑家馨在2010年出版的著作《南非史》中对新南非对非洲大陆的政治和经济作用进行了评估。④

四是对新南非与发达国家和新兴大国双边关系研究。历史上，南非与发达国家曾存在密切的政治经济联系。民主转型之后，新南非为巩固民主转型的政治成果和促进经济社会可持续发展，继续强化与西方发达国家之间的经济政治关系。杨立华分析了新南非与美国的关系，并把它们的关系

---

① 贺文萍：《新南非与非洲关系初探》，《西亚非洲》1996年第5期，第19～23页。

② 李鹏涛：《静悄悄外交的困境：评姆贝基时期南非对津巴布韦政策》，《西亚非洲》2010年第1期，第34～39页。

③ 钟伟云：《姆贝基非洲复兴思想内涵》，《西亚非洲》2002年第4期，第14～17页；张瑾：《姆贝基非洲复兴思想剖析》，《改革与开放》2009年第8期，第50～52页。

④ 郑家馨：《南非史》，北京大学出版社，2010。

界定为“互有所求、各有所持”。美国在非洲有重要的政治、经济和安全利益，与南非的合作是美国实现这些利益的重要战略。南非新政府重视与美国保持良好的关系，以利于本国的经济发展与安全，并有利于南非在非洲发挥领导作用。但是，美国的强权政治和干预政策，不时受到南非的抵制。[①] 中国社会科学院西亚非洲研究所杨宝荣研究员通过对美国战略与国际问题研究中心（CSIS）出台的非洲研究报告进行分析得出结论：南非在美国的战略利益中占有重要地位，不可或缺也无可替代。美国会继续深化与南非之间的关系，并期待南非发挥更大的战略作用。[②] 内蒙古民族大学政法与历史学院贾淑荣教授分析了不同历史阶段南非与日本之间的经贸关系及其特点。作者认为，谋求政治大国的日本必将进一步加强与南非的经贸关系，并加大对南非的政治干预。[③] 虽然日本与南非具有密切的经济联系，但是日本对南非国内政治发展的影响力仍然有限。而且，日本深化与南非的经贸关系并不意味着会加大对南非的政治干预。北京大学国际关系学院许亮博士在其博士学位论文《日本与南非关系研究（1994—2008）》中，对1994年以来日本与南非间存在的“复合相互依存”关系进行了系统阐述。[④] 华东师范大学国际关系与地区发展研究院潘兴明教授以苏联和非国大关系为视角对俄罗斯与南非关系进行了历史考察，并得出结论：20世纪80年代末苏联与非国大关系的趋冷直接影响到此后的俄南关系。[⑤] 中国社会科学院西亚非洲研究所徐国庆研究员2019年出版的《印度与南非伙伴关系研究》一书剖析了印度独立以来印度与南非双边关系发展进程，并从宏观视角分析了时代变化对两国关系的影响。[⑥]

五是对南非新兴大国外交战略和多边外交的研究。寻求大国地位与践行多边外交是后种族隔离时代南非对外关系中的两个重要特点。国内学界

① 杨立华：《美国－南非关系：互有所求、各有所持》，《国际政治研究》2003年第3期，第97～104页。

② 杨宝荣：《美国对南非政策的战略考虑：美国CSIS近期非洲研究报告简介》，《西亚非洲》2001年第5期，第72～73页。

③ 贾淑荣：《日本与南非经贸关系的发展及特点》，《西亚非洲》2006年第2期，第57～61页；《试析日本对南非的经济战略》，《内蒙古民族大学学报》（社会科学版）2008年第11期，第12～15页。

④ 许亮：《日本与南非关系研究（1994—2008）》，北京大学博士学位论文，2010。

⑤ 潘兴明：《俄罗斯与南非关系的历史考察——以苏联与非国大关系为视角》，《俄罗斯研究》2012年第4期，第3～20页。

⑥ 徐国庆：《印度与南非伙伴关系研究》，社会科学文献出版社，2019。

对此也有论述。上海师范大学张忠祥教授总结概括了姆贝基时期南非外交的三个特点：毫不掩饰地追求大国地位；在外交领域强调民主、人权，积极参与全球治理；敢于顶住压力，坚持自己的外交原则。[①] 上海师范大学舒运国教授分析了作为非洲大陆的新兴大国，南非与其他金砖国家相比所具有的共性和个性。作者认为，南非作为新兴大国，维护非洲的安全与稳定，积极推进非洲一体化进程，努力缔造一个统一、强大的非洲；在国际社会，为非洲大陆的利益积极活动；重视南南合作，积极发展与金砖四国的关系；积极参与国际社会的各项活动，提升南非的国际地位。[②] 2003 年南非与巴西和印度组建三方对话论坛。中国社会科学院亚太研究所时宏远对论坛组建的原因、成就以及挑战进行了细致分析。[③] 2011 年 4 月在三亚举行的金砖国家领导人第三次峰会上决定接纳南非为其成员国，不仅使金砖国家合作机制实现了扩容，而且进一步提高了南非的新兴大国地位。徐国庆研究员对南非加入金砖国家集团的影响因素进行了分析。[④] 南开大学周恩来政府管理学院黄海涛对新南非参与全球治理的外交策略进行了分析和论证，作者认为南非以“非洲复兴”为立足点，坚持“泛非主义”和“南南团结”，重点依靠“新兴国家”整体力量提升在全球和区域问题中的话语权，以多边协商方式制定有利于发展中国家的全球治理规则，推动建立国际政治经济新秩序。此外，作者还分析了南非更好地发挥作用所面临的制约因素。[⑤] 虽然作者看到了新兴大国崛起背景下南非参与全球治理所体现出来的新特点，但是对在全球治理过程中南非对传统西方大国的倚靠没有足够的重视。

（二）英文文献

国外学者，特别是南非国内学者对后种族隔离时代的南非对外关系进

① 张忠祥：《新兴大国南非外交战略评析》，《西亚非洲》2009 年第 6 期，第 48 ~ 53 页。

② 舒运国：《南非：非洲的新兴大国》，《上海师范大学学报》2011 年第 6 期，第 130 ~ 136 页。

③ 时宏远：《印度巴西南非对话论坛：缘起、成就与挑战》，《拉丁美洲研究》2009 年第 10 期，第 55 ~ 61 页。

④ 徐国庆：《南非加入金砖国家合作机制探析》，《西亚非洲》2011 年第 8 期，第 93 ~ 105 页；《南非加入金砖国家合作机制的背景、影响与前景》，《亚非纵横》2012 年第 3 期，第 7 ~ 13 页。

⑤ 黄海涛：《南非视野下的全球治理》，《南开大学学报》（哲学社会科学版）2012 年第 6 期，第 64 ~ 73 页。

行了大量研究，成果颇丰。根据具体研究对象的不同，大致可将国外学界的研究成果划分为以下几个方面。

一是对南非外交决策模式的研究。不同的国内政治结构和制度安排将影响国家对外政策的制定。新南非民主政治结构的确立结束了由少数白人垄断外交决策的局面，为更广泛的社会力量参与外交决策开辟了空间。然而，南非的民主转型到底在多大程度上使南非的外交决策更加民主、更加包容？面对这一问题，学者们的观点并不一致。英国学者伊恩·泰勒（Ian Taylor）教授从批判理论的视角对南非的民主转型进行了深刻反思，并认为南非决策精英对民主的理解事实上符合西方霸权的“民主观念”，而这种民主从根本上讲是程序性和精英性质的，这便决定了人民大众并没有参与到外交决策之中。但是，也有学者从民主的四个要素（参与、代表、透明度和公开性）入手，分析了社会因素在南非与欧盟谈判建立自由贸易区过程中所发挥的作用。① 事实上，在后种族隔离时代南非对外关系的实践中，南非总统在战略决策、危机决策等关键性决策中占据着主导地位。但是也有诸多案例分析显示，通过正式和非正式渠道，公民社会对外交决策的影响也在不断增强。②

二是对南非对非政策的研究。非洲大陆在后种族隔离时代南非的对外关系中处于中心地位。然而，在南非与非洲大陆其他国家之间的关系性质上，学者们并没有形成共识。一部分学者从经贸角度分析了南非在非洲大陆的支配地位，而南非所倡导并极力推动的南部非洲地区一体化将进一步

① Philip Nel and Janis van der Westhuizen, eds., *Democratizing Foreign Policy? Lessons from South Africa*, Lexington: Lexington Books, 2004.

② Tim Hugtes, ed., *Composers, Conductors and Players: Harmony and Discord in South African Foreign Policy Making*, Johannesburg: Konrad – Adenauer – Stiftung, 2004; Elizabeth Sidiropoulos, ed., *Apartheid Past, Renaissance Future: South Africa's Foreign Policy: 1994 – 2004*, Johannesburg: The South African Institute of International Affairs, 2004; Chis Alden, "Solving South Africa's Chinese Puzzle: Democratic Foreign Policy – Making and the 'Two Chinas' Question", in Jim Broderick, Gary Burford and Gordon Freer, eds., *South Africa's Foreign Policy: Dilemmas of a New Democracy*, New York: Palgrave, 2001; Denis Venter, "South African Foreign Policy Decision – making in the African Context", in Gilbert M. Khadiagala and Terrence Lyons, eds., *African Foreign Policies: Power and Process*, London: Lynne Rienner Publishers, Inc., 2001; Garth Le Pere and Anthoni Van Nieuwkerk, "Facing the New Millennium: South Africa's Foreign Policy in a Globalizing World", in Korwa Gombe Adar and Rok Ajulu, eds., *Globalizing and Emerging Trends in African States' Foreign Policy – Making Process*, Burlington: Ashgate, 2002.

加剧其他南部非洲发展共同体（SADC）国家对南非的依赖。[①] 也有学者指出，南非与南部非洲关税同盟（SACU）的关系彰显了一种事实上的霸权，但在南部非洲发展共同体内的霸权受到其他国家的挑战，而在整个非洲大陆的霸权地位远没有实现。[②] 除了评估南非在非洲大陆的地位之外，诸多学者把研究视角放在了分析南非在维护非洲地区安全与经济发展中的角色。在后种族隔离时代的对外关系中，南非强调把非洲置于中心地位，并以民主和人权原则作为外交政策的指导原则，对安全的理解由狭隘的国家中心主义转向以人为中心。非国大政府似乎给其他非洲国家呈现了一种完全不同于旧政府的新面貌。然而，也有学者通过对历史事实的描述揭示出所谓的新南非只不过是“另外一个国家”。[③] 虽然在新南非的对非政策中呈现某些连贯性的因素，但是与白人政权时期的动荡政策相比，非国大更加强调维护安全与促进经济发展之间的相互依赖作用。

姆贝基政府时期南非形成了比较系统的对非政策，即“非洲复兴”战略。姆贝基阐述了建立一个新的、进步的、现代化非洲的理念，这个非洲免于贫穷、落后和政治衰败，而成为主流世界政治经济的一部分。[④] “非洲复兴”战略倡导通过吸引外部投资促进非洲的经济发展，通过推动民主和人权建设维护非洲的安全。在“非洲复兴”的过程中，南非需要充当一种领导角色。[⑤] 自少

---

① Fred Ahwireng - Obeng and Patrick J. McGowan, “Partner or Hegemon? South Africa in Africa”, in Jim Broderick, Gary Burford and Gordon Freer, eds., *South Africa's Foreign Policy: Dilemmas of a New Democracy*, New York: Palgrave, 2001; Patrick Bond, “The ANC's ‘Left Turn’ & South African Sub - Imperialism”, *Review of African Political Economy*, Vol. 31, No. 102, 2004.

② Chris Alden and Mills Soko, “South Africa's Economic Relations with Africa: Hegemony and its Discontents”, *The Journal of Modern African Studies*, Vol. 43, No. 3, 2005; Chris Alden & Garth Le Pere, “South Africa in Africa: Bound To Lead?”, *Politikon*, Vol. 36, Issue 1, 2009.

③ Peter Vale & Ian Taylor, “South Africa's Post - Apartheid Foreign Policy Five Years On—From Pariah State to ‘Just Another Country’?”, *The Round Table*, Vol. 88, Issue 352, 1999; Graham Evans, “South Africa in Remission: The Foreign Policy of an Altered State”, *The Journal of Modern African Studies*, Vol. 34, No. 2, 1996.

④ Gerrit Olivier, “Is Thabo Mbeki Africa's Saviour?”, *International Affairs*, Vol. 79, No. 4, 2003.

⑤ Peter J. Schraeder, “South Africa's Foreign Policy: From International Pariah to Leader of The African Renaissance”, *The Round Table*, Vol. 90, Issue 359, 2001; Graham Evans, “South Africa's Foreign Policy after Mandela: Mbeki and His Concept of an African Renaissance”, *The Round Table*, Vol. 88, Issue 352, 1999; Elias K. Bongmba, “Reflections on Thabo Mbeki's African Renaissance”, *Journal of Southern African Studies*, Vol. 30, No. 2, 2004.

数白人踏足非洲大陆以来，“非洲复兴”首次给予南非成为非洲命运一部分的前景，提高了塑造伙伴关系的可能性，这种伙伴关系将维护非洲大陆在21世纪的安全。① 虽然南非积极推动和实施“非洲复兴”战略，但贫困与战争仍然困扰着非洲大陆。② 在安全方面，新南非一方面通过派出维和部队参与联合国以及非盟框架下的和平建设活动，另一方面通过制度建设来塑造地区安全环境。但是，由于自身能力所限以及对外输出自身冲突解决的经验，南非在地区安全建设中发挥作用并没有取得完全的成功。③ 在经济方面，南非一方面强调可持续发展和平衡发展对非洲大陆的意义，另一方面出于自身利益的考量，加速在非洲大陆进行经济扩张。④ 虽然南非的国家利益与非洲大陆的整体利益并不完全一致，但是在南非的决策精英看来，一个稳定、和平与繁荣的非洲大陆符合南非的国家利益。这种观念认知决定了南非会利用自身的实力优势地位促进非洲的经济发展和安全建设，这与种族隔离时期南非白人政权的外交理念和政策存在根本差异。

三是对南非多边主义外交的研究。与白人种族主义政权的单边外交政策相比，非国大治下的南非更加偏好多边主义。民主转型以来南非积极参与非洲大陆的地区一体化进程、英联邦会议、联合国贸发会议、不结盟运动以及世界贸易组织（WTO）谈判等，并试图在多边外交中发挥引领作用。南非积极促进非洲统一组织向非洲联盟的转型，并努力推动南部非洲

① Peter Vale and Sipho Maseko, “South Africa and the African Renaissance”, *International Affairs*, Vol. 74, No. 2, 1998.

② Bruce Gilley, “The End of the African Renaissance”, *Washington Quarterly*, Vol. 33, Issue 4, 2010.

③ Nata C. Crawford, “South Africa's New Foreign and Military Policy: Opportunities and Constrains”, *Africa Today*, Vol. 42, No. 1/2, 1995; Martie Muller, “South African Diplomacy and Security Complex Theory”, *The Round Table*, No. 352, 1999; Alex Vines, “South Africa's Politics of Peace and Security in Africa”, *South African Journal of International Affairs*, Vol. 17, No. 1, 2010; Hussein Solomon, “South Africa in Africa: A Case of High Expectations for Peace”, *South African Journal of International Affairs*, Vol. 17, No. 2, 2010.

④ John Daniel, Jessica Lutchman & Sanusha Naidu, “Post – apartheid South Africa's Corporate Expansion into Africa”, *Review of African Political Economy*, No. 100, 2004; Chris Landsberg, “The Foreign Policy of the Zuma Government: Pursuing the ‘National Interest’?”, *South African Journal of International Affairs*, Vol. 17, No. 3, 2010; Mzukisi Qobo, “Refocusing South Africa's Economic Diplomacy: the ‘African Agenda’ and Emerging Powers”, *South African Journal of International Affairs*, Vol. 17, No. 1, 2010; James J. Hentz, “South Africa and the Political Economy of Regional Cooperation in Southern Africa”, *The Journal of Modern African Studies*, Vol. 43, Issue 1, 2005.

地区一体化建设。在解决地区以及国家内部冲突的过程中，南非新政府主张通过多边主义方式协调解决。伊恩·泰勒运用新葛兰西主义的研究方法分析了南非的多边主义外交。在他看来，南非在国际体系中处于一种所谓的“中等强国地位”，这一实力地位从根本上决定了南非的多边外交偏好。然而，南非非国大政府对西方霸权规范——新自由主义意识形态的屈从也导致了它与左派政治联盟的内在紧张，从而使其外交政策呈现矛盾和不连贯的一面。[①] 2006年，泰勒又与其他学者合著《南非外交中的新多边主义》一书，分别对南非参与联合国系统、南非参与世贸组织谈判以及南非与不结盟运动的关系等南非多边主义外交的案例进行了分析。[②] 还有学者认为，中等强国更多是依靠外交而不是权力。中等强国往往被视为多边主义者，南非同其他中等强国一样，都按多边主义而不是单边主义行事。[③] “中等强国地位”理论仍然是从实力的角度出发分析一国的外交政策，该理论的问题在于无法解释为何种族隔离时代前后南非实力本身并没有发生多大的实质性变化，但是其外交行为由偏好单边主义转向了多边主义。显然单独运用“中等强国地位”理论无法有效解释后种族隔离时代南非的多边主义行为，必须将身份、观念认知等变量纳入解释框架才能更好地理解新南非的这一政策偏好。

四是对南非外交政策原则和实践的分析。新南非确立了一种全新的外交政策指导原则。1993年，纳尔逊·曼德拉在《外交事务》杂志上发表题为“南非未来的外交政策”的文章，系统地阐述了新南非外交政策的指导原则。文章指出，人权问题是国际关系的中心问题，必须通过在世界范围内推进民主来解决人类问题。[④] 此后，尊重并推进人权和民主成为1994年后南非历届政府所坚持的基本的外交政策指导原则。这与非国大反对种族隔离制度、追求种族平等的斗争密切相连。然而，与政府阐述的这种外交政策指导原则相比，在外交实践中南非并没有严格遵守这一原则的指导。一方面，南非选择了与一些在西方国家看来存在人权问题的国家建立并发

① Ian Taylor, *Stuck in Middle GEAR: South Africa's Post - apartheid Foreign Relations*, London: Praeger Publishers, 2001.

② Donna Lee, Ian Taylor and Paul D. Williams, *The New Multilateralism in South African Diplomacy*, New York: Palgrave Macmillan, 2006.

③ Alan S. Alexandroff, "South Africa in a Complex Global Order: How and Where to Fit in?", *South African Journal of International Affairs*, Vol. 22, No. 2, 2015.

④ Nelson Mandela, "South Africa's Future Foreign Policy", *Foreign Affairs*, Vol. 72, No. 5, 1993.

展了外交关系；另一方面，面对存在严重践踏人权情况的国家，南非并没有发出强有力的声音，也没有采取强有力的行动。正是外交实践与原则的脱节，导致南非外交呈现诸多模糊性的特征，并且在外交实践中往往缺乏一致性和连贯性。[①] 例如，南非对中东地区的政策便与针对津巴布韦的“静悄悄”外交政策有着明显的差异。[②] 此外，也有学者对南非外交政策实践中表现出模糊性与不连贯性等特征的原因与后果进行了分析。[③] 加拿大达尔豪斯大学从事国际发展研究的布莱克（David R. Black）与南非金山大学从事国际关系研究的霍恩斯比（David J. Hornsby）副教授主编《南非外交政策：身份、意图和方向》一书，从南非作为中等强国的身份视角出发，分析了后种族隔离时代南非遵循的外交原则和规范，并在实践层面系统梳理和阐述了南非与日本、中国、巴西、伊朗、英国的双边关系。[④]

（三）现有研究的不足

通过文献梳理和归纳总结国内外南非问题研究学者的观点不难发现，国内学界对新南非对外关系的研究涉及南非对外关系的大多数方面。但是，由于研究资料所限以及缺乏长期跟踪研究，研究视角比较单一且缺乏连贯性；对新南非外交的支持和肯定远远超过对其政策的批评和反思。大部分学者只关注南非某项具体的外交政策或者某一历史阶段下的具体双边关系，缺乏从理论角度和战略高度对这些关系之间的内在联系进行深入分析。历史描述远远超过理论阐释，虽然全面却缺乏深刻。

---

① Alexander Johnston, “Democracy and Human Rights in the Principles and Practice of South African Foreign Policy”, in Jim Broderick, Gary Burford and Gordon Freer, eds., *South Africa's Foreign Policy: Dilemmas of a New Democracy*, New York: Palgrave, 2001.

② Eduard Jordaan, “Barking at the Big Dogs: South Africa's Foreign Policy towards the Middle East”, *The Round Table*, Vol. 97, No. 397, 2008; Dale T. McKinley, “South African Foreign Policy Towards Zimbabwe under Mbeki”, *Review of African Political Economy*, Vol. 31, No. 100, 2004.

③ James Barber, “The New South Africa's Foreign Policy: Principles and Practices”, *International Affairs*, Vol. 81, No. 5, 2005; Paul - Henri Bischoff, “External and Domestic Sources of Foreign Policy Ambiguity: South African Foreign Policy and the Projection of Pluralist Middle Power”, *Politikon*, Vol. 30, Issue 2, 2003; Chris Alden and Garth Le Pere, “South Africa's Post - Apartheid Foreign Policy: From Reconciliation to Ambiguity?”, *Review of African Political Economy*, Vol. 31, 2004.

④ David R. Black and David J. Hornsby, eds., *South African Foreign Policy: Identities, Intentions and Directions*, Landon and New York: Routledge, 2017.

国外学者对南非对外关系的研究比较充分，几乎涉及南非对外关系的方方面面。无论是对南非多边主义外交的研究，还是对南非对外政策原则的分析，大部分学者都是以问题为导向，而且对南非外交的批评之声较多。这与国内学者的评价有着巨大差异。通过对文献的梳理可以发现：学术论文和论文集较多，而系统研究的专著较少；对 1994 年之后南非对外关系的整体性和系统性研究不足；对南非外交中某些具体问题的解释往往局限于国内政治经济视角，而没有对国际体系结构的转型给予充分的关注；同时，对观念与身份认知对外交政策的影响也缺乏应有的重视。

无论是国内学者还是国外学者，其研究往往局限于南非某项具体的外交政策，对南非的大战略缺乏宏观思考。国内学者重点关注的是南非与其他国家之间的双边关系，而非南非本身的对外战略。虽然有学者对南非的地区大国地位和中等强国地位进行了分析，但是并没有把南非在非洲大陆的优势地位和在全球层次影响力的发挥进行结合。本书试图通过运用国际关系理论特别是新古典现实主义，对新南非寻求大国地位的外交战略进行系统分析，以弥补这方面研究的不足。

三 理论分析框架、概念说明与研究方法

（一）理论分析框架

是什么因素决定了一个国家的对外政策？对国家国际行为的研究产生了理论上的争鸣、探索和分野，同时也带来了外交政策理论的建构和发展。新现实主义理论大师肯尼思·华尔兹（Kenneth N. Waltz）认为，无政府结构决定了国家通过自助或者结盟的方式追求生存和安全，而不论国家的性质如何。因此，新现实主义所解释的对象是，不同国家在体系中的位置大致相当时为何具有相似的行为，以及由此反复出现的国际结果（如战争和均势）。[①] 在新现实主义理论视角下，国家作为单元层次的变量被“黑箱化”，即国家不管性质和类型如何，在无政府结构原则下都会被“社会化”，从而采取相似的国际行为。虽然新现实主义作为一种简约的理论研究路径，有助于理解国际政治中反复出现的国家行为模式，但对不同国家或者同一国家在不同条件下的不同行为模式却没有给予充分的说明和解

① Kenneth N. Waltz, “International Politics is not Foreign Policy”, *Security Studies*, Vol. 6, No. 1, 1996.

释。对后一问题的解答，新现实主义以自身为“国际政治理论”而不是“外交政策理论”的借口，而予以回避了。

随着冷战后国际政治的深刻转型，尤其是美国单极主导地位的确立、全球化进程的加速以及国际体系力量对比长期失衡等重大现象的存在，立足体系层次的国际政治理论由于视国家为不可分割的单一行为体而无法对国家的对外行为做出令人信服的解释，在某种程度上出现了集体性“解释失灵”。[①] 在此背景下，国际政治出现了由体系层次向单元层次回落的研究转向，通过将新现实主义的结构要素与古典现实主义的国家要素相结合，现实主义传统中产生了新的理论分支——新古典现实主义。

新古典现实主义承认新现实主义的基本假定，即国际体系存在无政府性、国家是国际政治中最重要的行为体、生存和安全是国家的首要目标、结构是由国家实力分布所决定的。但与此同时，新古典现实主义也认识到了新现实主义理论模型所存在的缺陷：第一，国家领导人并不总是正确感知体系的刺激。第二，国际体系并不总是发出关于威胁和机遇的明确信号。第三，领导人并不总是对体系刺激做出理性反应。第四，由于国内政治/经济环境的制约，各国无法总是有效应对体系指令所需的方式汲取或动员国内资源。[②] 因此，新古典现实主义将国家引入分析框架，认为单元层次的变量制约或促进了所有类型国家（既包括大国也包括小国）应对体系结构的能力。[③] 在新古典现实主义看来，一国外交政策的范围和目标首先是受到该国相对物质力量驱动的。但权力地位对外交政策的影响是间接和复杂的，因为体系压力必须通过单元层次的中介变量，如决策者的认知和国家结构，进行传导。[④] 因此，新古典现实主义实质上是通过在现实主义分析中“找回国家”来改进新现实主义的外部决定论内核。政策选择不再被认为是体系刺激的直接后果；相反，体系的刺激要经过国家这个棱

① 陈小鼎、刘丰：《结构现实主义外交政策理论的构建与拓展——兼论对理解中国外交政策的启示》，《当代亚太》2012 年第 5 期，第 57 页。

② 〔加拿大〕诺林·里普斯曼、〔美〕杰弗里·托利弗、〔美〕斯蒂芬·洛贝尔：《新古典现实主义国际政治理论》，刘丰、张晨译，上海人民出版社，2017，第 18 ~ 22 页。

③ Steven E. Lobell, Norrin M. Ripsman and Jeffrey W. Taliaferro, *Neoclassical Realism, the State, and Foreign Policy*, Cambridge University Press, 2009, p. 4.

④ Gideon Rose, “Neoclassical Realism and Theories of Foreign Policy”, *World Politic*, Vol. 51, No. 1, 1998, pp. 144 - 177.

镜，在独特的国内政治环境中加以认知和应对。①

本书遵循新古典现实主义理论分析框架，研究种族隔离制度结束后南非的对外战略，因此属于特定历史时代背景下特定国家的对外战略研究。冷战结束后的国际体系结构和非洲地区结构为南非追求大国地位的战略行为提供了基本的外部环境，但南非对外政策的选择和范围也受到领导人认知等国内政治因素的过滤和制约。如新古典现实主义所阐述的，领导人的计算和认知可能阻碍对外部环境变化做出一种及时、客观、有效的反应或者政策调整。此外，领导人在决定和执行大战略时，几乎总会遇到两个层面的制约：一方面，他们必须对外部环境做出反应；但是另一方面也必须通过现存的制度从国内汲取和动员资源，并得到关键的利益攸关方的支持。② 因此，在权力结构对国家对外行为发挥影响的过程中，决策者的认知作为中介变量发挥着独特作用。

具体到南非的对外战略，本书以新古典现实主义为理论框架，分析两种结构变迁：一是南非所面临的国际体系和地区体系结构变迁，以及这种变迁对南非对外行为的影响；二是南非自身国内政治结构变迁对体系结构所发挥的过滤作用。前者决定了南非对大国地位的战略追求，后者则影响了后种族隔离时代南非的对外政策选择。

种族隔离制度结束后，南非国内政治结构发生了质的变化，传统的少数白人执政集团被非国大领导的民族解放运动所取代，其表现形式为非国大、南非工会大会和南非共产党所组成的三方联盟。三方联盟系左翼性质的战略联盟，强调进步国际主义和发展中国家的身份归属，追求建立一个民主、公平、公正的全球治理体系；在区域层面，则强调南非与非洲命运相连、荣辱与共，追求建立一个和平、稳定、繁荣的非洲大陆。无论是在全球层面追求建立公平公正的全球治理体系，还是在区域层面追求建立和平稳定繁荣的非洲地区秩序，都是南非追求大国地位外交战略的具体体现。这一战略追求的根本动力是由南非在全球和非洲区域层面的相对实力地位所决定的。为追求和拓展影响力，新南非确立了“非洲中心主义”的外交原则，即在对外交往中以非洲为中心和首要：

① 〔加拿大〕诺林·里普斯曼、〔美〕杰弗里·托利弗、〔美〕斯蒂芬·洛贝尔：《新古典现实主义国际政治理论》，刘丰、张晨译，上海人民出版社，2017，第26页。

② Steven E. Lobell, Norrin M. Ripsman and Jeffrey W. Taliaferro, *Neoclassical Realism, the State, and Foreign Policy*, Cambridge University Press, 2009, p. 7.

一方面，注重发展与非洲国家的关系，以区域大国的姿态向非洲区域秩序重塑提供公共产品，争取非洲国家对其作为区域领导国家的认同；另一方面，在全球层面，强调自身为非洲大陆的领导和代表，在多边国际舞台积极推动“非洲议程”，维护非洲国家利益，提高非洲在全球体系中的影响力。

（二）概念说明

本书的研究对象是新南非的外交战略。寻求大国地位是新南非外交战略的核心内容。本书涉及后种族隔离时代、大国地位等几个相关概念。

1. 后种族隔离时代

1994 年 4 月，南非举行多种族民主大选，5 月曼德拉上台执政，成为南非历史上首位经民主选举产生的黑人总统。因此，1994 年在南非历史上具有重要意义，标志着新南非的诞生。学界往往以 1994 年为关键节点，在此之前的南非与种族隔离政权、白人统治、少数人统治、国民党政府、旧南非等术语相联系。1994 年曼德拉上台执政后，学界对南非的称呼往往有新南非、民主南非、非国大政府治下的南非等。1994 年之前，南非在白人统治下逐步形成了一整套实施种族隔离的政策和制度，实施种族隔离制度的这段历史被称为种族隔离时期。1994 年，与民主转型相一致，南非废除了种族隔离政策和制度，建立了确保种族平等的法律制度安排。因此，1994 年之后的南非历史通常被称为“后种族隔离时代”。本书以“后种族隔离时代南非对外战略”作为研究主题，从时限上讲是指 1994 年至今的历史。自 1994 年以来南非已举行过六次民主大选，政治权力一直牢牢掌握在非国大手中，这是新南非外交战略保持连续性的重要保证。因此，从根本上讲，新南非的外交战略也就是非国大政府所采取的外交战略。

2. 大国地位

何谓大国？学术界并不存在一致的界定。马丁·怀特（Martin Wight）认为，从历史角度更容易找到答案。办法与其说是界定大国，不如列举任何一个时期的大国，因为人们对于存在的大国总是会有广泛的共识。第二次世界大战以来，它们是美国、俄国、英国、法国和中国。1939 年，它们是美国、英国、法国、德国、意大利、俄国和日本。1914 年，它们是英国、法国、德国、奥匈帝国、俄国、意大利、美国和日本。1815 年，它们是英国、俄国、奥地利、普鲁士和法国。[①] 同时，怀特认为，对于大国不能仅从其实力大小或实力的构成（如领土、人口、国民生产总值、军事能力等）来看待，还必须根据它与国家体系整体的关系做出判断。在此基础上，他指出，大国指具有普遍利益的国家，即它拥有同国家体系本身一样广泛的利益，这在今天意味着世界范围的利益。[②]

随着时代的演变和理论研究的发展，“中等强国”和“新兴大国”逐渐成为国际政治研究的重要组成部分，这有助于进一步厘清不同类型的大国。根据国际力量、能力和影响力衡量，“中等强国”既非大国，亦非小国，其偏好是追求世界体系的稳定和凝聚力。[③] 虽然在“中等强国”划分标准上存在分歧，但是学者们存在一个共识，即像澳大利亚、加拿大、挪威和瑞典这样的国家属于“中等强国”。“中等强国”这一国家类别主要不是根据其在世界体系中的地位，而是根据其外交政策行为所确定的。这些国家践行多边主义原则，支持以多边主义方式解决国际问题，主张利用多边渠道和制度解决国际冲突。因此“中等强国”没有对全球现状造成威胁和挑战，而是世界秩序的维护者和稳定者。从这种意义上讲，“中等强国”属于现状国。基于以上“中等强国”的界定和分析，有学者将南非也视为“中等强国”。[④] 后种族隔离时代，南非对多边主义外交的追求，是将南非划分为“中等强国”范畴的重要原因。

在金砖国家由概念演变成实体的背景下，“新兴大国”日益成为国际政治研究的重要对象。安德烈·赫利尔（Andrew Hurrell）基于金砖国家对“新兴大国”的特点进行了归纳和总结：“一是所有的新兴大国都拥有权力，无论是军事权力、经济权力，还是政治权力，并且拥有为塑造国际秩序（全球或地区）做出贡献的某种能力。二是新兴大国具有某种程度的内部凝聚力和采取有效国家行动的能力。三是这些国家相信可以在世界事务中发挥更大的影响力。四是这些国家都认为自身处于世界体系的边缘地

---

① 〔英〕马丁·怀特：《权力政治》，宋爱群译，世界知识出版社，2004，第16页。

② 〔英〕马丁·怀特：《权力政治》，宋爱群译，世界知识出版社，2004，第22页。

③ Eduard Jordaan, “The Concept of a Middle Power in International Relations: Distinguishing between Emerging and Traditional Middle Powers”, *Politikon*, Vol. 30, No. 2, 2003, p. 165.

④ J. van der Westhuizen, “South Africa's Emergence as a Middle Power”, *Third World Quarterly*, Vol. 19, No. 3, 1998, pp. 435 - 456; P. Nel, Ian Taylor and J. van der Westhuizen, “Multilateralism in South Africa's Foreign Policy: The Search for a Critical Rationale”, *Global Governance*, Vol. 6, No. 1, 2000, pp. 43 - 60.

位，或者至少是在美国主导的全球治理体系或联盟体系之外。"[①] 赫尔南·戈麦斯（H. F. Gómez Bruera）也将新兴大国的特点概括为四个方面："第一，有能力影响国际秩序；第二，具备强大的国际身份；第三，因对世界秩序现状不满而具有修正主义倾向；第四，有能力施加地区领导。"[②] 通过以上界定可以发现，"新兴大国"与"中等强国"的一个重大区别是，"新兴大国"主张推动世界秩序转型，而"中等强国"（如澳大利亚、加拿大、韩国等）则支持美国及其盟友主导的全球体系。而且与传统的"中等强国"相比，"新兴大国"有潜力成为规则制定者。[③]

从南非的角度看，在种族隔离制度结束后第一个十年，很多学者将其界定为"中等强国"，这是因为南非外交表现出了强烈的多边主义偏好。2008 年全球金融危机爆发后，南非充分利用国际体系结构变化所带来的机遇，加入二十国集团和金砖国家合作机制，积极推动全球治理体系改革和转型。南非外交呈现了某种程度的"反西方"色彩，很多学者由此断定，南非不应再被划入"中等强国"行列，而应界定为"新兴大国"。[④] 当然，南非属于"新兴大国"行列，更多是从相对意义上而言，毕竟它不具备像中国、印度这样规模巨大的"新兴大国"所具有的领土、人口和经济实力。不过，舒运国教授也指出，南非国土面积为 122 万平方公里，相当于荷兰、比利时、意大利、法国和德国五国面积之和。另外，南非自然资源丰富，经济经过多年发展已经达到中等发达国家水平，在非洲具有不可替代的地位。[⑤] 因此，南非首先是一个非洲地区性大国。同时，南非积极追求成为联合国安理会常任理事国，具有非常明显的大国抱负和追求，当前

---

① A. Hurrell, "Hegemony, Liberalism and Global Order: What Space for Would – be Great Powers?", *International Affairs*, Vol. 82, No. 1, 2006, pp. 1 – 19.

② H. F. Gómez Bruera, "To Be or Not to Be: Mexico an Emerging Power?", *South African Journal of International Affairs*, Vol. 22, No. 2, 2015.

③ Maxi Schoeman, "South Africa as an Emerging Power: from Label to 'Status Consistency'?", *South African Journal of International Affairs*, Vol. 22, No. 4, 2015, p. 431.

④ M. Qobo & M. Dube, "South Africa's Foreign Economic Strategies in a Changing Global System", *South African Journal of International Affairs*, Vol. 22, No. 2, 2015; Maxi Schoeman, "South Africa as an Emerging Power: from Label to 'Status Consistency'?", *South African Journal of International Affairs*, Vol. 22, No. 4, 2015; Alan S. Alexandroff, "South Africa in a Complex Global Order: How and Where to Fit in?", *South African Journal of International Affairs*, Vol. 22, No. 2, 2015.

⑤ 舒运国：《南非：非洲的新兴大国》，《上海师范大学学报》2011 年第 6 期，第 130 ~ 131 页。

也是二十国集团和金砖国家合作机制成员，因此从全球层面看可将其视为“新兴大国”。

经上述对大国、中等强国和新兴大国概念的说明和特点的分析，本书所指南非对大国地位的追求可分两个层面来看待：一是在区域层面，南非试图成为非洲的领导国。南非是非洲的区域大国，在政治、经济、军事、科技等方面与其他非洲国家相比具有明显的优势。但是谋求成为非洲区域的领导国也非易事，一方面需要面对来自其他非洲区域大国如尼日利亚等的竞争，另一方面也需要应对英国、法国、美国等传统西方大国的挑战。南非对大国地位的战略追求，首要的是维护其非洲区域大国的地位，争取在非洲事务和非洲区域治理中发挥领导作用，同时争取国际社会对其非洲领导国地位的认同。这也是南非在全球层面发挥影响力的重要基础。二是在全球层面，南非以非洲大陆的代表自居，谋求在全球治理领域发挥影响和领导作用。争取成为联合国安理会常任理事国是南非的一贯战略追求。在安理会这一传统的大国俱乐部之外，南非积极谋求组建大国俱乐部（如印度－巴西－南非三方对话论坛），或者加入新兴的大国集团（如二十国集团、金砖国家合作机制），再或者在具体的全球治理问题领域加强与志同道合的大国进行战略协调与合作（如应对全球气候变化的基础四国集团）。加入大国俱乐部是彰显大国地位和影响力的一种体现。南非追求成为全球层次的大国并不是谋求成为强权，而是要通过大国协调推动全球治理体系转型和全球性问题的解决，使重塑中的国际秩序能够更好地维护非洲以及更为广泛的发展中国家的利益。因此，从这个角度看，南非追求大国地位，并不仅仅是谋求获取全球性影响力，更重要的是获取推动世界秩序变革的能力。总之，区域和全球两个层面的大国地位战略追求，是相互联系、密切配合的，充当非洲区域领导国角色是在全球层面发挥影响力的基础；在全球层面影响力的发挥有助于使非洲问题的解决符合南非的偏好和预期，也有助于巩固其在非洲的地位和领导力。这两个层面的大国地位战略追求构成了后种族隔离时代南非对外战略的核心。

3. 外交战略

“战略”一词在古代一直是军事术语，直到近代，这一术语才被引入政治科学领域。在现代社会，“战略”这一军事术语在社会生活的各个领域都得到了广泛的应用，并且由此产生了一系列与战略相关的全新概念，诸如政治战略、经济战略、科技战略、文化战略、教育战略乃至社会发展战略、全球战略等。其中仅仅与外交直接或间接相关的，就有国家战略、国际战略、外交战略和地缘战略。[①] 所谓外交战略，主要是指外交实体（其中主要是主权国家）在一定时期内所形成的有关外交活动的战略构想。具体地说，给外交战略所下的较为完整的定义应当是：外交实体尤其是主权国家对其自身外交基本问题的把握和据此所制定的自身进行外交活动的总体规划。[②]

新南非追求大国地位的外交战略至少应包括以下几个方面的内涵：第一，确保其在非洲大陆特别是南部非洲地区的优势地位，积极追求在非洲大陆发挥领导作用，充当地区领导国，并得到地区和国际社会的认可和支持。第二，在全球层次努力加入大国俱乐部，并按其偏好塑造国际体系的发展路径，在具体问题领域试图发挥关键或核心作用。第三，妥善处理与全球霸权的关系以在追求大国地位的过程中充分利用霸权，尽可能降低全球霸权对其外交战略实施所带来的阻力，同时借助美国主导的西方霸权发挥南北桥梁建设者作用。第四，奉行多边主义，充分利用多边舞台发挥和拓展影响力，通过推动多边治理体系转型来维护自身和非洲大陆的利益。以上四个方面是南非以非洲为依托寻求大国地位外交战略的基本内涵，基于以上战略，到 2025 年南非寻求将自身塑造为国际社会中成功的、富有影响力的一员。[③] 本书也将尝试从以上四个方面对后种族隔离时代南非寻求大国地位的外交战略进行研究。

（三）研究方法

本书主要采用历史分析、案例分析、调查研究三种研究方法。

1. 历史分析法

历史分析方法是指“以历史事实，包括人物行为、历史事件、历史关系作为素材，进行分析、加工并运用到一定的理论分析框架中，得出作者观点或者看法的方法”。[④] 本书主要分析 1994 年后新南非寻求大国地位的外交战略。涉及的历史主要是 1994 年至今，但是对于种族隔离时期南非对

---

① 杨烨主编《外交理论与实务》，外语教学与研究出版社，2008，第 85 页。

② 金正昆：《现代外交学概论》，中国人民大学出版社，1999，第 90 页。

③ Department of International Relations and Cooperation, *White Paper on South Africa's Foreign Policy*, 13 May, 2012, p. 18.

④ 胡宗山：《政治学研究方法》，华中师范大学出版社，2007，第 252 页。

外关系中的重大历史事件也会有所提及。根据已知事实，总结南非在后种族隔离时代寻求大国地位的外交战略的基本经验，并且通过历史事实分析其战略手段的实施效果，总结南非在寻求大国地位的过程中所遇到的基本挑战。

2. 案例分析法

案例分析法的特点是只研究某一具体的事件，根据对事件的详细分析得出某种结论，既可以是特殊性结论，亦可以是普遍性结论。本文选择20世纪90年代的尼日利亚危机和莱索托危机两个案例来分析南非是如何通过处理非洲大陆的危机事件来巩固其非洲国家身份认知的。国家身份界定国家利益从而决定国家行为。非国大执政后新南非确立了两种基本的身份认知：民主人权国家和非洲国家。但是这两种身份认知在具体的外交实践中有时难免会产生冲突。对尼日利亚危机和莱索托危机的应对便引发了南非的身份认知冲突。通过对这些危机的处理，南非在面临选择的困境时，更加坚定了其非洲国家身份的认知。虽然民主和人权仍然是南非外交政策的指导原则，“非洲团结”却成为对外行为的优先选择。面对身份冲突，非洲国家身份认知最终占据上风，并深刻地影响了南非对外行为的方式。

3. 调查的研究方法

调查的方法主要包括专家调查、民意调查和实地调查三种。其中专家调查法最适合国际关系研究。笔者利用在南非访学、考察的机会，收集了大量南非外交政策的一手资料，同时对南非金山大学社会科学学院院长吉尔伯特·卡迪戈拉（Gilbert Khadiagala）、南非金山大学社会科学学院加斯·谢尔顿（Garth Shelton）教授、南非国际事务研究所所长伊丽莎白·斯蒂洛普劳斯（Elizabeth Sidiropoulos）、南非姆贝基非洲领导力研究所研究员谭哲理（Tembe Paul）、南非全球对话研究所研究员皮拉尼（Philani Mthembu）等专家学者以及南非公共广播公司等媒体的记者进行了采访。这些专家学者以及相关研究人员等对南非外交政策具有深刻的洞察力。通过访谈交流可以洞悉南非对外关系中的具体历史事件，同时能够更好地把握和理解南非寻求大国地位的外交战略以及这一战略的发展和演变趋势。

四　框架结构和主要观点

本书的分析起点是南非的国内政治变迁与冷战后的国际政治现实，这构成了新南非制定外交战略的宏观背景。根据自身所处的地区和国际环境，新南非确立了追求大国地位的外交战略。本书在对背景因素阐述的基础上，在地区和全球两个层次系统分析了新南非追求大国地位的外交战略实践。

（一）框架结构

本书由导论、正文部分和结论构成。导论部分提出主要研究的问题——新南非为何以及如何寻求大国地位的外交战略，并从理论与现实两个方面阐述选题的意义。导论部分对关于南非外交的既往文献进行了系统梳理，在充分肯定前人学术贡献的基础上总结了其研究不足之处。最后，在导论部分对后种族隔离时代、大国地位以及外交战略等概念进行了学术界定，并对本书运用的研究方法进行了说明。

本书正文部分包括六章，相互之间的逻辑关系如下。

第一章是“政治变迁与南非的外交战略”。本章从政治变迁的角度阐述非国大上台之后南非外交战略的转型，同时从泛非主义、南南合作与南北对话三个方面管窥新南非追求大国地位的战略抱负。南非的政治转型是理解后种族隔离时代南非对外战略的基础和前提。本章首先分析南非的民主转型及其所导致的基本后果——非国大确立在国内政治格局中的主导地位。对新南非任何外交政策及其战略的分析都离不开非国大的基本意识形态、观念认知及其身份认同。其次是总结概括非国大在种族隔离时代的斗争实践中所形成的基本理念和外交哲学。在整个种族隔离时代，非国大为之奋斗的便是争取南非所有公民的平等、民主、自由及人权。在反对种族隔离政权的过程中，非国大得到了众多非洲国家的大力支持，而且正是依靠这些非洲国家才形成了对种族隔离政权的有效孤立。因此，在种族隔离时代的斗争实践中非国大塑造了两种最基本的身份认知：民主人权国家和非洲国家。非国大的斗争实践为新南非对自身国家身份的界定奠定了基础。最后在新的国家身份认知下，非国大塑造了南非新政府的基本世界观。在新的国家身份认知背景下，非国大强调要把非洲大陆作为其外交政策的中心，并在促进非洲经济发展与安全建设中发挥领导作用；同时，以发展中国家自居，竭力维护广大南方国家的利益；利用与北方国家的政治与经济联系以及自身的南方国家身份充当南北对话的桥梁建设者角色。这些基本的世界观反映了南非积极寻求大国地位的意图。

第二章是“新南非外交面临的国际与地区背景”。本章主要分析冷战结束后国际体系的基本现状及其发展趋势、非洲大陆在国际体系中的地位，在此基础上进一步分析国际和地区因素如何为南非寻求大国地位的外交战略提供了可能性。本章首先分析冷战结束后美国单极霸权的特点和冷战后的美国对非政策。冷战结束后所形成的美国单极霸权成为南非寻求大国地位外交战略所面临的首要外部因素，而美国对非政策的调整也是南非确立外交战略时必须考虑的重要因素。其次分析冷战结束后国际体系的第二个结构性特征，即欧洲一体化和新兴大国崛起所导致的多极化趋势。冷战结束后，欧盟和新兴大国都加强了对非洲外交力度，这构成了南非确立外交战略的外部影响因素。最后阐述冷战后非洲大陆在国际体系中的地位。冷战结束后，非洲大陆处于日益边缘化的地位，但是21世纪以来非洲较快的经济发展、大国对非洲的关注使非洲的地位有所提升。这种基本的地区情势使地区大国可以大有作为。国际和地区背景为南非确立寻求大国地位的外交战略提供了可能性，但同时也施加了限制性条件。

第三章为“南非与非洲：战略依托与引领作用”。本章从观念认知与公共产品供给的角度分析新南非如何利用其在非洲大陆，尤其是在南部非洲地区的优势地位来确保作为地区大国的合法性。以自身实力为基础向非洲尤其是南部非洲地区提供公共产品，不仅是南非巩固其地区大国地位的重要手段，而且是其在全球层次发挥影响力的战略依托。南非本身是非洲大陆的地区性大国，因此继续维持其地区大国地位是在全球层次获取影响力的基本保障。与种族隔离时代的白人政权不同，新南非并没有利用其优势地位对邻国采取单边主义和黩武主义的政策。恰恰相反，新南非在非洲国家身份认同的指引下，通过向地区提供公共产品的方式来谋求其地区大国地位的合法性，并利用地区大国地位积极寻求在全球层次的影响力。非国大通过反种族隔离斗争所形成的两种基本国家身份认知及其所衍生的基本外交原则存在潜在的冲突。民主人权原则与非洲国家团结原则之间的基本矛盾是多数非洲国家的制度安排并不符合南非所界定的民主人权原则。通过对尼日利亚危机和莱索托危机的反应，南非逐渐由强调民主人权原则转向非洲团结压倒一切。在非洲国家形象和非洲团结原则指导下，南非积极利用自身的实力地位为地区发展提供公共产品。本章剩余部分主要从公共产品供给的角度分析南非分别在地区制度建设、地区政治经济发展和地区安全建设等方面所发挥的领导作用。在以上领域提供公共产品不仅是地区大国承担责任的一种体现，而且是在全球层次寻求大国地位，并且谋求域内外国家认同的重要保障与基础。通过在以上三个方面提供公共产品并发挥领导作用，南非逐步将非洲大陆打造成为其追求大国地位外交战略的核心依托。

第四章以“南非与西方霸权：对美欧实用主义外交”为主题分析南非追求大国地位外交战略的另一个重要支柱，即借助与美欧传统伙伴之间的政治、经济和外交关系来提高其在地区和全球层次的影响力。首先，非国大对美欧国家态度的转变为新南非发展与美欧国家关系奠定了观念基础。非国大是新南非的执政党，是南非新政府外交政策和战略的主导者。非国大对西方大国的认知和态度对新南非制定对西方外交政策具有重要影响。伴随着种族隔离制度的结束，非国大对西方大国的态度逐渐由怀疑转变为合作。其次，在观念转变基础上，新南非主要通过借助与美欧传统伙伴之间良好的政治和外交关系来提高自身的经济实力。鉴于美欧国家在市场、资本、援助、技术等方面的优势，新南非将美欧国家视为其融入世界经济体系、增强自身经济实力的重要依靠对象。最后，因在民主人权等价值观上与西方存在广泛的一致性，新南非积极利用这种独特的优势以获得美国和欧盟对其发挥南北桥梁建设者作用的支持。本章以南非所积极倡导的“非洲议程”作为案例进行分析。虽然南非借助美欧国家力量追求大国地位的外交战略取得了巨大成效，但是南非本身的战略导向与美国主导的西方霸权存在基本矛盾，这在一定程度上对新南非借助美欧国家力量追求大国地位的外交战略构成了制约。

第五章以“南非与新兴大国：合作互助实现崛起”为主题，阐述作为发展中国家的一名成员，南非是如何通过处理与新兴大国的关系来提高其国际地位的。本章首先分析南非决策精英对新兴大国崛起的基本认知和态度。在这一基本认知前提下，南非将新兴大国崛起视为积极进步性力量，并认为会为南非的发展带来机遇，从而强化了与新兴大国之间的政治外交联系。政治外交关系的强化为南非与新兴大国在经贸和战略领域进行合作奠定了基础。其次分析南非如何利用新兴大国较为迅速的经济发展来追求自身的经济收益。同时，新兴大国较为迅速的经济发展是因为贯彻执行了比较符合自身国情的发展模式，在此方面，南非为促进自身经济的可持续发展可以进行借鉴和学习。而以上方面的合作和学习可以提高南非的经济实力。最后分析南非如何与新兴大国进行合作推动国际体系转型、共同实现崛起。南非主要通过双边和多边互动的方式加强与新兴大国（主要是金砖国家）之间的合作，一方面是寻求新兴大国对南非所倡导的“非洲议程”的支持，这是南南合作的重要组成部分；另一方面是利用新兴大国的集体努力来推动国际制度改革，以改变发展中国家在国际体系中的不利地位。这两个方面都有助于提高南非在地区和全球层次的影响力。

第六章以“南非与多边国际制度：彰显影响力的重要平台”为主题，分析南非是如何通过多边外交和参与国际制度建设来提高自身影响力的。本章的核心假设是，南非以“非洲议程”作为参与多边国际制度建设的话语表述，旨在利用多边国际制度推动实现“非洲议程”，以巩固和提高南非在非洲大陆的地位和领导力；同时，高举“非洲议程”的旗帜，也可以提高南非在多边国际制度建设特别是在大国参与的国际政治集团中的合法性和影响力。本章以南非参与联合国安理会和金砖国家合作机制作为案例，对南非依托“非洲议程”追求影响力的战略逻辑进行了深入和系统的分析。

最后是本书的结论。南非依靠在非洲大陆的优势地位并借助其他大国（美欧大国和新兴大国）和多边国际制度的力量在地区和全球层次的影响力不断提升，这构成了新南非追求大国地位外交战略的基本内容。然而，当前南非也面临着严峻的发展问题，非国大的执政地位有所削弱，两极分化导致的社会裂痕不断加深，这些因素都对南非追求大国地位的外交战略形成掣肘。通过改革促进国内经济可持续发展，巩固非国大的执政地位，不断提高国家实力，依然是南非未来提高国际影响力的基础和保障。

（二）主要观点

本书并不寻求对后种族隔离时代南非对外关系的所有方面进行全面梳理和阐述，而是集中运用国际关系理论特别是新古典现实主义理论框架分析新南非追求大国地位的外交战略。本书的主要观点如下。

第一，南非追求大国地位的外交战略与行为从根本上讲是其在非洲大陆，尤其是在南部非洲地区显著的实力优势地位决定的。非国大因反种族隔离斗争而获取的巨大道德影响力，作为软实力的构成要素之一进一步提升了南非的实力地位。正是南非在地区的优势地位和道德影响力为其在地区层次发挥领导作用、在全球层次发挥国际影响力提供了机遇和基本动力。正如因实力弱小，莱索托、斯威士兰等非洲小国从不会产生追求大国地位的动机与行为一样，自身的国家实力和在非洲大陆的相对优势地位才是决定南非对大国地位战略追求的根本。

第二，政治变迁导致了南非对自身国家身份的重新界定，国家身份认知的变化导致南非与地区和域外国家之间关系的互动模式发生了变化。虽然南非的实力地位为其追求大国地位提供了基本动力，但无法解释南非运用自身实力的方式所发生的变化。在种族隔离时代，南非白人政权运用自身的优势地位对邻国采取扰乱政策，导致邻国遭受巨大的物质损失与人员伤亡。在后种族隔离时代，非国大政府把新南非确定为非洲国家，运用自身实力维护非洲大陆的安全、促进地区经济发展。新南非与地区各国的实力对比在此前并没有发生根本变化，但其对外行为发生了深刻变化。这是非国大的观念与对国家身份的界定和种族隔离政权截然不同所导致的。

第三，南非追求大国地位的战略依托来自非洲。种族隔离制度被废除之后，南非与地区国家之间的关系由相互敌对转变为相互依赖。在此基础之上，南非积极利用自身实力促进非洲大陆的发展，不仅是利用非洲大陆市场为南非经济发展谋求利益，更重要的是试图通过向地区提供公共产品的方式来取得域内外国家对南非在非洲大陆所发挥领导作用的认同。同时，南非充分利用在非洲大陆的领导作用积极发挥在全球层次的影响力，而这种影响力的发挥同样离不开非洲国家的支持。

第四，国家身份认知与国家利益决定着南非对美欧西方国家的政策倾向。南非虽然在民主与人权等价值观方面与美国主导的西方世界存在某些一致，然而其非洲国家形象的认知与此存在潜在的矛盾与冲突。“非洲团结”要求南非把反对霸权主义、殖民主义、帝国主义等作为其话语政治的一部分，然而，南非经济的发展又离不开美国和欧洲的投资、援助与贸易，南非发挥地区领导作用亦离不开美国和欧洲大国的支持，至少需竭力避免美欧国家的阻挠。因此，南非对美欧国家的政策和战略存在话语政治掩盖下强烈的经济中心主义倾向。

第五，国际体系的结构变迁为南非寻求大国地位提供了新的机遇。新兴大国的崛起正在改变国际体系的结构，而结构变迁在两个方面塑造着南非的行为。一方面，南非加强了与新兴大国之间的双边关系，以谋求自身和非洲大陆的经济发展。另一方面，南非积极谋求组建和加入新兴大国俱乐部，并利用新兴大国集团推动国际体系转型和塑造以规则为基础的国际秩序。被接纳为新兴大国集团俱乐部成员也是南非大国地位的一种彰显。

第一章 政治变迁与南非的外交战略

20 世纪 80 年代末至 90 年代初是国际关系史以及部分国家政治发展史上具有划时代意义的时期。这一时期见证了东欧剧变、苏联解体以及国际体系格局由两极向单极的转变。美国依靠与欧洲和日本的联盟体系最终确立了在冷战后国际体系中的霸权地位。古巴从安哥拉撤军、纳米比亚宣布独立标志着美苏在非洲大陆冷战对峙格局的彻底结束。南非与南部非洲地区国家乃至整个非洲大陆国家间的关系也因其内部政治变迁而发生了根本转变。

1994 年 4 月，南非举行首次非种族民主大选，非洲人国民大会（简称非国大）获得 63% 的选票，国民党与因卡塔自由党分别获得 20% 和 11% 的选票。根据南非过渡宪法规定，非国大与国民党和因卡塔自由党联合组建民族团结政府（Government of National Unity）。1994 年 5 月，非国大领袖曼德拉成为南非历史上首位经民主选举产生的黑人总统，来自非国大的塔博·姆贝基与来自国民党的德克勒克分别任副总统。这一事件不仅意味着统治南非近半个世纪的种族隔离制度的彻底瓦解和白人统治的终结，而且为南非与地区国家以及域外国家关系的演变开辟了新的空间。

20 世纪 80 年代末至 90 年代初，南非国内政治变迁的标志性事件是非国大上台并长期执政。作为民族解放运动的领导力量，非国大占据南非政党格局的主导地位，成为后种族隔离时代南非政党政治的核心特征。黑人多数取代白人少数上台执政，这一国内政治格局的根本转变，深刻影响了新南非的对外战略。非国大的基本理念和外交哲学塑造了南非新政府的外交政策和战略。新政府的产生标志着南非自我认知与其他国家对南非认知的改变。[①] 基于种族隔离时代非国大为破除种族隔离制度、追求民族解放的政治外交实践，南非新政府成立后把民主人权国家以及非洲国家作为基本的身份定位。身份认知的转变重新塑造了南非政府的外交理念和对国家

① James Barber, *Mandela's World: The International Dimension of South Africa's Political Revolution 1990 - 1999*, Athens: Ohio University Press, 2004, p. 5.

利益的界定。民主转型后南非不再将自身视为西方基督教文明体系的一部分，而是非洲国家体系的一部分。南非的安全利益不再是对邻国采取动荡扰乱政策的零和博弈，而是积极追求南部非洲地区的安全建设和经济发展。南非决策者的认知发生根本转变，不再将非洲邻国视为一种威胁和负担，而是认为南非的安全与繁荣有赖于整个非洲大陆的和平、稳定与发展。南非新政府积极利用反种族隔离斗争所积累的道德软实力以及在非洲大陆的经济军事优势，努力在非洲复兴进程中发挥建设性的领导作用；利用与西方国家的传统关系努力在南北关系中发挥桥梁建设者作用；通过与发展中大国特别是新兴大国之间的合作维护广大发展中国家的利益，积极推动国际体系转型；积极参与国际多边制度并以此为平台发挥影响力。南非在以上领域采取的战略举措显示了其谋求成为非洲地区领导国和发挥全球性影响力的战略追求。

第一节　南非的民主转型：妥协的政治

南非位于非洲大陆的南端，国土由大西洋和印度洋所环绕，是典型的海陆兼备型国家。伴随着航海技术的发展以及西方资本主义的扩张，南非这片土地到 17 世纪中期开始遭到欧洲殖民主义的侵占。从 1652 年范・里贝克（Jan van Riebeeck）带领一批荷兰人从桌湾登陆开始，南非先是被荷兰人殖民，后又经英国殖民，并经 1899 ~1902 年英布战争，最终于 1910 年 5 月成立南非联邦。南非联邦是大英帝国的自治领，英国总督是最高行政长官，这种状态一直持续到 1961 年南非议会通过建立共和国的法案并脱离英联邦才宣告结束。

南非共和国的建立表明国内政治力量日趋保守，种族隔离政策逐渐演变成一套完整的制度体系并日趋僵化。伴随着黑人民族解放运动的日渐活跃以及国际社会的孤立与制裁，种族隔离制度的生存空间日益萎缩，南非白人政权也逐渐陷入穷途末路的困境。到 20 世纪 80 年代末 90 年代初，美苏冷战以苏联解体而宣告终结，南非国内的种族隔离政权在各方面压力下被迫做出让步——解除党禁、释放政治犯，南非由此迎来了多党政治协商的进程。政治协商最终以相对和平的方式将政治权力由代表白人利益的国民党转移到民族解放运动的领导力量非国大手中，南非成功地实现了民主转型。

一　南非白人政权的基本外交战略

从 1910 年到 1990 年，南非的种族主义制度维持了 80 年，经历了从确立到强化再到衰败的过程。[①] 南非的对外关系与国内的种族隔离制度存在密切关联，其外交战略的根本目标在于维持种族隔离制度与白人的优势地位。然而，伴随着传统殖民大国的去殖民化进程与非洲国家的独立，南非的这一政治目标日益成为与国际社会互动的基本矛盾。也正是对种族隔离制度的坚持和维护导致了南非被国际社会所孤立，成为国际社会的“弃儿”。南非与非洲邻国的关系也因此陷入敌对状态。

这 80 年间，南非的对外关系可以以 1960 年为界划分为前后两个时期。其中 1910 ~ 1960 年为南非联邦时期；1961 ~ 1990 年为南非共和国时期。在不同时期，根据国际环境的变化、国内政治经济情势的发展，南非采取了不同的外交政策；但是维持种族隔离制度和白人优势地位这一基本目标没有发生任何改变，任何外交政策的调整从本质上讲都是以维护白人优势地位为出发点的。

（一）南非联邦时期的对外关系与战略（1910 ~ 1960 年）

南非联邦时期的对外关系可以以 1948 年为界划分为两个时期。1910 ~ 1948 年这一时期，南非对外关系的重点是如何对待两次世界大战的问题。在对待是否参战的问题上，南非国内存在阿非利卡人与英语白人之间的矛盾。虽然最初遭到阿非利卡人保守派的强烈反对，但是国内政治力量的对比最终导致南非加入盟国参与到两次世界大战之中。这一时期南非的基本身份定位是把自身看成将欧洲文明移植到非洲大陆的西方社会的一部分。[②] 正是基于对西方社会身份的认同，南非国内的主导力量把加入盟国参战视为国家利益的一部分。通过参战，南非提高了自身在英联邦以及国际社会中的地位和影响力。

南非联邦作为英国的自治领不仅为两次世界大战的胜利贡献了力量，而且在二战之后联合国的设计上时任南非总理简·史末资（Jan Smuts）也发挥了重要作用。战后，南非史末资政府仍然将维持并加强与英国及英联

---

① 杨立华主编《列国志·南非》，社会科学文献出版社，2010，第 76 页。

② James Barber, *South Africa's Foreign Policy: 1945 - 1970*, London: Oxford University Press, 1973, p. 16.

邦国家的关系作为基本外交战略，同时将英联邦体制与联合国作为维护世界和平与稳定的基本制度框架。然而，具有讽刺意味的是，恰恰是这两种制度设计所建立的国际组织成为亚非拉新兴独立国家反对南非种族隔离制度的舞台。在西南非洲（今纳米比亚）和种族隔离问题上，南非日益受到亚非拉新兴独立国家的批评及联合国的干预，这导致其国内政治日趋保守。

1948 年，南非国民党以“种族隔离”为口号赢得选举胜利并上台执政，标志着南非国内政治格局中阿非利卡人民族主义势力占据了主导地位，其他政治势力（包括英语白人）的权力和影响趋于下降。[①] 马兰（Daniel Malan）政府上台后密集出台多项种族隔离法令（主要包括《人口登记法案》《禁止混婚法》《不道德法修正案》等），从而为种族隔离的制度化奠定了法律基础。同时，国内政治格局的转变导致了南非外交政策的完全转变。[②] 一方面，南非与英国的关系有所疏远，对英联邦体制的认知发生转变。马兰政府极力批评英国给予帝国殖民地以独立地位的去殖民化进程，并且认为去殖民化的后果要么导致独裁，要么退回到野蛮的混乱状态。与史末资对英联邦地位的极为重视不同，国民党政府认为，印度、巴基斯坦等亚非国家的独立导致了英联邦体制的分裂，英联邦日益成为新兴独立国家干预南非内政的工具。另一方面，针对非洲的国际关系，南非提出所谓的“非洲宪章”，确立了五项基本目标，即保护非洲免受亚洲人的统治；维护非洲人的非洲；确保非洲在西方基督教阵营内的发展；使共产主义远离非洲大陆；促使非洲“非军事化”。然而，新兴独立国家宣布把消除殖民主义作为它们的主要目标，南非由于国内的种族隔离政策、对西南非洲/纳米比亚的占领以及对罗得西亚白人政权的支持而成为他们反对的基本目标。[③] 因此，马兰政府所谓的“非洲宪章”精神并没有得到非洲独立国家的认可和支持。

1960 年 2 月 3 日，英国首相哈罗德·麦克米伦（Harold Macmillan）在南非议会发表了“转变之风”（Wind of Change）的演讲，标志着英国正式

---

① E. H. Brookes, “South Africa and the Wider Africa: 1910 – 1960”, *Race Relations Journal*, Vol. 27, No. 1, January – March 1960, p. 3.

② Hari Sharan Chhabra, *South African Foreign Policy: Principles – Options – Dilemmas*, New Delhi: Africa Publications, 1997, p. 9.

③ Roger Pfister, *Apartheid South Africa and African States: From Pariah to Middle Power, 1961 – 1994*, London: Tauris Academic Studies, 2005, p. 31.

承认了非洲黑人的自决权。这也意味着大英帝国将加速去殖民化进程。1960 年 3 月 21 日，南非国内因反对《通行证法》掀起风起云涌的群众运动，这场运动导致警察当局开枪打死 69 人（其中包括 8 名妇女和 10 名儿童），打伤 180 人，造成震惊世界的沙佩维尔惨案。[①]国际局势的发展以及国内政治形势的演变，导致南非白人尤其是阿非利卡白人的危机感和恐惧感不断上升，南非国民党政府更加保守。为应对这种突如其来的国际国内复杂情势，国民党政府在国内进行暴力镇压，宣布全国进入紧急状态，取缔非国大和泛非大等黑人民族解放组织，宣布成立共和国。在国际社会，南非日趋走向孤立，宣布退出英联邦。由联邦制向共和国的转变意味着南非国内政治势力的保守主义倾向进一步加剧，种族隔离制度得到进一步强化，与外部世界的关系也日益走向敌对和孤立。

（二）南非共和国时期的对外关系与战略（1961～1990 年）

20 世纪 60 年代初，在中部非洲地区，西方殖民帝国开始瓦解，遭受殖民的非洲国家不断取得政治上的独立地位。在这种背景下，南非共和国重新塑造了一种自我形象——少数文明的南非白人不仅被老朋友侮辱和误解，而且孤独地矗立在对其充满敌意的国家所围绕的大陆上。[②] 这一时期，南非确实遭到了国际社会尤其是非洲国家的进一步孤立。1962 年，联合国以 67 票赞成、16 票反对、23 票弃权的绝对多数通过一项决议，要求成员国断绝与南非共和国的外交关系，抵制南非商品，终止对南非的所有出口，并对南非的海运和空运关闭所有的港口和机场。[③] 到 1963 年，南非被取消了非洲统一组织（the Organization of African Union）、非洲国家土壤保护与土地利用局（the Inter – African Bureau of Soil Conservation and Land Utilization）、非洲技术合作委员会（the Commission for Technical Cooperation in Africa）、非洲科学理事会（the Scientific Council for Africa）以及非洲互助基金会（the Foundation for Mutual Assistance in Africa）等非洲区域组织的

① Robert Ross, *A Concise History of South Africa*, Cambridge: Cambridge University Press, 1999, p. 129.

② James Barber, *South Africa's Foreign Policy: 1945 – 1970* , London: Oxford University Press, 1973, p. 189.

③ James Barber, *South Africa's Foreign Policy: 1945 – 1970* , London: Oxford University Press, 1973, p. 152.

成员资格。在非洲国家的努力下，南非也被取消了国际劳工组织、联合国粮农组织、联合国非洲经济委员会等全球性国际组织的成员身份。到20世纪60年代中期，南非逐渐发现自身已经完全被非洲大陆孤立，并且在国际社会也日益遭到孤立。[①] 南非的种族隔离政策导致了国际社会和非洲大陆对南非国家的“隔离”。

然而，这一时期，无论是联合国的制裁还是非洲国家的孤立，事实上都没有从根本上阻止南非与外部世界发展经济关系。南非不仅与西方资本主义世界的贸易关系有所强化，而且与非洲国家的贸易额也由1969年的3.639亿兰特增长到1972年的4.547亿兰特，到1974年则进一步达到6.95亿兰特的水平。[②] 由于国内抵抗运动遭到镇压、政治形势趋于稳定以及经济军事实力的增强，沃斯特（B. J. Vorster）政府重拾信心，在20世纪60年代中后期开始推行所谓“外向政策”，并强调与非洲独立国家进行对话。

外向政策的核心是通过加强与非洲国家在经济与技术领域的合作（很大程度上是南非向对其友好的非洲国家提供经济与技术援助）来降低非洲国家对南非的孤立，最大限度地提高南非的国际合法性。对话的前提则在于互不干涉彼此的内部事务，从而确保种族隔离制度免受外部的指责和干涉。针对沃斯特政府所提出的对话政策，在1971年6月召开的非洲统一组织部长理事会上，成员国进行了投票，其中28个国家投票反对与南非进行对话，6个国家（包括加蓬、象牙海岸、莱索托、马达加斯加、马拉维和毛里求斯）支持对话，5个国家弃权。此次非统会议还批准了1969年4月由14个中东非国家所提出的《卢萨卡宣言》，该宣言把南非放弃现行的种族隔离政策作为与其开展对话的前提条件。多数非洲国家的反对与抵制表明沃斯特政府所推行的对话政策并没有取得成功。

20世纪70年代中后期，伴随着葡萄牙殖民统治在安哥拉与莫桑比克的终结，共产主义势力进一步向南部非洲地区扩大影响。博塔（P. W. Botha）政府上台后采取针对共产主义扩张的“总反攻”战略。一方面，在冷战东西方对峙的背景下，博塔政府利用西方对共产主义在南部非洲地区扩张的担忧，强化了与美国里根政府和英国撒切尔政府的关系，利用与美英之间的友好关系维持自身政权的合法性。另一方面，针对邻国对南非民族解放

---

① Roger Pfister, *Apartheid South Africa and African States: From Pariah to Middle Power, 1961 - 1994*, London: Tauris Academic Studies, 2005, p. 37.

② F. R. Metrowich, *Towards Dialogue and Détente*, Sandton: Valiant Publishers, 1975, p. 11.

运动组织的支持，采取了所谓的“扰乱政策”，即通过支持黑人独立国家的反对派、破坏地区交通线路甚至直接的军事干涉行动来扰乱这些国家的政治经济秩序。“扰乱政策”最终导致了斯威士兰和莫桑比克与南非白人政权签署了互不侵犯协定。这意味着莫桑比克将不再支持非国大等民族解放运动组织以莫桑比克为基地对南非种族隔离政权发起攻击，作为条件南非不再支持莫桑比克国内的反政府力量。

博塔政府的外交战略虽然取得了部分成功，但是 20 世纪 80 年代中后期国际冷战局势的演变以及南非本身国内政治经济形势的发展越来越与种族隔离政治相矛盾。一方面，国际社会反种族隔离政策的呼声日益高涨，最终导致美国国会于 1986 年通过《全面反种族隔离法案》。随后欧洲共同体、日本以及其他各类国家对南非发起了实质性的经济、政治和文化制裁。① 西方国家的严厉制裁导致南非出现大规模资本外逃，经济形势进一步恶化。另一方面，经济形势的持续恶化以及国内的政治动荡导致南非国内白人社会出现分化，众多白人尤其是商人阶层开始与非国大进行接触，主张通过对话协商方式逐渐消除种族隔离制度。在这种背景下，博塔政府的保守政策最终走向了穷途末路。1989 年 8 月 14 日，博塔被迫辞职。随后，德克勒克（de Klerk）继任总统，南非政治逐渐走向多党协商结束种族隔离制度的新阶段。

二 “新思维”与种族隔离制度的废除

早在 1984 年 7 月，博塔内阁的司法部长便开始就对话问题与在狱中的黑人领袖曼德拉有了接触。到 1988 年 5 月，博塔政府建立了一个由四位政府官员组成的委员会负责处理与曼德拉以及其他非国大领导人的对话问题，从而使政府与非国大的秘密互动公开化了。在广泛接触过程中，白人政府官员逐渐认识到非国大的政治主张可以确保白人的基本利益，从而为未来的政治协商与让步奠定了基础。1989 年 9 月，德克勒克上台后采取了与历届国民党政府完全不同的政治哲学——不是尽一切可能去维持摇摇欲坠的种族隔离制度，而是考虑如何在未来的多种族民主制度下最大限度地确保白人的基本利益。而且，德克勒克相信越早与非国大开启谈判，对政

---

① Chris Alden, “From Liberation Movement to Political Party: ANC Foreign Policy in Transition”, *South African Journal of Foreign Affairs*, Vol. 1, No. 1, 1993, p. 68.

府越有利，政府越有能力保证谈判进程和平有序发展。

德克勒克的新思维主要体现在两个方面：其一，德克勒克上台后将决策权由国家安全委员会转移到内阁手中，从而大大削弱了军方的外交决策权。同时，国防部长马兰（Gen Magnus Malan）宣布，南非国防部队将不再进行跨界袭击，也不再有理由支持邻国的反政府武装。[①] 这意味着博塔政府时期南非针对邻国所采取的“扰乱政策”的终结。德克勒克政府试图通过改善与周边邻国的关系来摆脱长期困扰白人政府的安全困境。其二，1990 年 2 月，德克勒克发表议会演说，宣布解禁非国大、南非共产党等 30 多个政党和民族解放组织，并释放黑人领袖曼德拉，从而为多党政治协商创造了条件。解除党禁标志着白人政权国内政策的重大转向，即不再以压制民族解放运动为前提，而是寻求与民族解放运动对话。这在当时的历史条件下，既是德克勒克政府的无奈之举，也展现了其所持有的不同于其他任何一届白人政府的思维。解除党禁使遭到长期压抑的民族解放运动冲出藩篱，并主导了随后的南非民主转型。

1991 年 12 月 20 ~ 21 日，第一次民主南非大会在约翰内斯堡举行。19 个政党和组织的 200 多名代表参加了此次会议，经过一天半的协商，大会最终承诺通过和平方式实现政治变迁；在非歧视原则基础上建立统一的南非；在立法、司法、行政三权分立原则的基础上建立宪政安排；以普遍选举为基础建立多党民主制。会议还成立了 5 个工作小组，负责对制定新宪法和过渡政府安排提出报告。1992 年 5 月，第二次民主南非大会召开，然而国民党与非国大在一系列复杂问题上仍然存在严重分歧。6 月 17 日，因卡塔自由党的支持者在约翰内斯堡酿造了严重暴力事件，导致 40 多人死亡。而且据媒体披露，国民党政府在暗中对因卡塔自由党进行资助以反对和削弱非国大的力量。这场政治危机导致非国大立刻终止了与政府的对话。然而，持续恶化的经济形势以及不断升级的暴力事件迫使非国大与德克勒克政府必须尽快重启谈判，尽快就权力分享方案达成共识以避免陷入内战。在此背景下，1992 年 9 月双方开始恢复接触，并于 26 日签署了“谅解备忘录”。这表明非国大接受了在过渡时期与国民党分享权力的提议。1993 年 2 月，非国大与国民党政府进一步就未来民族团结政府的权力

① International Institute for Strategic Studies, *Strategic Survey 1989 - 1990* , London: Brassey's, 1990, p. 69.

分享方案达成共识。1993 年 9 月，多党谈判会议最终达成协议建立多党过渡行政委员会，并确定 1994 年 4 月 27 日为大选日期。

从 1990 年 2 月德克勒克发表议会演说开启多党谈判到 1994 年 4 月举行多种族民主大选，南非的民主政治转型历时 4 年。虽然其间爆发多起暴力事件，但整个进程是以相对和平的方式进行的，并没有陷入血腥的种族屠杀和内战。南非之所以能够以相对和平的方式实现民主转型是由以下两个主要因素决定的。

一是政治转型的两大主导力量——国民党与非国大——都主张通过和平方式实现转型，都不希望南非陷入内战之中，并且在关键的问题上能够互相妥协。德克勒克政府和曼德拉领导的民族解放运动都认识到，如果不遏制持续不断的暴力活动，终将使国家陷入无序境地，这对双方而言都是双输局面。虽然极端势力（包括白人和黑人）不断阻挠谈判进程，并酿造了多起暴力冲突，但是他们并不占据主流地位，缺乏足够力量使谈判进程偏离和平轨道。

二是国际社会支持南非通过政治对话的方式实现民主转型。戈尔巴乔夫上台后，苏联降低了对南部非洲地区革命运动的支持，通过谈判在南非建立公正民主社会的目标成为苏联新的对南非政策的核心。[①] 这意味着苏联将不再支持非国大的军事斗争。德克勒克开启改革进程之后，西方国家相继取消了对南非政府的制裁，意在鼓励改革进程能够持续下去。非洲邻国也对德克勒克的改革行动表示赞赏。正是这两大主要因素创造了在一个充满种族仇恨以及缺乏忍耐文化的国家成功实现民主转型的奇迹。

1994 年 4 月 27 日，南非如期举行非种族民主大选。非国大获得 63% 的选票，国民党与因卡塔自由党分别获得 20% 和 11% 的选票。根据比例代表原则，非国大在议会中获得 252 个席位，国民党和因卡塔自由党分别获得 82 个和 43 个议席。在新成立的 9 个省份中，非国大控制了 7 个省份，因卡塔自由党在夸祖鲁 - 纳塔尔省占主导地位，而国民党取得了西开普省的主导权。[②] 根据南非过渡宪法的规定，非国大、国民党和因卡塔自由党

---

① Vladimir I. Tikhomirov, "Contemporary Politics in South Africa and the Soviet Policy towards Southern Africa", in Anatoly Gromyko and John Kane - Berman, eds., *The Moscow Papers: The USSR and South Africa Similarities, Problems and Opportunities*, Johannesburg: South African Institute of Race Relations, 1991, p. 12.

② International Institute for Strategic Studies, *Strategic Survey 1994 - 1995*, London: Brassey's, 1995, p. 217.

联合组建民族团结政府。1994 年 5 月，曼德拉成为南非历史上首位经民主选举产生的黑人总统，塔博·姆贝基和德克勒克担任副总统。因卡塔自由党主席曼戈苏图·布特莱齐（Mangosuthu Buthelezi）获得内政部长的职位。民族团结政府的建立标志着南非种族隔离历史的彻底终结。

三 新南非的诞生与基本权力格局

从 1994 年成立民族团结政府至今，新南非已经走过二十多年的发展历程。在这二十多年的历史进程中，非国大一直在南非政治权力格局中占据主导地位，甚至一度出现一党独大的政治情势，这成为分析新南非政治演变及其对外战略的基本前提。

虽然根据权力分享协议，1994 年确立了非国大与国民党和因卡塔自由党联合组建民族团结政府的基本权力格局，但是非国大无疑在民族团结政府以及议会中占据主导地位。1996 年 5 月 8 日，南非制宪议会以 421 票赞成、2 票反对、10 票弃权的压倒多数通过了《南非共和国宪法法案》。1996 年 12 月 10 日该法案经曼德拉总统签署后正式生效。新宪法的签署标志着南非政治过渡的完成，为平等和民主政治体制的确立和今后的民族国家建设奠定了法律基石。①

1996 年曼德拉宣布将不再谋求连任非国大主席，并承诺本届政府期满后将卸去总统职务，这为 1999 年南非的新一轮总统大选拉开了序幕。从 1999 年到 2019 年，南非共经历了 1999 年、2004 年、2009 年、2014 年和 2019 年五次大选（如表 1－1 所示）。在五次民主大选中，非国大都占据了主导地位，1999 年得票比例为 66.35%，在议会中取得了 266 个席位。种族隔离制度结束五年来，反对党并没有提出有吸引力的政策来取代非国大的政治议程。因此，只有一小部分的选民支持反对党。② 2004 年，非国大的得票率进一步攀升到 69.69%，在议会中取得 279 个席位，达到了可以单独修改宪法的三分之二多数。2009 年大选前，由于党内斗争，非国大内一批成员出走，另立新党——人民大会党（COPE），从而对非国大的选情造成一定程度负面冲击。在 2009 年大选中，非国大的得票率降低到

---

① 贺文萍：《从曼德拉到姆贝基：南非民主政治的巩固》，《西亚非洲》2001 年第 6 期，第 8 页。

② Kimberly Lanegran, "South Africa's 1999 Election: Consolidating a Dominant Party System", *Africa Today*, Vol. 48, No. 2, 2001, p. 83.

65.90%，在议会中席位为264席。新成立的人民大会党得票率为7.42%，获得国民议会30个席位，远无法与非国大相抗衡。2014年大选，非国大的得票率进一步下降，为62.15%，在国民议会中获得249个席位。在2019年大选中，非国大的得票率为57.50%，与2014年大选相比下跌近5个百分点，这是非国大执政后得票率首次低于60%。纵观民主转型以来南非的历次大选，非国大在南非政治格局中的主导地位经历了由持续巩固和强化到逐步衰退的转变。尽管如此，非国大在2019年选举中的得票率依然远远高于最大反对党民主联盟20.77%的得票率，反对党依然难以对非国大的主导地位构成根本挑战。

表1-1 1999~2019年南非五次大选主要政党的得票率

单位：%

	1999年	2004年	2009年	2014年	2019年
非国大（ANC）	66.35	69.69	65.90	62.15	57.50
民主联盟（DA）*	9.56	12.37	16.66	22.23	20.77
因卡塔自由党（IFP）	8.58	6.97	4.55	2.40	3.38
人民大会党（COPE）**			7.42	0.67	0.27
经济自由斗士党（EFF）***				6.35	10.80
新国民党（NNP）	6.87	1.65			
统一民主运动（UDM）	3.42	2.28	0.85	1.0	0.45
非洲基督教民主党（ACDP）	1.43	0.75	0.81	0.57	0.84

资料来源：本表根据南非独立选举委员会《选举报告》（1999年、2004年、2009年、2014年、2019年）大选结果的数据编制而成。

*2000年6月，民主联盟（DA）由民主党与新国民党、联邦联盟合并而成，后新国民党的主体退出民主联盟，一部分新国民党成员加入民主联盟。1999年数据为民主党的得票率。

**2008年9月姆贝基被迫辞去总统职务后，非国大公开走向分裂，一批非国大成员出走，联合其他政治力量于2008年12月另立新党——人民大会党（Congress of the People）。2009年大选，人民大会党斩获议会30个席位，但经过五年的演变到2014年大选时仅获得3个席位，2019年大选支持率进一步下滑。

***非国大青年联盟前主席马勒马被开除出党后另立新党——经济自由斗士党。经济自由斗士党主张将矿山、土地、银行等实施国有化，在失业青年群体中具有相当影响力。2014年首次参加大选，赢得国会35个议席，2019年支持率进一步上升，现为南非第三大党。

从这五次大选的统计结果来看，2000年6月由民主党与新国民党、联邦联盟联合成立的民主联盟发展势头较为迅速，由2004年12.37%的得票率和50个议席上升到2009年大选的16.66%的得票率和67个议席。到2014年大选时，民主联盟的得票率进一步上升，达到22.23%，在国民议会中获得89个席位。由非国大青年联盟前主席马勒马（Julius Malema）领导成立的经济自由斗士党2014年首次参加大选，斩获25个国民议会议席，得票率为6.35%，在很大程度上分流了非国大的一部分选票。需要指出的是，在2019年大选中，作为传统政党的民主联盟得票率有所下降，而新兴的民粹主义政党经济自由斗士党继续维持上升势头，得票率达10.80%，成为南非国民议会第三大党。这表明在社会日趋保守的背景下，近年来南非的传统政党有所衰弱，新兴的民粹、极端政党有所抬头。新兴政党的崛起使南非政党政治表现出多元化的倾向，但这种多元化的发展趋势并未实质性撼动非国大的主导地位。非国大所面临的最大挑战并非其他政党的日益壮大，而是自身内部的权力斗争和腐败。倘若党内权力斗争以及腐败问题得到妥善解决，非国大的得票率也存在反弹的可能。事实上，与2016年地方选举的得票率（53.91%）相比，非国大在2019年全国大选中的得票率有所上升，这也表明非国大主导地位的弱化并非不可逆转。

非国大在新南非国内政治力量对比中一直处于主导地位，这决定理解新南非的外交战略，必须考察非国大决策精英的基本认知。任何对现代南非政治的讨论必须从非国大开始，因为当今所有重要的政策讨论都是在非国大党内做出的。南非是一个正式的多党民主制国家，在国会有充满活力的辩论。但是非国大拥有巨大的支持率，反对党在外交决策领域实际上不具有实质上的影响力。[①] 虽然非国大与南非共产党以及南非工会大会之间的结盟关系往往导致新南非的决策或多或少会受到这两个组织的影响，但是南非共产党和南非工会大会将主要精力放在了国内社会平等与公平问题上，他们更加关注的是基层民众社会生活的改善，而不是对外战略问题。因此，分析新南非成立后的外交战略，需要深入考察非国大建立后在国内的反种族隔离斗争实践以及对外关系问题，长达80多年的反种族隔离斗争的实践塑造了非国大对新南非的基本理念和外交哲学。非国大的基本理念和外交哲学从根本上界定了南非的外交政策取向和对外战略。

第二节　非国大的斗争实践与基本理念

二战之后，南非的国内政治问题以及与国际社会的关系主要是围绕种

① Jeffrey Herbst, "Mbeki's South Africa", *Foreign Affairs*, Vol. 84, No. 6, 2005, p. 95.

族隔离制度展开的。在国内，少数白人通过制度安排和法律设计将非洲人、有色人、印度人等其他种族群体排除在政治参与过程之外，从而确保白人族群对政治权力的控制。其他种族群体不仅没有政治权利，而且在经济上处于依附于白人阶层的状态，在社会关系上则形成了彼此隔离与敌视的状态。因此，种族隔离时期南非在与外部世界的互动过程中往往被贴上缺乏民主与践踏人权的标签。在国际上，白人政权为维持种族隔离制度和维护少数白人利益，利用冷战东西方对抗的国际格局，极力把自身塑造为西方在非洲大陆抵御共产主义蔓延的“桥头堡”，从而尽量争取西方国家的支持，至少避免受其干涉和制裁。把自身视为西方世界的一部分因非洲国家对南非的孤立以及南非白人与西方社会在文化上的相似性而得到进一步强化。因此，种族隔离时期的南非在与非洲国家的互动中往往被视为殖民体系的一部分，在身份认同上与非洲新独立国家存在冲突和矛盾。

南非白人政权为维护少数白人利益而设计的种族隔离制度遭到了其他种族群体的反抗。在反种族隔离运动过程中，非国大因坚持非种族主义原则而得到最为广泛的黑人群体的支持，并确立了在民族解放运动中的领导地位。在国内，非国大通过开展地下活动、武装斗争和动员群众抗议等方式反对白人政权的种族隔离政策，向白人当局施加压力要求举行非种族民主大选；在国际上，非国大积极游说国际组织和其他国家向南非政府施加压力和进行制裁以迫使白人当局放弃种族隔离政策。从本质上讲，反种族隔离运动的目标就是给予占人口多数的广大黑人族群以平等的政治、经济和社会权利，这是一种追求民主和人权的过程。种族隔离制度的结束则巩固了非国大对新南非自我身份的认知，即新南非是一个民主和人权国家，在国际社会推行民主和维护人权是南非外交的基本政策和责任。

通过反种族隔离运动的斗争实践，非国大形成的基本认知理念是新南非属于非洲国家和发展中国家的一部分。这与种族隔离政权的认知观念存在根本差异。种族隔离时期，白人政权将南非视为西方基督教文明的一部分，非洲新兴独立国家也将南非排除在非洲地区组织之外。非洲新兴独立国家通过各种方式支持非国大等民族解放组织的反种族隔离运动，这在情感上强化了非国大与这些国家之间的关系。非国大决策精英便认为南非白人政权所实施的种族隔离政策从本质上讲是殖民主义，不仅对南非内部其他种族群体构成威胁，而且给周边邻国也造成了巨大损失。种族隔离时期非国大与非洲新兴独立国家之间的互动为新南非融入国际社会、改善与非洲邻国的关系奠定了基础。非国大将新南非视为非洲国家，并以一种负债心理强调要利用自身的政治经济优势地位促进非洲大陆的经济发展，维护非洲的安全和稳定。非国大的基本理念为改善民主转型后南非与非洲国家之间的关系、提高南非的国际地位和影响力奠定了观念基础。

一 非国大反种族隔离的斗争实践

南非是一个多种族社会。白人执政时期，南非境内形成了不同形式的反种族隔离运动。由于非国大坚持非种族主义政策以及较为成功的外交实践，从而成为反种族隔离民族解放运动的领导力量。从非国大成立到白人统治的结束，非国大反对种族隔离制度、追求民族解放的斗争实践大致可以分为三个时期：1912～1960 年，1961～1989 年，1990～1994 年。在不同历史时期，非国大反种族隔离斗争的革命实践以及与外部世界的关系存在明显的差异。然而，也正是由于根据内外环境的变化及时调整了政策与方向，非国大才最终取得了反种族隔离斗争的胜利。

（一）非暴力大众运动时期（1912～1960 年）

非国大的前身是 1912 年成立的南非土著人国民大会（South African Native National Congress），该组织最初成立时的主要目的是争取黑人的政治经济权利。1925 年，南非土著人国民大会更名为非洲人国民大会（简称非国大），目的是由狭隘的土著人集团转变为一个包容性的全国解放运动。到 20 世纪 40 年代非国大在修马（Xuma）主席的领导下由相当温和的资产阶级压力集团转变成了大众性的全国激进运动。[①] 20 世纪 40 年代也见证了非国大组织力量的进一步完善和发展。1944 年，在沃尔特·西苏鲁（Walter Sisulu）和纳尔逊·曼德拉（Nelson Mandela）等青年领袖的领导下非国大青年联盟（ANC Youth League）得以成立。非国大青年联盟的基本目标是依靠非洲青年的力量实现真正民主以及宪法保障下的人权。事实上，青年联盟具有强烈的非洲民族主义思想倾向，强调以非洲人作为民族解放运动和实现民主的关键，最初他们对其他种族群体（欧洲人、印度人、有色人）抱有怀疑态度。[②]

---

① Hari Sharan Chhabra, *South African Foreign Policy: Principles - Options - Dilemmas*, New Delhi: Africa Publications, 1997, p. 21.

② 参见非国大青年联盟基本政策文件："ANC Youth League Basic Policy Document 1948", http://www.anc.org.za/show.php?id=4448。

然而，伴随着种族隔离制度的进一步强化，以及 1950 年《镇压共产主义法案》的出台，非国大进一步深化了与共产党以及印度人等其他政治集团和种族群体的合作。1952 年 6 月，非国大与南非印度人大会合作发起了"蔑视不公正法律运动"，该运动从伊丽莎白港开始，后迅速蔓延到全国。该运动标志着非国大正式决定将自身转变成代表全部南非人的政治组织。① 然而，非国大非种族主义路线也遭到了党内非洲民族主义者的强烈反对。他们在非洲民族主义领导人罗伯特·索布克韦（Robert Mangaliso Sobukwe）的领导下于 1959 年 4 月脱离非国大成立了阿扎尼亚泛非主义者大会（泛非大）。泛非大成立后不久便开始组织反《通行证法》运动，但遭到白人当局的残酷镇压，造成了震惊世界的沙佩维尔惨案。1960 年 3 月，南非当局宣布全国进入紧急状态，随后取缔非国大和泛非大等黑人民族解放组织。

从 1912 年成立到 1960 年遭到南非当局的禁止，非国大逐渐由狭隘的非洲民族主义组织转变为非种族主义性质的全国大众运动组织，这种转型有利于非国大联合其他种族集团建立最广泛的反种族隔离统一战线。这一时期由于受到甘地思想和南非印度人大会的影响，非国大主张通过和平的非暴力方式反对种族隔离政权；在国际社会主要通过联合国等国际组织揭露种族隔离制度违背民主和压制人权的性质，力图通过国际组织向南非当局施加压力，以求种族隔离政策得以改变。然而，非国大 50 多年的非暴力斗争只是给非洲人带来了越来越多的镇压性立法以及越来越少的权利。② 面对日益严重的镇压，非国大对非暴力不合作运动已经丧失信心，因而在斗争战略上逐渐转向武装斗争。在国际上，国际组织以及西方社会对南非当局制裁孤立不力，迫使非国大逐渐转向东方，寻求苏联东欧等社会主义国家的支持。非国大与南非共产党之间的特殊关系，则为其发展与苏联和东欧国家间关系提供了便利。

（二）武装斗争时期（1961～1990 年）

沙佩维尔惨案后，非国大的反种族隔离斗争转向两个方面：一是非国

① Martin Plaut and Paul Holden, *Who Rules South Africa*, Johannesburg: Jonathan Ball Publishers, 2012, p. 11.

② "Nelson Mandela's Statement from the Dock at the Opening of the Defence Case in the Rivonia Trial", Pretoria Supreme Court, 20 April, 1964, http://www.anc.org.za/show.php?id=3430&t=Famous Speeches.

大领导人奥利弗·坦博（Oliver Tambo）转向国外，建立非国大驻外代表机构，以寻求国际社会的支持；二是在曼德拉的领导下非国大于1961建立了军事力量——民族之矛（Umkhonto We Sizwe）。1962年，曼德拉开启非洲之旅，寻求非洲新兴民族独立国家的支持。事实上，埃塞俄比亚、苏丹、突尼斯、阿尔及利亚、马里、塞内加尔、几内亚、利比里亚、乌干达等非洲国家的领导人都表达了对非国大开展武装斗争反对种族隔离制度的支持。然而，非国大等黑人民族解放组织的武装斗争活动遭到了南非当局的残酷镇压。1964年“利沃尼亚案”审判后，曼德拉等7名领导人被判终身监禁，非国大遭到严重削弱，非国大驻外机构同时也承担起了武装斗争的责任。

20世纪60年代末，非国大进行了组织结构的重组，从而使该组织重新焕发了活力。1969年，非国大在坦桑尼亚召开摩洛哥罗（Morogoro）会议。通过此次大会，非国大对驻外代表机构进行了重组，同时建立了主席委员会（Presidential Council）和革命委员会（Revolutionary Council），前者主要负责处理非国大的行政事务，后者主要负责“民族之矛”开展的武装斗争。非国大全国执行委员会得到了精简，由1960年的16名成员减至1969年的9名成员。此外，非国大强调通过发起一场“人民的战争”来实现民族解放。这意味着非国大开始由非暴力的政治组织转变为革命的民族解放组织。摩洛哥罗会议接受了南非共产党关于“特殊类型殖民主义”和“两阶段革命论”的理论主张，[①] 并为未来非国大的斗争指明了方向。

20世纪70年代和80年代，南非内部黑人民族解放运动风起云涌，严重冲击了种族隔离政权。这一时期，非国大试图通过革命的手段实现政权变更。在国际上，由于联合国缺乏效率、西方国家反对对南非进行严格制裁，所以非国大寻求与其他非洲民族解放运动和共产主义国家建立国际联系。[②] 非国大通过与南非共产党结盟加强了与苏联等社会主义国家的联系。苏联等社会主义国家反对帝国主义和殖民主义的主张与非国大通过武装斗

① “特殊类型殖民主义”指南非的殖民活动具有特殊性，它不是一个殖民大国对另一个主权国家的殖民压迫，而是一国内部少数白人对其他种族集团的殖民压迫。“两阶段革命论”指首先通过“民族民主革命”建立资本主义国家，然后通过“社会主义革命”建立社会主义国家。

② Scott Thomas, *The Diplomacy of Liberation: The Foreign Relations of African National Congress Since 1960*, London: Tauris Academic Studies, 1996, p. 14.

争反对种族隔离政权的主张一致。通过与社会主义国家的国际联系，非国大不仅提高了自身的合法性，而且得到了苏联等社会主义国家的财政和军事支持。非国大大部分的军事与财政援助来自苏联以及苏联的代理国。[①] 非国大还加强了与非洲新兴独立国家和民族解放运动的联系。非国大的军事力量“民族之矛”利用安哥拉、莫桑比克、博茨瓦纳、津巴布韦等邻国的领土发动对种族隔离政权的攻击。这些非洲国家还向非国大提供军事培训以及财政资助等。

20 世纪 80 年代中后期，南非内部政治力量对比发生变化，温和改革派开始逐渐占据主导地位，并强调与非国大分享政治权力，结束种族隔离制度。在国际上，戈尔巴乔夫的新思维完全改变了苏联对非洲民族解放运动的态度，苏联开始强调通过与美国合作解决非洲大陆的冲突，美苏冷战格局开始在非洲逐渐消解。国内国际形势的发展为非国大与南非当局通过谈判方式结束种族隔离制度提供了可能。

（三）政治协商时期（1990～1994 年）

1990 年 2 月，南非总统德克勒克宣布取消党禁，释放黑人领袖曼德拉。这一动向标志着白人政权正式启动与非国大的政治协商进程。虽然 20 世纪 80 年代中后期非国大就主张与政府通过对话方式废除种族隔离制度，但是非国大的基本战略仍然是维持武装斗争，通过以大众动员为基础的革命战略实现制度变迁。1990 年之后，非国大在国内逐渐放弃了革命的武装斗争战略，主张与国民党政府进行和平谈判；在国际上，由主张继续维持对种族隔离政权的孤立与制裁转变为主张逐步取消对南非的制裁。这一时期，非国大反种族隔离斗争战略的转变主要由以下几个因素决定。

首先，南非国内白人社会中的大多数人主张通过谈判方式与其他种族分享权力，这便消除了政治协商的最大障碍。南非持续的政治动荡以及日益恶化的经济形势迫使非国大逐渐转向放弃国际社会对南非制裁的立场，以为政治协商进程创造条件。无论是国民党政府还是非国大都不希望谈判破裂从而使南非陷入种族内战之中。

其次，东欧剧变与苏联解体对非国大的革命战略造成了严重冲击。这

---

① Morgan Norval, *Inside the ANC: The Evolution of a Terrorist Organization*, Washington, D. C.: Selous Foundation Press, 1990, p. 85.

不仅意味着非国大丧失了来自东方社会主义阵营的军事与财政援助，而且冷战格局在非洲大陆的结束使非国大面临丧失利用安哥拉等国领土对南非白人政权发动攻击的挑战。因此，通过革命方式实现民主和人权的战略正日益丧失可行性。

最后，西方国家尤其是美国认同了非国大在政治谈判中的关键角色，并且通过施加压力和给予利诱等方式支持南非通过和平方式向民主制度过渡。美国政府指出，假如非国大不愿参与协商、停止暴力或者不愿在种族隔离之后承诺建立民主政府，美国将支持没有非国大参与的政治协商。①美国还通过给予非国大竞选资金鼓励非国大通过和平方式实现向民主制度的过渡，并在后种族隔离时代实行西方的资本主义制度。1990 年中期，曼德拉对美国进行访问并在参众两院联席会议发表演讲，同时得到了美国 5100 万美元的竞选资助，占到曼德拉出访募集资金的一半。②

正是以上因素的综合作用导致了非国大在这一时期斗争策略的转变，而且正是由于非国大政策的灵活性以及对非种族主义原则的坚持才使其成为南非内部民族解放运动的关键角色，并最终造就了其在后种族隔离时代南非政治格局中的主导地位。非国大在种族隔离斗争时期与南非白人政权以及外部世界的互动为新南非对自身角色与身份认知奠定了基础。非国大的基本理念和世界观源自种族隔离时期的斗争实践。

二 非国大的基本理念

非国大的基本理念来自反种族隔离的斗争实践。种族隔离时期，白人政权将占人口绝大多数的非洲人以及印度人、有色人等种族群体排除在政治选举和参与过程之外，因而是非民主的；在白人政权的统治下，黑人不但没有政治权利，而且被剥夺了经济权利、社会权利和文化权利，因而丧失了基本的人权。白人政权通过暴力镇压的方式维持种族隔离制度，进一步暴露了其践踏人权的本质。非国大反种族隔离斗争的基本目标便是以非种族原则为基础确立成人普遍选举制度，同时确保各种族在宪法原则下享有基本的权利。因此，非国大将白人政权这一“他者”塑造为自身的对立

① Scott Thomas, *The Diplomacy of Liberation: The Foreign Relations of African National Congress Since 1960*, London: Tauris Academic Studies, 1996, p. 205.

② Hari Sharan Chhabra, *South African Foreign Policy: Principles - Options - Dilemmas*, New Delhi: Africa Publications, 1997, p. 41.

面，而自我的形象认知则是追求民主与捍卫人权的进步性力量。

种族隔离时期，南非白人政权与西方国家保持着密切的政治经济联系，南非不仅被视为西方资本主义体系与文明的一部分，而且被美国视为对抗苏联共产主义在南部非洲扩张的关键力量。然而，对非洲邻国而言，南非则是地区的破坏性力量，南非白人政权与大部分新兴民族独立国家以及民族解放运动建构了一种相互敌对的认知关系。虽然从地缘角度上讲南非是非洲大陆的一部分，但是从文化意义上讲南非的白人政权并不认同黑非洲文化。南非白人政权将去殖民化进程与非洲殖民地的独立视为对自身安全和生存的一种威胁，而新独立的非洲国家也将南非白人政权所施行的种族隔离政策视为殖民主义。

与白人政权完全不同的是，非国大等民族解放运动得到了广大非洲独立国家的支持。非洲国家通过提供基地、军事培训、政治支持以及财政援助等方式支持非国大反对种族隔离的斗争。这一时期，非国大与广大非洲独立国家以及其他非洲国家的民族解放运动视南非种族隔离政权为共同的敌人。即使在政治协商阶段，非国大即将取得政治上的胜利时，仍然强调种族隔离制度对非洲大陆所造成的破坏作用。1993 年，非国大领导人曼德拉在《外交事务》杂志上撰文指出，虽然南非人在国内遭遇歧视和镇压，但是南部非洲也是种族隔离政权扰乱战略的受害者。该战略导致 200 万人丧生，并使我们邻国的经济遭受了大约 624.5 亿美元的损失。① 通过将种族隔离政权确定为共同的敌人，进一步强化了非国大与非洲国家之间的“共同命运感”。此外，非国大将反种族隔离运动视为反对殖民主义和反对帝国主义运动的一部分。因此，其他国家的反帝、反殖运动往往能够得到非国大的大力支持。反种族隔离斗争时期的“共同记忆”塑造了他们彼此对“非洲国家”身份的认同，而意识形态、黑人肤色、文化及命运上的相似性进一步强化了这种身份认同。

无论是民主人权观念，还是非洲国家观念，都对非国大的基本外交理念产生了重要影响。就民主人权观念而言，非国大不仅将反种族隔离斗争视为争取民主和人权的过程，而且通过制度安排和法律建设等方式将新南非确立为民主国家和保障人权的国家。非国大将自身关于南非内部的政治

① Nelson Mandela, “South Africa’s Future Foreign Policy”, *Foreign Affairs*, Vol. 72, No. 5, 1993, p. 90.

理念外化为处理对外关系的指导原则，并积极寻求在全球范围内推动民主建设和保障人权。对非国大而言，为追求一个没有种族隔离的南非而斗争在很多方面也就是为追求基本人权而奋斗。因此，把人权确定为外交政策的原则并非巧合。[①] 同时，在非国大看来，只有真正的民主才能保障人权，只有建立民主制度和责任制政府才能确保世界安于和平。正如曼德拉所言："反种族隔离运动是二战后最重要的争取人权运动，它的胜利显示了我们共同的人性：在动荡时代，我们不应失去对人权的追求。因此，南非不会无视其他国家的人权。人权将成为新南非处理外交事务的指导原则。只有真正的民主制度才能保障人权。……因此，南非会努力在世界范围内促进和培养民主制政府。"[②]

就非洲国家观念而言，无论从地缘政治的角度还是从文化认同的角度，新南非都把自身视为非洲世界的一部分，南非无法摆脱其非洲命运。南非的繁荣有赖于非洲的和平、稳定与发展。这种理念强调南非应该利用自身的政治经济优势维护非洲安全和促进非洲经济发展，并在这一进程中发挥领导作用。1996 年南非外交部发布的《外交政策讨论文件》指出，南非应当把非洲国家视为平等的伙伴并避免霸权野心，应避免以维护自我利益为目标的狭隘外交方式。[③] 这表明非国大改变了种族隔离政权与邻为敌的政策，安全相互依赖取代安全困境成为新南非处理与非洲国家之间关系的基本观念认知。

第三节　新南非的外交战略

经过 80 多年的反种族隔离斗争，非国大将一个缺乏民主与践踏人权的南非转变成为一个多种族民主与尊重人权的南非；将一个被非洲国家及国际组织孤立的南非转变成为一个与非洲国家具有共同命运与身份属性的南非；更为重要的是，这种转变是通过相对和平的方式实现的，这进一步强

---

① Chris Alden and Garth Le Pere, *South Africa's Post - Apartheid Foreign Policy - From Reconciliation to Revival*, London: Oxford University Press, 2003, p. 8.

② Nelson Mandela, "South Africa's Future Foreign Policy", *Foreign Affairs*, Vol. 72, No. 5, 1993, pp. 87 - 88.

③ "Foreign Policy for South Africa: Discussion Document", 1996, http://www.gov.za/documents/foreign - policy - south - africa - discussion - document - 0.

化了新南非的道德优势。正如美国人自身的优越感产生美国“例外主义”一样，非国大治下的南非也产生了一种“例外主义”倾向。特别是当其他非洲国家因民主转型而陷入内部冲突和动荡之际，南非以和平方式实现民主转型的这一“例外”，更使其产生一种独特的优越感。然而，这种优越感和例外主义并没有促使南非像冷战后的美国那样奉行单边主义，不断干涉他国内政，更没有像种族隔离政权那般通过单边主义和黩武主义的方式对待邻国。非国大的基本外交理念意味着，后种族隔离时代的南非会通过多边主义与合作方式处理外交关系。

1994 年后南非所确立的政治制度决定了非国大的基本理念会影响南非政府的外交哲学和世界观。新南非实行威斯敏斯特体制，在议会选举中获胜的政党负责组阁，该党党魁担任总统职务。无论是 1994 年确立的民族团结政府还是民族团结政府结束后所经历的历次大选，非国大都处于绝对主导地位，这便决定了新南非的国内制度安排和对外政策主要是由非国大塑造的。虽然非国大与南非共产党和南非工会大会存在结盟关系，这些左翼力量对政府的政策制定也存在重要影响，但是它们的关注点主要集中在国内社会平等和经济分配等问题领域，对新南非外交政策的影响不大。

非国大在反种族隔离时期所形成的基本理念重新塑造了南非新政府的外交哲学和世界观。新南非对外部世界的看法及自身国际定位大致可以分为以下几个方面：在非洲复兴意识形态的指导下充当非洲大陆的领导者；在南南合作的背景下充当南方国家利益的维护者；利用自身的独特优势充当南北对话的桥梁建设者。

一　非洲复兴——非洲大陆的领导者

种族隔离时代，南非白人政权将非洲新兴民族独立国家视为对其种族隔离制度以及白人文明的威胁，因而非洲国家尤其是南部非洲国家同样遭受了种族隔离政权的破坏。在后种族隔离时代，非国大政府将南非视为非洲文明体系与国家体系的一部分，并且南非的命运与非洲的命运密切交织在一起。在曼德拉看来，倘若南非不运用其力量对非洲大陆做出贡献，那么南非也将成为践踏非洲大陆的各种力量的受害者。[①] 在执政前所发布的“非国大对民主南非的政策指导方针”中，非国大进一步阐述了新南非对

---

① Nelson Mandela, “South Africa’s Future Foreign Policy”, *Foreign Affairs*, Vol. 72, 1993, p. 89.

非洲大陆以及南非与非洲国家之间关系的基本看法：非洲国家尤其是南部非洲地区在反种族隔离斗争时期曾给予我们大力支持，并且我们的命运与该地区密切交织在一起，我们的人民彼此爱戴。因此，南部非洲是南非外交政策所依赖的核心。[①]

1996 年南非外交部发布的《外交政策讨论文件》指出，南非应当将非洲国家视为平等的伙伴，避免追求地区霸权。[②] 虽然比勒陀利亚希望强化这样一种观念：南非拒绝在非洲塑造霸权关系，[③] 但是新南非从不否认要在非洲大陆尤其是南部非洲地区的经济发展、政治民主化以及安全建设上发挥领导作用。而且南非决策精英将在非洲发挥领导作用视为一种使命和责任。事实上，新南非在努力确保在南部非洲地区领导地位的同时，也在积极追求在整个非洲大陆事务中扮演领导角色。正如兰德斯伯格（Chris Landsberg）所言，自 1994 年南非结束种族隔离制度以来，尤其是自 1999 年姆贝基继任总统以来，南非逐渐转变成为一个努力协调并建构后种族隔离时代和后冷战时代新的非洲大陆秩序的关键行为体。[④] 而后种族隔离时代，南非外交政策的首要目标是追求其作为非洲大陆领导国的全球认同。[⑤]

任何地区性大国都寻求在地区事务中发挥领导性作用，然而因所处地缘环境不同、战略文化不同、历史传统不同等，它们所采取的外交方式与战略存在重大差异。对南非而言，冷战结束后非洲地区结构的转变为其发挥领导作用开辟了新的机遇和空间。南非抓住这一历史性机遇，将非洲置于外交政策的首要，提出“非洲复兴”的战略目标。南非在领导非洲复兴过程中的行为方式主要体现在以下几个方面。

第一，以伙伴关系为基础实现非洲的彻底自决。冷战结束后，非洲在世界体系中进一步被边缘化，从而导致非洲国家悲情主义的滋生。在国际经济体系中，非洲国家仍然依附于发达资本主义国家，扮演向发达资本主

---

① ANC Document, “Ready to Govern: ANC Policy Guidelines for a Democratic South Africa”, http://www.anc.org.za/show.php? id = 230.

② “Foreign Policy for South Africa: Discussion Document”, 1996, http://www.gov.za/documents/foreign - policy - south - africa - discussion - document - 0.

③ Christopher Landsberg, *The Quiet Diplomacy of Liberation: International Politics and South Africa's Transition*, Johannesburg: Jacana Media Ltd., 2004, p. 164.

④ Chris Landsberg, “Afro - Continentalism: Pan - Africanism in Post - Settlement South Africa's Foreign Policy”, *Journal of Asian and African Studies*, Vol. 47, No. 4, 2012, p. 437.

⑤ Chris Alden and Maxi Schoeman, “South Africa in the Company of Giants: the Search for Leadership in a Transforming Global Order”, *International Affairs*, Vol. 89, No. 1, 2013, p. 111.

义国家供应初级产品和充当商品销售市场的角色。在南非决策精英看来，非洲国家应当以伙伴关系为基础通过合作与团结的方式摆脱非洲在国际事务中处于被动边缘地位的处境。南非前总统祖马在非国大第 54 次全国代表大会所做政治报告中也指出，非洲正在成为各种全球利益进行斗争和争夺的场所。曾经的民族解放运动当前面临着脆弱性，需要一道努力共同维护非洲大陆和地区解放斗争所取得的成果。①

第二，加强非洲大陆的制度建设，将非洲塑造成以规则为基础的国家间体系。南非在推动非洲统一组织向非盟转型、建立非洲发展新伙伴计划和非洲互查机制、促进以南部非洲发展共同体为核心的南部非洲地区一体化等方面都发挥了关键性作用。新南非强调以地区经济共同体为基础促进非洲大陆不同地区的经济发展，最终实现非洲大陆的经济一体化。非洲大陆一体化和以非盟为核心的区域制度建设是增强非洲自主性的重要途径，也是构建以规则为基础的地区秩序的内在逻辑。

第三，通过多边主义方式解决非洲地区的内部冲突，最终实现非洲大陆的安全与稳定。南非决策精英反对强权政治和域外大国的军事干预，认为通过多边主义方式解决非洲地区的冲突不仅能够提高问题解决方案的合法性，而且所取得的安全成果将更为持久。事实上，历史已经表明，域外大国的军事干预不仅不是解决非洲冲突的有效方案，反而是导致非洲陷入混乱的原因。民主转型后，南非不再采取以邻为壑的安全政策，而是通过斡旋、调解、派驻维和部队、提供援助等方式参与非洲和平与安全建设，为非洲安全秩序构建提供公共产品。也正是由于南非将自身视为非洲的一部分，并且在泛非主义意识形态下以合作方式领导非洲复兴，才使其在影响非洲事务上占据了主导地位。②

二　南南合作——南方国家利益的维护者

新南非将自身视为发展中国家体系的一部分，这种身份认同根植于非国大长期以来的反种族隔离斗争实践。种族隔离时期，除了得到苏联东欧

① Political Report by the President of the African National Congress Comrade Jacob G. Zuma, to The 54th National Conference of the ANC, Nasrec, Gauteng, 16 December, 2017.

② Chris Landsberg, "Thabo Mbeki's Legacy of Transformational Diplomacy", in Daryl Glaser, eds., *Mbeki and After: Reflections on the Legacy of Thabo Mbeki*, Johannesburg: Wits University Press, 2010, p. 223.

社会主义集团的支持外，非国大的反种族隔离斗争还得到了广大非洲国家以及发展中国家的支持。这一历史记忆使非国大将自身定位为进步的国际主义力量。此外，非国大在其全国政策会议报告中明确将历史使命定位为“进步国际主义”。[①] 新南非成立后，由民族解放运动转变成执政党的非国大，努力与种族隔离政权的旧形象断绝关系，将反对种族隔离政权视为反对殖民主义和帝国主义斗争的一部分，从而避免将自身视为西方发达工业化国家的一部分。这与发展中国家反对殖民压迫实现民族自决的目标是一致的。正如南非外交政策白皮书所言，1955 年的万隆会议塑造了南非对南南合作的理解，并且将反对殖民主义视为南非国家利益的自然延伸。[②]

在观念上，新南非确立了自身的发展中国家身份属性和形象。在南非决策精英看来，冷战结束后的“世界新秩序”仍然是以权力关系为基础的，全球秩序仍然由西方霸权所主导。发展中国家虽然实现了政治独立，但是仍然面临着严峻的发展挑战。贫困、失业、重债、欠发展等问题严重困扰着发展中国家尤其是非洲国家。苏联解体和柏林墙倒塌后，西方力量在新的世界秩序中占据主导地位，发展中国家处于依附的边缘地位。后种族隔离时代，南非加入了南方国家的行列，继续以不结盟运动成员的身份推动南南合作，加强与发展中国家的关系。[③] 在南非看来，面临日益被边缘化的危险，发展中国家应当加强团结与合作，一方面转变经济发展方式，努力实现可持续发展的目标；另一方面改革国际制度（联合国、国际货币基金组织、世界银行等），努力将以权力为基础的国际秩序转变成为以规则为基础的国际秩序。

南非不仅在观念上努力塑造南南合作的意识形态，而且在实践上努力维护发展中国家的利益，并试图在南南合作进程中发挥引领作用。从具体的外交行为来看，南非主要通过以下几种方式促进南南合作，维护发展中国家的利益。

第一，努力复兴发展中国家间已存在的制度框架，通过制度合作维护

---

① ANC, “Report of the 5th National Policy Conference”, 30 June - 5 July, 2017, http://www.anc.org.za/sites/default/files/5th - National - Policy - Conference - Report - Final_ 0.pdf.

② “Building a Better World: the Diplomacy of Ubuntu, White Paper on South Africa's Foreign Policy, Final Draft”, 13 May, 2011, http://www.gov.za/sites/www.gov.za/files/foreignpolicy_0.pdf.

③ Political Report by the President of the African National Congress Comrade Jacob G. Zuma, to The 54th National Conference of the ANC, Nasrec, Gauteng, 16 December, 2017.

发展中国家的集体利益。新南非在努力使不结盟运动、七十七国集团、联合国贸发会等南方国家间组织的制度焕发活力，并试图在其中发挥建设性的领导作用。

第二，积极利用并推动改革多边国际制度以维护发展中国家的利益。南非积极追求在多边国际制度中发挥引领作用，一方面可以影响这些制度的政策结果，另一方面通过改革制度结构与进程以支持发展中国家的需求。[①] 南非积极推动对联合国、国际货币基金组织和世界银行等二战后形成的国际制度进行改革，并支持二十国集团在全球经济治理中发挥核心作用，以维护广大发展中国家的利益。

第三，积极谋求发展中大国之间的合作，以推动国际体系向有利于发展中国家的方向转型。例如，南非积极推动建立类似于八国集团的南方国家集团以改变不合理的国际秩序，正是在南非的倡议与推动下，2003 年 6 月南非与印度和巴西成立了印度 - 巴西 - 南非三方对话论坛，以加强南方国家对全球治理体系的影响力。2011 年南非加入金砖国家合作机制也是这一战略的重要组成部分。不可否认，在后种族隔离时代，南非在重新焕发“万隆精神”、加强南南合作、维护发展中国家利益方面发挥了建设性作用。

三　南北对话——桥梁建设者

虽然新南非基于反对种族主义、殖民主义以及霸权主义的意识形态将自身视为发展中国家群体中的一员，但是 1994 年后的政治经济转型仍然将其与西方发达资本主义国家密切联系在一起。新南非在政治上的民主转型，在经济上的新自由主义倾向，都使其与西方在冷战后推行的民主化、自由化、市场化和私有化的基本原则相一致。由于处于南方国家与北方国家的汇合处，南非的决策精英认为在沟通南北对话方面，新南非可以发挥重要作用。[②]

20 世纪 80 年代后，南北关系的发展呈现两种趋势：一是南北国家之

---

① Jack Spence, “South Africa's Foreign Policy: Vision and Reality”, in Elizabeth Sidiropoulos, eds., *Apartheid Past, Renaissance Future - South Africa's Foreign Policy: 1994 - 2004*, Johannesburg: The South African Institute of International Affairs, 2004, p. 41.

② Nelson Mandela, “South Africa's Future Foreign Policy”, *Foreign Affairs*, Vol. 72, No. 5, 1993, p. 89.

间的差距进一步拉大，发达工业化国家控制了世界绝大多数的财富，而大部分发展中国家则被贫困所困扰，尤其是非洲国家。非洲大陆不仅集中了最大的发展中国家群体，而且众多非洲国家陷入了冲突、政治动荡以及极端贫困之中。二是南北之间的沟通与对话停滞。这种趋势进一步导致南方国家在国际体系中被边缘化，而发达国家主导的国际货币基金组织、世界银行等国际组织逐渐演变成北方国家在南方国家推行其偏好政策的工具。鉴于这种发展趋势，在后冷战和后种族隔离时代，新南非试图在南北对话方面发挥“桥梁建设者”的作用，以超越南方与北方“聋子间对话”的状态。①

作为非洲的地区性大国，新南非尤其强调基于“相互责任”原则加强非洲国家与北方工业化国家之间的沟通与对话。在新南非决策精英看来，非洲大陆当前的贫困状态在某种程度上是西方殖民体系造成的。因此，西方国家应当基于“历史责任”，在提供技术、援助、投资以及市场准入方面向非洲国家倾斜。同时，非洲国家应当承担起治理与问题解决之责任，在政治民主化、保障人权、善治以及确保安全等方面做出有效承诺。正是基于这种认识，自 1999 年开始，南非便联合尼日利亚等非洲国家与八国集团对话协商建立战略伙伴关系，这种协商对话最终导致 2002 年八国集团非洲行动计划的出台（G8 - Africa Action Plan）。在南非的努力下，非洲大陆重新引起了国际社会的重视。正如“马歇尔计划”导致备受大战破坏的欧洲国家重新复兴一样，新南非认为，北方国家应当出台针对非洲的“马歇尔计划”从而实现非洲大陆的复兴。

此外，南非也是二十国集团（G20）中唯一的非洲国家。南非积极推动 G20 在全球经济治理与促进发展中国家发展方面的作用。二十国集团将更多的南方国家囊括在内，因此在决策的制定与执行上具有更大的合法性。就其实质而言，无论是促进非洲实现复兴的非洲发展新伙伴计划（NEPAD），还是针对全球经济治理的 G20，南非都试图通过重新加强南北之间的对话来维护南方国家的利益，促进南方国家的发展，改变南方国家在全球政治经济体系中的边缘地位。

总之，无论是积极追求成为非洲复兴的领导者，还是成为维护南方国

① Chris Landsberg, “Thabo Mbeki's Legacy of Transformational Diplomacy”, in Daryl Glaser, eds. , *Mbeki and After: Reflections on the Legacy of Thabo Mbeki*, Johannesburg: Wits University Press, 2010, p. 231.

家利益的领导者以及成为南北对话的桥梁建设者，都体现了在后种族隔离时代南非谋求大国地位的战略取向。虽然中等强国理论可以部分解释南非的多边主义行为，但该理论忽视了南非所具有的另外一些重要的行为取向，即南非为何要通过“非洲复兴”战略改造非洲大陆的区域秩序；南非为何要积极推动联合国安理会改革，并积极谋求成为联合国安理会常任理事国；南非为何要与印度、巴西结成三方对话论坛，并加入金砖国家合作机制，试图通过与新兴大国的战略协调推动全球治理体系变革，等等。这些国际行为特征是很多其他中等强国所不具备的，如瑞典、加拿大等。而这些行动和目标恰恰在一定程度上反映了南非对大国地位的战略追求。

任何地区性大国都试图努力维持在本地区的权力地位，并积极追求在其他地区、全球层次以及不同问题领域发挥国际影响力。在后冷战时代，这种影响力的结果在于提供政策倡议、建立制度以及提供问题解决方案。[①] 问题的关键不在于去解释地区性大国为何努力寻求大国地位，而是探索其寻求大国地位的方式及其影响，即如何运用权力的问题。南非的民主转型确立了非国大在南非国内政治格局中的主导地位。种族隔离时代非国大与国际社会互动所建构的友好关系为1994年后新南非迅速融入国际社会并在国际舞台发挥影响力奠定了基础。冷战后国际体系结构的演变则为新南非寻求大国地位的外交战略提供了可能。

① “Building a Better World：the Diplomacy of Ubuntu，White Paper on South Africa's Foreign Policy，Final Draft”，13 May，2011，http：//www. gov. za/sites/www. gov. za/files/foreignpolicy_0. pdf.

第二章　新南非外交面临的国际与地区背景

1990～1994年南非以相对和平的方式实现向民主制度的过渡，民主转型不仅提高了南非的道德优越感和软实力，而且改善了其与周边邻国和国际社会的外交关系。一国外交战略的制定不仅受到国内因素的影响，而且受到外部国际环境的制约。冷战后国际体系的结构性变迁为新南非寻求大国地位的外交战略创造了新的选择空间。

冷战后国际体系的结构性变迁主要体现在三个方面：其一，苏联解体使美国成为国际体系中的唯一超级大国，国际体系结构由两极演变为美国主导下的单极。美国、欧盟和日本等发达工业化国家控制着二战后确立的主要国际制度安排，并构成后冷战时代的所谓西方新自由主义霸权。其二，冷战期间孕育的多极化进程在冷战结束后加速发展，特别是欧盟一体化进程的加快与新兴大国的崛起正日益对美国的单极霸权构成挑战，多极化趋势日益明显。国际格局的多极化趋势严重削弱了美国在世界秩序中的主导地位。其三，苏联解体导致西方国家对非洲大陆的关注有所下降，非洲在国际体系中的地位进一步被边缘化。然而，进入21世纪以来，多种因素的综合作用导致非洲重新引发大国的关注。特别是新兴大国在非洲大陆的影响力不断提高，传统大国与新兴大国在非洲的矛盾与竞争日益加剧，大国竞相争夺影响力使非洲重新回到国际社会的视野。这一变化了的情势，对非洲而言，既是机遇，也是挑战。以上三个方面的国际体系特征构成了新南非寻求大国地位外交战略的国际背景。

第一节　冷战后的美国单极霸权及美国对非政策

东欧剧变、苏联解体使东西方对峙的冷战格局结束，美国成为国际体系中的唯一超级大国，国际体系格局由两极对抗演变为单极主导，世界秩序迎来“单极时刻”。由于苏联解体，共产主义在非洲大陆的扩张和战略威胁不复存在，非洲在美国对外关系中的地位也随之急剧下降。美国曾一度忽视非洲。冷战结束后，美国根据变化了的国际和地区环境，及时调整对非战略，并在政治、经济和安全等领域出台了相关政策。特别是伴随着新兴大国的崛起，美国对非洲的关注力度有所上升，以应对新兴大国在非洲所带来的挑战。

一 冷战结束与美国的单极霸权

20世纪80年代末到90年代初，国际体系处于深刻演变之中。一方面，戈尔巴乔夫上台之后开始推行所谓“新思维”的外交政策，导致东欧国家政治体制发生剧变，最终也导致了苏联的全面崩溃。冷战时期对抗性的两大意识形态——社会主义与资本主义最终以资本主义的胜利而宣告终结。另一方面，苏联解体使美国成为国际体系中的唯一超级大国，国际体系结构由美苏两霸对抗转变为美国单极主导。虽然欧盟、日本、中国等构成了所谓的“多强”，而且实力不断增强，但是多强与美国实力仍然相差甚远，难以撼动美国的单极霸权地位。

“9·11”恐怖袭击之后，美国以反恐为名利用自身的经济和军事实力大搞单边主义和黩武主义，通过伊拉克战争和阿富汗战争不断在中东、中亚和南亚等地区扩张和渗透。在以上地区培植亲美政权和设立军事基地，以便控制潜在对手崛起和挑战美国的全球战略部署。此外，美国在朝核问题、伊核问题等传统安全以及全球反恐等非传统安全问题上的强硬立场和主导地位无不表明现实国际体系中的美国单极霸权。尽管这种单极国际体系与历史上的单极国际体系有诸多的不同，但它表明的是历史的发展进程和现实国际体系变化的复杂性和多样性。

虽然对外过度军事扩张与金融危机对美国的软硬实力造成了创伤，但是当根据经济和军事资产来衡量权力时，美国仍然是世界上最强大的国家。[①] 就军事实力而言，美国2011年的军费开支虽有小幅下降，但仍然达到了7110亿美元的水平，占全球军费开支总额的40.9%，比排在美国之后的九个国家的军费开支之和还要多。[②] 2016年美国的军费开支比2015年

① Robert J. Art, “The United States and the Rise of China: Implications for the long Haul”, *Political Science Quarterly*, Vol. 125, No. 3, 2010, p. 359.

② 其他九国军费开支数额依次为：中国（1430亿美元）、俄罗斯（719亿美元）、英国（627亿美元）、法国（625亿美元）、日本（593亿美元）、印度（489亿美元）、沙特阿拉伯（485亿美元）、德国（467亿美元）、巴西（354亿美元）。See, “SIPRI Yearbook 2012, Armaments, Disarmament and International Security”, http://www.sipri.org/yearbook/2012/files/SIPRIYB12Summary.pdf。

增长了1.7%，达到6110亿美元，依然是世界上最大军费开支国。[①] 特朗普执政后，在“美国优先”原则指导下，继续大幅提高美国的军费预算，使2018年度美国军费开支近7000亿美元，超过位列其后的12国的军费开支总和。[②] 美国的军事支配地位不仅体现在巨额的军费开支上，还体现在其广布全球的军事基地上。美军在全球38个国家分布有725个海外基地。[③] 这些海外军事基地保证了美军的远距离作战能力和对全球的控制。美国是唯一能将其军事力量的重要部分投送到世界遥远地区的国家。[④] 同时，美国在太平洋以美日同盟为中心，在大西洋以北约为中心构筑起了捍卫美国本土的联盟体系。与其他大国相比，美国拥有的军事条约盟国数量最多，这成为美国维持其军事霸权的重要基础。

就经济实力而言，虽然美国的优势没有军事实力那么明显，但仍然占据了世界经济总量的最大份额。2011年，美国的GDP总量达到了14.99万亿美元。虽然欧盟整体的经济实力超过了美国，GDP总量达到了17.57万亿美元，但是欧盟仍然不能被视作高度聚合的政治单位。中国的经济总量已经超过日本，达到了7.32万亿美元，成为世界第二大经济体，但是与美国相比仍然存在差距。[⑤] 2008年金融危机曾对美国经济造成冲击，但并未使其伤筋动骨。在西方发达经济体内，美国经济较早恢复增长，2010年实际GDP增长达2.5%，2015年继续增长达到2.9%，2017年降至2.2%，2018年实现反弹增长2.9%，GDP总量突破20万亿美元，依然维持世界第一大经济体地位。当然，美国的霸权地位不仅仅体现在军事和经济实力两个维度。美国在金融、科技等领域也具有其他国家无法抗衡的能力。冷战结束之初，“历史终结论”的盛行反映出美国的制度优势及其吸引力，这构成了美国强大的软权力基础。

总之，冷战结束后，从很多软硬指标来看，美国成为国际体系中的唯一超级大国，其他国家可能在某一单一指标方面与美国可以做一比拼，但

① “SIPRI Yearbook 2017, Armaments, Disarmament and International Security”, https://www.sipri.org/sites/default/files/2017-09/yb17-summary-eng.pdf.

② 《美军费开支远超中俄 特朗普仍欲拉中俄共同限制》，新华网，2019年04月06日，http://www.xinhuanet.com/mil/2019-04/06/c_1210101154.htm。

③ 〔美〕查默斯·约翰逊：《帝国的悲哀》，上海人民出版社，2005，第181页。

④ Thomas S. Mowle and David H. Sacko, *The Unipolar World*, New York: Palgrave Macmillan, 2007, p. 146.

⑤ World Bank Data, http://data.worldbank.org.cn.

综合来看，都与美国实力存在巨大差距。当然，经济发展的不平衡性，使得美国的主导地位并非稳如泰山，美国日益受到新兴大国崛起的挑战。总体看，冷战后所形成的美国占主导的单极体系的特点可概括为以下几个方面：第一，美国实力的绝对优势。就综合实力而言，美国处于绝对优势地位，其他大国和国家集团（以下简称“多强”）挑战美国超级大国（“一超”）地位的实力仍然不足。美国的绝对优势不仅表现为硬权力集中于美国，而且软权力也具有相当的影响力。第二，单极国际体系的多层次性。在单极国际体系之下，形成了多强的局面。“多强”既在国际体系层次上形成了与“一超”的相互作用、相互影响，又在区域、次区域层次上具有相对优势，形成了制约“一超”的网状结构。这种多层次网状结构制约着美国在区域、次区域乃至全球事务中的单极霸权，使美国不能为所欲为。第三，“多强”利益的多元化，形成了多方位多层次的分化和组合。多强是在两极国际体系中形成发展的，既有美国的盟友（欧盟、日本），也有美国昔日的对手（继承了苏联遗产的俄罗斯），还有过去被美苏争夺的发展中大国和国家集团（如中国、印度、巴西、南非和东盟等）。多强与美国的利益既有相同的一面，也有相悖的一面。多强之间的利益也是如此。趋于一致的利益将导致多种合作，趋于相悖的利益则导致各种矛盾和冲突，形成了多方位多层次的分化和组合。这在国际关系的问题领域表现得尤为明显。第四，“多强”对单极霸权的挑战。“多强”对单极霸权的挑战表现在方方面面。就美国而言，它并不担心昔日盟友的挑战，而是担心社会制度和意识形态与美国相悖又在以前所未有的速度迅速发展的中国的挑战。①

冷战后的单极体系对南非政治转型和外交战略产生了两个方面的深刻影响。一方面，在国内层面，虽然非国大、南非共产党和南非工会大会等左翼力量掌控了国家政权，但是面对国内外跨国资本的影响以及美国主导的国际货币基金组织、世界银行等国际金融机构的压力，非国大政府转向了新自由主义，更加重视自由化、私有化等举措，在经济发展与转型过程中弱化了国家的功能和作用。另一方面，在国际层面，南非积极融入美国主导的国际体系。虽然历史上非国大曾与苏联、东欧国家保持密切联系，

① 刘青建、张凯：《结构压力与进程动力：中国和平崛起的体系层次分析》，《教学与研究》2011 年第 10 期，第 58 ~ 59 页。

但苏联解体、东欧剧变的历史性悲剧，导致掌权后的非国大别无选择，只能优先发展与美欧国家的关系，以为其国内经济转型创造条件。从经济层面看，种族隔离时期，南非就与美欧西方发达经济体存在密切的联系，美欧国家跨国公司在南非曾拥有大规模投资。种族隔离制度废除后，南非继续深化发展与美欧国家关系是一种务实选择，同时也是融入国际社会并在国际舞台发挥影响力的重要途径。因此，民主转型后初期，南非在对外交往中尤其重视发展同美欧国家间的关系，即便推动实现“非洲复兴”的地区战略，也强调美欧发达国家可在这一进程中发挥独特的作用。

二 冷战后美国对非政策

冷战时期共产主义在非洲大陆的扩张因苏联解体而不再对美国和资本主义体系构成挑战，非洲大陆在美国外交决策体系中的地位不断下降和边缘化。美国将主要外交精力用在了巩固东欧和原苏联地区的民主化和市场化成果上。如迈克尔·克拉夫（Michael Clough）所言，冷战结束时美国决策机构是按下列三项原则行事：第一，除非国会提出要求，不要（在非洲）慷慨解囊；第二，不要因为非洲问题而使美国在世界其他更加重要地区的政策变得更加复杂化；第三，在可能引起美国政界争议的问题上不要表态。①

冷战结束后非洲大陆对美国的重要性下降，美国一度忽视了非洲。此后，随着国际和地区环境的变化，美国不断调整对非政策以服务美国的全球战略。尤其是21世纪以来，因反恐、对石油和矿产资源的需求、应对新兴大国崛起等方面因素的影响和挑战，以及非洲自身影响力的不断提升，美国又加强了对非洲的关注力度。虽然冷战后美国历届政府对非政策各有侧重，但大致而言主要包括以下几个方面：安全领域、政治领域和经济领域。

第一，在安全领域，美国对非洲政策实现了由漠视到强化的转变。1993年因索马里维和行动的失败，美国对非洲大陆的安全承诺有所下降。美国政府开始强调通过培训非洲部队来解决非洲的安全问题，从而避免使美国部队直接卷入非洲的安全冲突。然而，“9·11”恐怖袭击使美国认识到非洲虚弱的政权、脆弱的经济会成为滋生恐怖主义的土壤，从而会对美

① ［美］迈克尔·克拉夫：《美国与非洲：自私自利的脱离接触》，转引自杜小林《冷战后美国对非政策的演变、特点及趋势》，《现代国际关系》2006年第3期，第11页。

国构成非传统安全挑战。鉴于此种认知，小布什政府以反恐为导向，强化了与非洲国家在安全领域的合作。2001 年 10 月，美国请求 12 个非洲国家在反恐行动中向美国提供情报、港口、机场等方面的帮助，作为回报，美国增加了对肯尼亚、埃塞俄比亚等国的经济和军事援助，并给予吉布提、厄立特里亚、坦桑尼亚和肯尼亚等对其反恐具有重要意义的国家新的经济和军事援助承诺。美国还直接参与了阿尔及利亚、马里、乍得和尼日利亚针对在北非活动的极端组织“萨拉菲斯特呼声与战斗组织”的军事行动。[①] 2007 年，美军宣布建立新的非洲司令部，以加强在非洲的军事存在。特别是北非政治动荡后，美国加强了对非洲的军事干预。

特朗普执政后，美国对非洲的关注力度有所下降，但安全合作作为美非合作的重点非但没有弱化，反而在“伊斯兰国”向非洲扩散的背景下得到进一步增强。2018 年 3 月，时任美国国务卿蒂勒森访问非洲五国（埃塞俄比亚、肯尼亚、吉布提、乍得、尼日利亚），这五国都处于非洲“不稳定弧形”地带，对美国在非洲的反恐行动发挥着重要作用。其中，埃塞俄比亚、肯尼亚在打击索马里“青年党”方面扮演着关键角色，吉布提是美国在非洲唯一永久性军事基地所在地，乍得、尼日利亚在打击乍得湖地区恐怖主义上发挥着重要作用。通过蒂勒森此次访问可以看出特朗普政府对加强与非洲国家安全合作的重视。总体上看，以安全为优先成为特朗普政府对非政策的核心特征。美国将其在非洲安全治理中所发挥的作用称为“支持性角色”[②]，即避免直接介入武装冲突，通过提供援助、培训、武器装备、情报分享、后勤支持等方式，提高非洲国家自身打击恐怖主义和应对危机的能力。为打击恐怖主义，美国出台了很多针对非洲的安全合作倡议或计划，如“跨撒哈拉反恐伙伴计划”“东非地区反恐伙伴计划”等。自 2016 年以来，美国通过这些合作计划向相关非洲国家和组织提供了 1.4 亿美元援助。[③]

第二，在政治领域，美国借冷战胜利之机，不断在非洲大陆推进民主

---

① 苗吉：《布什与奥巴马政府非洲政策的比较研究》，《国际关系学院学报》2012 年第 2 期，第 60 页。

② “United States Africa Command 2018 Posture Statement to Congress”, http: //www. africom. mil/about - the - command/2018 - posture - statement - to - congress.

③ “U. S. Secretary of State Delivers Address on Africa Ahead of Five - Nation Visit”, http: //allafrica. com/stories/201803061015. html.

化进程，培植亲美政权。长期以来，美国决策层秉持民主和平论，认为民主国家之间不会发生冲突和战争。因此，在全球范围内推动民主制度扩散，就成为冷战后美国的一项基本对外战略。非洲有五十多个国家，其政治制度的选择对世界政治制度的发展方向及美国民主制度在世界的示范意义，发挥着举足轻重的作用。正因如此，美国顺理成章地将非洲作为其传播民主制度的重点地区。美国主要通过经济援助、政治施压、军事干预等方式在非洲大陆推进美式民主和价值观，试图按照西方的政治制度塑造非洲大陆的民族国家。例如，美国支持非洲发展新伙伴计划的一个重要条件就是非洲国家需参与非洲互查机制以改善本国的政治治理。政治治理的一个重要指标就是民主化，即以多党竞争选举为特点的民主化。同时，美国还利用自身所控制的国际货币基金组织和世界银行等国际组织通过经济杠杆来推动非洲国家的民主化进程。美国的基本理念是通过改造非洲国家的政治制度可以消除恐怖主义滋生的土壤，提高美国在该地区的道德优势和霸权地位。

2012 年 6 月，奥巴马政府发布《美国对撒哈拉以南非洲战略》，将美国对非政策概括为四大支柱：一是加强非洲的民主制度；二是支持非洲经济增长和发展；三是推动和平与安全；四是创造机会和促进发展。从中不难看出美国对在非洲培育和加强民主制度的重视。美国推动非洲民主化的方式很多，例如，在向非洲国家提供经济援助的过程中，要求非洲国家进行政治上的改革，并且这种改革达到美国的预期才能获取其所希望的援助；美国还会通过派遣选举观察员、为大选提供资金支持等方式直接参与非洲国家的民主选举进程；对于无法满足美国政治改革要求的非洲国家，美国的方式一般是进行经济制裁、政治孤立，甚至军事颠覆，津巴布韦和利比亚便是最好的例证。应该看到，美国在非洲培育和加强民主制度，一方面反映了美国对非洲的兴趣和关注；另一方面也表明，美国试图将自身的制度模式强加于非洲国家，以使非洲国家的政治发展进程符合美国的利益偏好和政策预期。

第三，在经济领域，美国对非洲政策由援助促发展转向了通过贸易和投资来促进非洲的经济发展。克林顿上台后强调要通过加强与非洲的贸易和投资来促进非洲的发展，并于 2000 年通过了《非洲增长与机遇法案》(AGOA)。从根本上讲，《非洲增长与机遇法案》是美国日益重视非洲大陆的重要价值、逐步调整对非政策的重要成果。它是美国对非经济战略的重要组成部分，是美国政府对非经济政策的基石，同时也服务于美国的对非政治与军事战略，服务于美国的全球反恐战略。[①]《非洲增长与机遇法案》是美国单方面发起的对非优惠政策安排，该法案有助于扩大非洲国家商品对美国市场的出口。自《非洲增长与机遇法案》启动以来，非洲国家对美国出口规模增长了四倍。到 2015 年 6 月，在《非洲增长与机遇法案》和普惠制下，受益于《非洲增长与机遇法案》的非洲国家共向美国出口商品达 4800 亿美元。[②] 因此，《非洲增长与机遇法案》在促进美非经贸合作方面，扮演着奠基石的作用。

由于《非洲增长与机遇法案》在促进美非经济合作、提高非洲国家对美政治友好等方面发挥着重要作用，所以历届美国政府都在该法案到期时推动国会顺利加以延长。2015 年，《非洲增长与机遇法案》到期后，在奥巴马的推动下，美国国会将该法案延长了十年，到 2025 年到期。美国的主要目的是通过该法案提高美国与非洲之间的贸易水平，扩大美国企业对非投资，其实质是以新自由主义规范非洲国家的经济环境。当然，《非洲增长与机遇法案》只是美国在经济领域深化与非洲国家合作的一种框架，在这一框架之外，美国还通过很多其他手段来推动与非洲国家的经济关系。例如，奥巴马政府时期的“电力非洲”计划、特朗普上台后实施的“繁荣非洲”倡议等。此外，美国还通过国际货币基金组织和世界银行等国际金融机构对非洲国家进行经济结构调整，以服务于美国主导的经济全球化进程。

总体上看，冷战结束后美国的非洲政策经历了由淡漠到重视的转变。特别是 21 世纪以来，随着非洲地缘政治影响力的提升以及新兴大国对非外交重视程度的加深，美国也逐步强化了与非洲关系。从克林顿时期的《非洲增长与机遇法案》到小布什时期的“防止艾滋病紧急救援计划”，再到奥巴马时期的美非领导人峰会、“电力非洲”计划、“青年非洲领导人”倡议等，都能看到美国对非关注度的提升。冷战后，美国逐步加强对非洲政策的主要目的是确保美国在非洲大陆的政治、经济和军事存在，以应对传统欧洲殖民大国和新兴大国崛起所带来的挑战。南非在政治上秉持西方式

① 刘勇：《美国〈非洲增长与机遇法案〉述评》，《武大国际法评论》2009 年第 1 期，第 171 页。

② U. S. Department of State, “African Growth and Opportunity Act”, https: //www. state. gov/p/af/rt/agoa/index. htm.

的民主人权观念，在经济上以新自由主义思想为指导，这使其在诸多价值理念上与美国存在某种程度的一致性，这为南非借助美国力量在非洲大陆发挥领导作用提供了可能性。美国出于拓展民主价值观念、推广新自由主义的需要，也乐于支持南非发挥这种作用。但是，美国的霸权主义又与南非的多边主义外交以及非洲团结的意识形态相矛盾，这种矛盾对南非寻求大国地位的外交战略构成了制约。

第二节　冷战后的多极化趋势及对非洲的影响

冷战期间所孕育的多极化趋势在冷战结束后加速发展，成为制衡美国单极霸权的关键力量。冷战后国际格局的多极化趋势主要体现在两个方面：第一，以欧盟为代表的地区组织在地区和全球事务中日益扮演着重要角色，在某些问题领域发挥着关键性作用；第二，以中国、印度、巴西等为代表的新兴经济体发展迅速，成为推动国际体系变革的主要力量。无论是欧盟还是新兴大国都是非洲大陆的重要利益攸关方，它们对非洲国家的日益关注，既为非洲带来了机遇，同时也带来了挑战。

一　冷战后欧盟的发展与欧盟对非政策

冷战后欧盟一体化进程取得较快发展，成为国际体系格局多极化发展的重要力量。从 1952 年成立欧洲煤钢共同体以来，欧洲一体化进程经历了由小到大、不断深化和巩固的过程。1992 年《马斯特里赫特条约》签署，第二年生效，欧洲共同体更名为欧洲联盟，欧洲一体化进程取得重大进展。冷战后欧盟的发展主要体现在以下几个方面：其一，欧盟不断东扩，整体实力进一步增强。2004 年 5 月，欧盟完成了历史上规模最大的扩大，由最初的 6 个成员国扩大到 25 个，2007 年进一步扩大为 27 国。欧盟东扩不仅为欧洲安全提供了进一步保障，而且使欧盟的整体实力得到了进一步增强。其二，功能领域不断扩大，已由最初的煤钢共同体扩展到包括政治、经济、社会和外交等全方位的欧洲联盟。欧盟已由最初的关税同盟发展到当前的经济货币联盟阶段，并向政治联盟阶段过渡。其三，各类制度不断完善和健全，超国家主义特征日益明显。欧盟设有欧盟委员会、欧洲议会、欧洲理事会、欧洲法院以及欧洲央行等比较健全的制度框架，在地区层次处理内外事务。2009 年《里斯本条约》经全体成员国签署生效，欧洲一体化进程迈出关键步伐。2009 年 11 月 19 日，欧盟 27 国元首在布鲁塞尔召开特别峰会，选举比利时首相范龙佩为欧洲理事会主席，阿什顿为欧盟外交和安全政策高级代表，欧盟超国家主义特征更加明显。其四，欧盟制定共同外交与安全政策，欧盟成员国可在这一框架下加强协调与合作，推动欧盟用“同一个声音说话”，大大提高了欧盟在外交、安全等与世界互动进程中的话语权和影响力。其五，建立统一的货币——欧元。欧元的诞生，既是欧洲一体化深入发展的体现，也彰显了欧盟要以欧元为依托，平衡美元霸权对其带来消极影响的明显政治追求。

如果说一体化进程的加快为欧盟作为国际行为体积极拓展“规范性权力”奠定了物质基础，那么美苏两极对抗的结束与冷战后全球和新兴问题的增多则为欧盟在国际舞台上发挥影响提供了机会窗口。冷战结束后，作为国际格局中日益显现的一极，欧盟在援助、发展合作、安全治理、气候变化、人权等诸多全球和新兴问题领域都扮演着至关重要的角色。作为一种超国家的地区机制，欧盟的优势是通过塑造行为规范和价值观，而不是通过强制性权力，来施展影响力。[①] 伴随着欧盟外交与安全政策高级代表的设立，欧盟的对外行为能力得到了进一步提高。欧盟是一体化进程的先行者，在超国家制度建设上积累了丰富经验。这一成功的实践促使欧盟将自身视为一种榜样，并积极寻求向非洲（非盟）、东南亚（东盟）等广大发展中地区输出一体化的经验和模式。虽然这种软方式无法像美国发动伊拉克战争和阿富汗战争那种强制性权力一样给人留下深刻印象，但其通过规范塑造来改变相关行为体行为的尝试和努力，也深刻体现了欧盟所具有的独特权力。

作为国际格局中的重要一极，欧盟发挥国际影响的一个重要承载地区便是非洲。这不仅因为欧盟中的很多成员国，如法国、比利时、葡萄牙、德国等曾是非洲的殖民宗主国，双方存在密切的历史、文化和经济上的联系，而且欧盟和非洲地理上相邻，非洲的资源储备、市场容量、安全形势等都是欧盟在一体化进程中无法忽视的重要外部因素。欧盟（前身是欧洲经济共同体）与非洲的关系始于 1957 年的《罗马条约》。《罗马条约》建立了欧洲发展基金，向非洲、加勒比和太平洋地区发展中国家提供援助，

① Patrick Holden and Thomas Warren, “A Fading Presence? The EU and Africa in an Era of Global Rebalancing”, in Veit Bachmann and Martin Müller, eds., *Perceptions of the EU in Eastern Europe and Sub - Saharan Africa*, New York: Palgrave Macmillian, 2015, p. 58.

而非洲国家（殖民地）则可通过“联系协定”以优惠贸易安排使其商品免税进入欧洲市场。随着非洲独立国家的增多，欧洲与非洲进行互动的框架逐渐被1963年的《雅温得协定》所取代。根据《雅温得协定》，非洲国家继续以优惠贸易安排获得对欧洲的免税市场准入，并通过欧洲发展基金获取欧洲的援助。经过十多年发展，《雅温得协定》被1975年的《洛美条约》所取代。《洛美条约》共包括四个连续的条约，即洛美Ⅰ（1975～1980年）、洛美Ⅱ（1980～1985年）、洛美Ⅲ（1985～1990年）、洛美Ⅳ（1990～2000年）。从洛美Ⅰ到洛美Ⅳ，在延续传统的援助、贸易等议题基础上，逐步引入“政策对话”，强调“人的尊严”，援助的政治性质日益凸显。进入21世纪，《洛美条约》被《科托努协定》（2000～2020年）所取代。《科托努协定》的主要目的是消除贫困，实现可持续发展，将非加太国家逐渐融入全球经济中。所谓逐渐融入全球经济，实质是让欧盟与非加太国家传统的非互惠贸易安排逐渐与世界贸易组织的贸易规定相兼容，以互惠的贸易安排推进欧盟与非加太国家经济关系的自由化发展。

从《雅温得协定》到《洛美条约》再到《科托努协定》，欧盟与非洲的互动主要是在欧洲－非加太关系的框架下开展的。进入21世纪，随着非洲一体化进程的加快（非统于2002年实现向非盟转变）、非洲国际地位的提升以及新兴大国对非外交投入的加大，欧盟认识到将非洲作为一个整体，制定统一的对非政策对话框架的必要性和重要性。在此背景下，欧盟于2005年发布了首份对非战略文件《欧盟与非洲：走向战略伙伴关系》，该战略强调欧盟和非洲的关系应在平等、所有权和伙伴关系的原则下得到治理。然而，这一战略由于缺乏非洲国家的参与而备受诟病。[①] 随后，欧盟进行了反思，并加强了与非盟和非洲国家的协调，将非洲引入战略拟定进程中，提高了非洲国家的参与程度，最终于2007年欧盟－非洲里斯本峰会上出台了《非洲－欧盟联合战略》（JAES）。联合战略的目的是强化政治伙伴关系，将非洲－欧盟关系提高到新的战略水平。欧盟与非洲构建长期的战略伙伴关系包括四大主要目标：一是建设政治伙伴关系以解决共同关心的问题；二是加强和平、安全、民主治理和人权，促进可持续发展，使非洲国家到2015年都能实现千年发展目标；三是推动和维护有效的多边

---

① Maria Ölund, "Critical Reflections on the Joint Africa－EU Strategy", *Africa Development*, Vol. XXXⅦ, No. 2, 2012, p. 16.

主义；四是建设以人为中心的伙伴关系。[①] 2014 年 4 月，在布鲁塞尔召开的第四届欧盟 - 非洲峰会对联合战略做出进一步确认和承诺，并发布“2014 ~2017 年路线图”，指出五个方面的优先合作领域：第一，和平与安全；第二，民主、治理和人权；第三，人的发展；第四，可持续和包容性发展、增长和大陆一体化；第五，全球和新兴问题。[②] 在总体的对非战略框架之外，欧盟还针对不同非洲次区域的情况，出台了具体的对非区域合作战略，如面向几内亚湾地区的“欧盟几内亚湾战略和行动计划”、面向萨赫勒地区的“欧盟安全和发展战略”、面向东非地区的“非洲之角战略框架”。2020 年 3 月，新上任的欧盟委员会主席冯德莱恩、欧盟外交与安全政策高级代表博雷利共同发布欧盟对非关系新战略，强调欧盟要与非洲全面发展关系，并在绿色发展和能源、数字化转型、可持续增长与就业、和平与治理、移民与流动性等领域建立五大伙伴关系。

经过半个多世纪的发展，欧盟已是对非洲区域秩序塑造发挥着至关重要作用的域外行为体之一，欧盟 - 非洲不仅建立了首脑层面的峰会机制，而且青年领导人峰会、商务论坛等多种对话机制形成有效补充，使欧盟与非洲间的互动嵌入浓密的制度网络之中。目前，欧盟是非洲最大的投资和贸易伙伴。2015 年欧盟对非直接投资达 320 亿欧元，占非洲吸引外资总量的 33%。非洲对欧盟出口占对外出口总量的 44%，自欧盟进口占进口总量的 33%。此外，欧盟还是非洲最大的官方发展援助来源地，2015 年欧盟对非官方发展援助达 210 亿欧元，占比达 50%。[③] 由此可见，欧盟在非洲具有强大的经济存在和影响力。需要指出的是，近年来，欧盟深受金融危机、债务危机、难民危机的困扰，特别是英国“脱欧”、极端民粹政党的崛起，更使欧洲一体化进程遭受冲击，欧盟的软实力及其对其他地区一体化进程的示范效应也遭到削弱。尽管如此，欧盟并未放松对非洲的政治、经济、外交投入。这是因为在危机四伏的背景下，欧盟更加需要与非洲的合作。欧盟在深化和加强与非洲的长期伙伴关系方面具有真正

① “A Joint Africa - EU Strategy”, https: //www. africa - eu - partnership. org//sites/default/files/documents/eas2007_ joint_ strategy_ en. pdf.

② “EU - Africa Roadmap 2014 - 2017”, http: //www. consilium. europa. eu/media/21520/142094. pdf.

③ “Factsheets on Renewed Impetus of the Africa - EU Partnership”, https: //eeas. europa. eu/headquarters/headquarters - homepage_ en/25436/Factsheets% 20on% 20renewed% 20impetus% 20of% 20the% 20Africa - EU% 20Partnership.

的战略利益。[1]

二 新兴大国群体性崛起及其对非洲的影响

以中国、印度、巴西等为代表的新兴大国的群体性崛起成为21世纪以来推动国际格局多极化与国际体系转型的另外一支重要力量。虽然冷战后形成的一超多强的国际格局并没有发生实质性改变，但是美国主导的西方世界的力量在趋于衰落，非西方世界正日益发展，导致多极化趋势日趋明显。特别是在小布什执政时期，美国的单边主义和黩武主义倾向导致美国的软硬实力有所下降，美国的霸权地位和领导地位也日益动摇。奥巴马执政后，推行“亚太再平衡”战略，试图在中东地区进行战略收缩，并加大对亚太地区的战略投入，以此平衡中国崛起带来的战略压力。然而，奥巴马的“亚太再平衡”战略未能遏制中国的崛起之势，其继任者特朗普特立独行，坚持“美国优先”原则，抛弃“亚太再平衡”战略，在全球层面进行战略收缩，退出应对气候变化的《巴黎协定》、退出伊朗核问题全面协议等，同时挥舞贸易保护主义大棒，同多个国家陷入贸易战。特朗普治下的美国，不仅降低了对解决全球性问题的参与，而且在一定程度上成了问题的制造者。种种迹象表明，美国作为全球性领导者，其解决全球性问题的能力和意愿都呈现前所未有的结构性衰退之势。

与美国的相对衰落相比，以金砖国家为代表的新兴大国则呈现较快的发展速度，对世界经济增长的贡献率不断提高。如表2－1所示，金砖五国国内生产总值占世界经济总量的比重由1990年的7.9%增长到2000年的8.3%，经过21世纪以来十多年的迅速发展，进一步增长到2015年的22.3%。美国国内生产总值占世界经济总量的比重在冷战结束后呈现了先扬后抑的发展趋势，由1990年的26.5%增长到2000年的30.7%，后又逐渐下降到2015年的24.2%。如果以2000年为时间节点，可以明显看到金砖五国和美国相对经济实力的明显变化，美国呈相对下降的态势，金砖五国则呈快速增长的态势（见图2－1）。从历史的视角来看，2015年美国经济实力在世界上的地位甚至不如冷战刚结束之时，而金砖五国的经济实力

[1] “Council Conclusions on a Renewed Impetus for the Africa－EU Partnership”, http://www.consilium.europa.eu/media/23994/st10454en17－conclusions－on－a－renewed－impetus－for－the－africa－eu－partnership.pdf.

则增长了近三倍。由此可见世界经济格局的巨大转变。

2008 年金融危机的爆发对世界经济形势造成严重冲击。如表 2－2 所示，危机爆发之初，西方发达经济体首当其冲，美国、日本、欧盟 2009 年普遍陷入经济衰退。2010 年后经济形势开始好转，美国经济增长表现好于欧元区国家和日本。金融危机对金砖五国的影响产生了分化的态势，俄罗斯、巴西、南非遭受负面冲击比较大，抗压能力较弱；中国、印度经济增速虽有放缓，但在世界主要经济体中依然属于佼佼者，远远高于美国、日本、欧盟等西方发达经济体的增速。以中国、印度为代表的新兴经济体成为拉动世界经济增长、促进世界经济复苏的关键引擎。近年来，中国对世界经济增长的贡献率超过了 30%。新兴大国与传统的西方国家政治经济发展的不平衡性正推动国际力量对比向有利于发展中国家的方向演进，国际政治权力正由西方向非西方世界转移和扩散。国际格局的多极化特征因新兴大国的群体性崛起而日益明显。

表 2－1　金砖五国与美国 GDP 占世界 GDP 总量的比例（1990～2015 年）

单位:%

	1990 年	1995 年	2000 年	2005 年	2010 年	2015 年
金砖五国	7.9	8.1	8.3	10.8	18.0	22.3
美　国	26.5	24.9	30.7	27.6	22.7	24.2

资料来源：根据世界银行世界发展指数数据库（World Bank：World Development Indicator Database）数据计算整理而成。

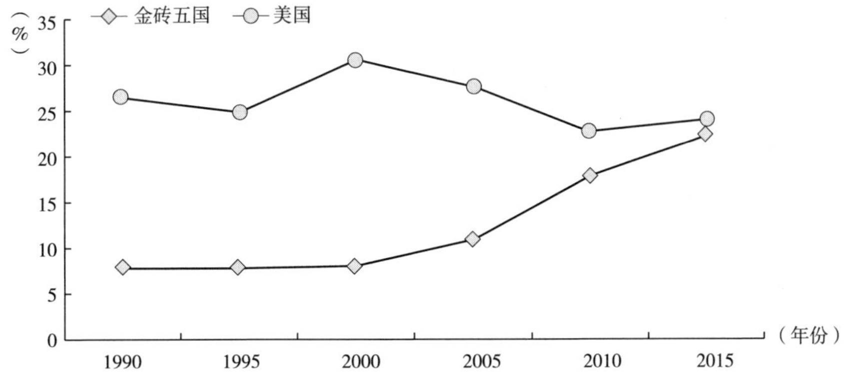

图 2－1　金砖五国与美国 GDP 占世界比重走势（1990～2015 年）

资料来源：根据世界银行世界发展指数数据库（World Bank：World Development Indicator Database）数据计算整理而成。

表 2－2 世界主要国家 GDP 增长率（2008～2017 年）

单位：%

	2008 年	2009 年	2010 年	2011 年	2012 年	2013 年	2014 年	2015 年	2016 年	2017 年
中国	9.6	9.2	10.4	9.3	7.5	8.5	8.9	6.9	6.7	6.8
印度	3.9	8.2	9.6	6.9	4.4	6.5	7.1	8.0	7.1	6.7
巴西	5.2	-0.3	7.5	2.7	1.5	4.0	4.1	-3.7	-3.6	0.7
俄罗斯	5.2	-7.8	4.3	4.3	3.4	3.8	4.1	-2.8	-0.2	1.9
南非	3.6	-1.5	2.9	3.1	2.6	3.3	4.0	1.3	0.3	0.7
美国	-0.4	-3.5	3.0	1.7	2.2	2.0	2.8	2.9	1.5	2.2
欧元区	0.4	-4.4	2.0	1.5	-0.4	-0.1	1.3	2.0	1.8	2.4
日本	-1.0	-5.5	4.4	-0.7	1.6	0.7	0.8	1.1	1.0	1.5

资料来源：2006～2011 年数据来源于世界银行数据库；2012～2017 年数据来源于经济合作组织数据库（OECD Database，https：//www.oecd-ilibrary.org/economics/data/oecd-economic-outlook-statistics-and-projections/oecd-economic-outlook-no-102-edition-2017-2_05b705e7-en）。

国际格局的多极化趋势不仅体现在经济力量对比所发生的变化上，还体现在新兴大国的战略合作上。近年来，新兴大国加强了战略协调与合作，突出体现在组建新的政治经济集团或在关键的问题领域加强政策沟通与协调。中国、印度、巴西、俄罗斯、南非组成金砖国家合作机制，成立金砖新开发银行和应急储备安排，成为重塑国际金融秩序的重要力量。南非、印度、巴西成立的三方对话论坛，成为新兴大国加强合作的新平台。在气候治理领域，中国与印度、巴西、南非成立基础四国集团，向发达工业化国家施加压力，强调应当以共同但有区别的责任原则建立公正合理的全球气候治理规范。新兴大国加强战略合作的同时，西方发达经济体的主要合作平台七国集团因金融危机冲击，其在全球经济治理中的作用逐渐被新兴的二十国集团所取代。新兴大国的战略协调与合作，加速了国际格局的多极化趋势。

国际格局的多极化发展趋势为非洲发展既带来机遇，也造成一定程度的挑战，但总体看机遇大于挑战。其一，崛起中的新兴大国不断拓展海外利益和海外影响，非洲成为其加强合作和发挥国际影响的重要伙伴。21 世纪以来，新兴大国都普遍加强了与非洲的合作关系，通过对话平台机制化、扩大对非援助、深化经贸投资合作等方式，将与非洲关系提升到新的水平。例如，中国与非洲国家建有中非合作论坛机制，双方在 2015 年约翰内斯堡峰会上决定将中非新型战略伙伴关系提升为全面战略伙伴关系。印度和非洲也建有峰会机制，截至 2015 年，印非双方共举办三次峰会。在第三届印非峰会上，印度总理莫迪承诺未来五年要为非洲国家提供100亿美元低息贷款，用于非洲基础设施开发、农业、能源、教育、卫生、信息技术等领域发展。显然，新兴大国崛起为非洲发展提供了巨大机遇。其二，新兴大国在非洲日益上升的影响力，进一步推动美国、欧盟等传统西方大国、国际组织加强同非洲国家的合作。面对新兴大国的竞争，美国加强了在非洲的军事存在，并通过《非洲增长与机遇法案》、“电力非洲”“青年领导人倡议”“繁荣非洲”倡议等举措深化与非洲的合作关系。欧盟也是如此。正如有学者所言，欧洲在非洲大陆面临着来自中国和印度等新兴大国的竞争。这可能使欧洲更加尊重非洲，以赢得非洲伙伴的信任。① 其三，新兴大国和传统西方发达经济体竞相发展与非洲国家关系，使非洲国家具有了更多选择。历史上，非洲国家对西方发达经济体严重依赖，面对国际金融机构提出的结构调整方案、面对西方提出的附加政治条件的援助，往往只能接受而别无他选。新兴大国的崛起则为非洲国家提供了更多的选择和机会。这种选择不仅仅是援助、投资、贸易机会等，还包括如何探索适合本国国情的发展道路、如何提高国家治理能力等方面的经验分享。当然，国际格局多极化趋势的发展，也给非洲大陆造成一定程度的挑战，突出体现在大国在非洲竞争的加剧。特别是美国、欧盟等传统西方发达经济体试图维护其在非洲的传统优势地位，竭力遏制作为后来者的新兴大国对其优势地位的挑战。为了维护其优势地位，它们有时甚至动用武力，例如，北约对利比亚政权的颠覆。尽管如此，国际格局的多极化趋势给非洲带来的机遇要大于对其造成的挑战。在多极化格局中，非洲的地位得到进一步提升，自主选择的空间得到进一步拓展。

第三节　冷战后非洲在国际体系中的地位

东欧剧变、苏联解体导致东西方冷战对峙格局的结束，非洲的地位也因两极格局的结束而有所下降，其在国际体系中的地位进一步被边缘化，并一度成为“黑暗”和“失落”的大陆。然而，进入21世纪以来，非洲大陆的整体政治形势趋于稳定，经济发展也逐渐步入快车道，新兴大国的

---

① Maria Ölund, “Critical Reflections on the Joint Africa - EU Strategy”, *Africa Development*, Vol. XXXVII, No. 2, 2012, p. 18.

崛起重新引发了世界对非洲的关注。为应对新兴大国崛起所带来的挑战，传统的西方大国重新强化了对非外交，非洲大陆重新成为大国竞争与合作的舞台，非洲的重要性有所上升。

一　冷战结束与非洲的边缘化

冷战时期，美苏的争夺凸显了非洲的重要性。美苏在非洲的争夺分别服务于各自的全球战略，主要体现在：其一，推行各自的意识形态、价值观念和政治制度，以彰显社会主义或资本主义制度模式的优越性，培植亲苏或亲美政权。其二，获取战略资源。非洲大陆拥有黄金、铀、铂等丰富的矿产品，其中诸多矿产资源具有军用价值。尼日利亚、安哥拉等非洲国家具有丰富的油气资源。美苏争夺非洲的重要目的之一是控制重要原料的来源。例如，冷战时期美国之所以支持南非的种族隔离政权，是因为南非不仅是抵御苏联共产主义向南部非洲扩张的重要力量，而且具有丰富的矿产资源。其三，控制战略要地。非洲部分沿海国家具有地缘政治上的重要性。例如，埃及、埃塞俄比亚、安哥拉、南非、莫桑比克等国与重要的海上航线相邻，具有重要的地缘战略价值。苏联在安哥拉和莫桑比克渗透的重要目的之一便是控制其海上交通线，提高自身的海权。美苏之间的争夺凸显了非洲大陆在两极格局下的重要性。

美苏冷战的结束使非洲大陆地缘政治上的重要性不断下降。美欧国家将主要的外交精力放在了推动东欧国家和苏联地区的民主化和市场化进程，对非洲大陆的关注有所下降。尤其是在索马里维和行动失败后，美国对非洲国家的安全承诺不断下降，在策略上由直接派兵转向培训非洲国家部队维护非洲的安全。冷战的结束并没有使非洲的安全形势有所改善，安哥拉内战、刚果（金）冲突、卢旺达种族屠杀等事件表明非洲的安全形势仍然不容乐观。国际社会对非洲大陆安全形势的漠视使非洲逐渐成为“黑暗”和“失落”的大陆。

自 20 世纪 70 年代以来，由于政局不稳、自然灾害、国际体系环境等方面的影响，非洲国家的经济发展长期处于停滞和衰退状态。20 世纪 80 年代，由国际货币基金组织和世界银行等西方国家控制的国际发展政策机构对非洲国家所制定的结构调整计划并没有使非洲的经济形势有所改善，反而进一步恶化。冷战结束后，非洲大陆在世界经济体系中的地位进一步被边缘化。非洲国家的社会经济发展大大落后于发达国家和某些发展中国家，与它们的贫富差距拉大。联合国确定的当今世界 49 个最不发达国家中，有 34 个国家在非洲大陆，而且全部是撒哈拉以南非洲地区的国家。1999 年，整个非洲的国内生产总值是 5516 亿美元；其贸易额只占全球贸易总额的 2%；所负外债总额高达 3360 亿美元。非洲现有一半人口，约 3.4 亿人每天生活在不到 1 美元的贫困线之下，5 岁以下儿童的死亡率是 140‰，人们的平均寿命只有 54 岁，15 岁以上成年人文盲率达 41%，只有 58% 的人口可以用上安全饮用水。① 在美国主导的全球化进程中，非洲仍处于依附于发达国家的境地。

二　21 世纪以来非洲地位的提高

21 世纪以来，非洲整体的政治安全形势有所改善，经济增速较快，经济实力有所提高。在这种背景下，传统的西方大国和新兴大国加强了对非外交力度，并纷纷制定对非外交战略，非洲重新引起了国际社会的关注和重视。

其一，非洲大陆联合自强的步伐加快，政治、经济、安全等功能领域一体化水平迈上新的台阶，在国际社会“同一个非洲，同一种声音”越发明显。2002 年非洲统一组织转变成非洲联盟，体现出非洲国家在泛非主义和非洲复兴理念的引领下对大陆一体化的承诺。此后，非盟不断完善大陆一体化的治理架构，出台多部政策文件指引非洲国家在不同功能领域加强合作，如“非洲发展新伙伴计划”“非洲互查机制”“非盟 2063 年议程”等。这些政策文件和规划既体现了对地区一体化的承诺，也反映了非洲国家对非洲复兴的强烈期待。在政治层面，非盟推动非洲国家加强合作，在联合国改革等全球治理领域塑造统一的“非洲立场”。在经济层面，非洲地区经济一体化迈出关键步伐，2018 年 3 月，44 个非洲国家在卢旺达首都基加利举行的非盟首脑特别会议上签署成立非洲大陆自由贸易区协议。2019 年 6 月，非洲大陆自由贸易区协议正式生效，这是非洲发展的一件里程碑事件，有望最终形成覆盖 12 亿人口、国内生产总值达 2.5 万亿美元的大市场，对非洲经济转型、提升其在全球贸易和价值链分工中的地位意义重大，将给非洲经济发展带来新动力。② 在安全层面，非盟形成并不断完

---

① 朱贵重：《经济全球化与非洲的边缘化——兼评〈非洲发展新伙伴计划〉》，《亚非纵横》2003 年第 1 期，第 12 页。

② 《非洲大陆自由贸易区协议正式生效》，《人民日报》2019 年 6 月 4 日，第 17 版。

善“非洲和平与安全架构”，加强对非洲安全秩序的治理。非盟的成立大大提高了非洲的一体化水平，联合自强步伐的加快则使非洲日益成为国际社会中一个重要的行为体。

其二，进入21世纪以来，非洲大陆的经济形势不断改善，部分国家的经济增速强劲，非洲大陆的整体经济实力在上升。由于原材料价格上涨、政治形势趋于稳定、经济领域推行改革以及外来投资增加等方面的原因，非洲大陆大多数国家的宏观经济前景令人鼓舞。2002年以来，非洲国家国内生产总值年均增长率保持较高水平。据国际货币基金组织统计，非洲特别是撒哈拉以南非洲地区2007年经济形势为30年来最佳，经济增长率达到6%。[①] 根据世界银行2012年的评估，在撒哈拉以南非洲48个国家中，人口总数达4亿人的22个国家正式迈入了中等收入国家的行列；假如当前4.8%的增长率能够继续或者经济保持温和增长和稳定，另外人口总数达2亿人的10个国家到2025年可以达到中等收入国家的水平。[②] 这些国家的中产阶级内部需求将大大提高，并构成非洲大陆经济持续发展的重要动力。此外，非洲的人口结构将为其未来发展带来巨大的人口红利。到2030年，非洲劳动力将占世界劳动力的1/4。到2050年，非洲大陆的人口预期将增长两倍，超过25亿人，其中70%的人年龄低于30岁。[③] 对非洲而言，庞大的人口规模特别是年轻的人口结构，不仅可为其经济可持续发展提供丰富的劳动力资源，而且是一个潜在的庞大消费市场。

其三，非洲政治经济形势的改善使资源开发更加有利可图，新兴大国的崛起拉动了对非洲初级原材料的需求，成为推动非洲经济增长的新的重要力量。为应对新兴大国在非洲的竞争和挑战，西方大国纷纷调整对非政策，以巩固自身在非洲大陆的利益。例如，随着非洲自身经济潜力的释放以及欧洲大国和中国加大对非洲的经济开发，美国感到了开发非洲经济的

---

① 〔中非〕蒂埃里·班吉：《中国，非洲新的发展伙伴——欧洲特权在黑色大陆上趋于终结?》，肖晗等译，世界知识出版社，2011，第171页。

② The World Bank, "Despite Global Slowdown, African Economies Growing Strongly - New Oil, Gas and Mineral Wealth an Opportunity for Inclusive Development", October 2012, http://www.worldbank.org/en/news/press-release/2012/10/04/despite-global-slowdown-african-economies-growing-strongly-world-bank-urges-countries-spend-new-oil-gas-mineral-wealth-wisely.

③ "U.S. Secretary of State Delivers Address on Africa Ahead of Five-Nation Visit", March 2018, http://allafrica.com/stories/201803061015.html.

迫切性。在此背景下，美国调整了冷战结束之初的对非经济政策，开始面向非洲开放市场，大力拓展对非能源进口，加强对非洲的资金、技术支持，并在此基础上推动非洲国家的经济改革。显然，新兴大国崛起及其将目光转向非洲的动向，引发了国际社会对非洲的关注，在这一背景下，非洲便具有了更多的选择，非洲国家在探索自身发展道路上的发言权和自主性也得到了相应提高。

总的来看，冷战结束后国际体系结构和非洲的地区形势都发生了很大变化，这成为南非制定和实施外交战略的国际背景。就国际体系而言，美苏对抗的两极结构转变为美国主导下的单极结构，美国成为国际体系中的唯一超级大国。然而，冷战期间所孕育的多极化趋势在冷战后因新兴大国的群体性崛起而愈加明显，成为制约美国单极霸权的重要力量。特别是21世纪以来，新兴大国的群体性崛起势头迅猛，严重冲击了美国的主导地位。而美国、欧盟等西方发达经济体国内民粹主义势力的上升严重制约了其发挥领导作用的能力。美国特朗普上台后奉行单边主义和保护主义，实施战略收缩，提供国际公共产品的意愿和能力大为下降；欧盟则需应对英国“脱欧”、极端民粹势力崛起、难民危机、债务危机等对其带来的挑战。就非洲地区而言，非洲大陆的地缘战略重要性随着冷战的结束而有所下降，在世界经济体系中的地位不断被边缘化。进入21世纪以来，这种形势发生了改变。伴随着非洲大陆整体政治经济形势的改善以及新兴大国在非影响力的不断提升，西方大国纷纷调整政策以维护其在非洲的既得利益。非洲又重新引发了国际社会的关注和重视。国际环境是影响一国外交政策制定的重要因素。冷战后国际和地区环境的演变制约了南非对外行为的选择空间，也为其追求大国地位创造了机遇。

第一，冷战后占据主导地位的美欧西方国家成为南非实现经济社会发展、融入国际社会并在其中发挥作用和影响的重要依靠。美欧西方发达经济体不仅与南非存在密切的历史联系，而且在南非具有大量的投资和经济存在。这些国家既是塑造南非政治转型的重要外部力量，也是冷战结束后世界的主导性力量。因此，实现民主转型的南非要融入国际社会并在其中发挥重要作用，离不开美欧国家的支持。加强与美欧国家的关系，是南非出于国家利益考量，寻求大国地位的一种必然选择。何况，实现民主转型后的南非，在政治制度、民主人权等价值观层面与美欧国家存在一致性，这成为其深化与美欧国家关系的独特纽带，同时也为其发挥南北对话的桥梁作用提供了可能。

第二，新兴大国崛起所推动的国际格局多极化发展为南非寻求大国地位的外交战略提供了新机遇。早在种族隔离斗争时期，作为南非民族解放斗争领导力量的非国大就与广大发展中国家存在密切的联系。民主转型后，作为执政党的非国大自然在身份归属上将南非作为广大发展中国家的一部分。因此，积极推动发展中国家团结合作，在国际体系中维护发展中国家的利益，成为南非外交行为的一种重要特征。然而，冷战结束之初，由于美欧发达经济体的主导地位，南非的这一战略追求受到很大限制，南非在对外行为中也更加突出桥梁建设者的作用，即充分利用其自身独特的地位在南北之间进行协调。随着新兴大国的崛起，南非日益认识到国际体系结构性变化为其带来的机遇，不断加强与新兴大国的战略协调，通过组建新兴大国集团或者加入由新兴大国构成的集团在全球治理中发挥更大作用，从而彰显其大国地位和影响。

第三，冷战结束所带来的两极结构的解体，为南非在非洲区域层面扮演重要角色创造了有利条件。非国大执政为南非改善与非洲国家的关系提供了契机，但这并不是南非可以在非洲地区扮演重要角色的根本原因。冷战结束后，两极结构对非洲地区秩序塑造的限制作用也随之消失，而冷战后美国的全球主导地位更多体现在欧洲和亚太，并未非常明显地体现在非洲。事实上，冷战结束之初的非洲是一个“失去的大陆”，处于权力主导地位的美国并未给予多少关注，因此此时的非洲在一定程度上出现了某种程度的权力真空。南非是非洲的区域大国，特别是在南部非洲地区处于主导地位。这一权力结构现实，是南非寻求在非洲大陆发挥领导作用的基本动力。然而，南非在全球层面的权力地位有限，而且国际格局处于美国主导之下，在这样一种背景下，南非选择在参与全球治理的过程中以非洲领导国自居，以维护非洲利益为话语，从而为其发挥国际影响提供合法性和争取国际社会对其领导作用的认同。这是一种符合逻辑的对外行为选择。

第三章　南非与非洲：战略依托与引领作用

1990～1994 年相对和平的民主转型为南非带来了无形的影响力，以致时任美国负责非洲事务的助理国务卿克里斯托弗评价道，当今世界没有几个国家比新南非具有更大的潜力来塑造 21 世纪。[①] 克里斯托弗的评价不仅反映了西方国家对民主制度在非洲大陆扩散的一种成就感，而且希望新南非能够利用自身和平民主转型的基本经验来塑造非洲大陆以使其融入西方主导的政治经济体系中。作为一个主要的地区性大国，加之其奇迹般的民主转型以及对人权的重视，国际社会尤其是西方国家期望新南非在非洲大陆扮演一种领导性角色。[②] 显然，南非的民主转型不仅为其积累了巨大的软实力，而且为其营造了一种极为有利的国际和地区环境，即无论是西方国家还是非洲国家都期待民主南非能够在非洲有所作为并做出积极贡献。在首次非种族民主选举产生首届民主政府后，南非外交部提交了一份关于外交政策的讨论文件，明确指出非洲大陆特别是南部非洲地区对南非发挥独特作用的期待。对此，南非政府有着清醒的认识和判断，即非洲国家希望南非能够“成为伙伴和盟友，而不是地区超级大国”。[③] 基于这种转变的国际和地区环境，南非承诺要在非洲所有领域发挥领导作用，在不引发其他非洲伙伴政治敌对的情况下做出建设性的贡献。[④]

虽然基于一种“负债”心理以及国际社会和地区国家的期待，非国大政府承诺要利用自身的力量为非洲大陆的稳定与发展做出贡献，但在曼德拉执政时期，南非对非洲大陆事务的参与和影响是相当谨慎和有限的。这

---

① James Barber, *Mandela's World: The International Dimension of South Africa's Political Revolution 1990 - 1999* , Oxford: James Currey Ltd. , 2004, p. 85.

② Elizabeth Sidiropoulos and Tim Hughes, “Between Democratic Governance and Sovereignty: The Challenge of South Africa's Africa Policy”, in Elizabeth Sidiropoulo, eds. , *Apartheid Past, Renaissance Future—South Africa's Foreign Policy: 1994 - 2004* , Johannesburg: The South African Institute of International Affairs, 2004, p. 62.

③ “Foreign Policy for South Africa: Discussion document”, 1996, http://www.gov.za/documents/foreign - policy - south - africa - discussion - document - 0.

④ “Foreign Policy for South Africa: Discussion document”, 1996, http://www.gov.za/documents/foreign - policy - south - africa - discussion - document - 0.

主要是由两个因素决定的：其一，虽然曼德拉利用其个人的道德影响力为塑造非洲国家的和平而积极努力，但是民族团结政府则将主要的精力放在了巩固国内民主政治成果和促进经济发展上。新南非没有太多物质资源去兑现对非洲邻国的政治承诺。其二，新南非极力避免被地区国家视为“霸权”，因而在言辞上强调与非洲国家建立平等的伙伴关系，在权力的运用上也相当谨慎。然而，也正是在曼德拉时期，南非为坚持人权原则而对尼日利亚阿巴查政权持强烈批判态度从而导致双方关系极度恶化；为恢复莱索托的政治秩序而进行军事干涉。显然，当民主人权身份与非洲国家身份产生矛盾时，曼德拉更加强调前者，更加注重外交原则，而且曼德拉政府有意利用南非的优势地位去推动民主人权原则在非洲大陆的扩展。

姆贝基执政后，南非积极追求地区领导角色的意图更加明显。一方面，在曼德拉执政时期，南非民主政治成果进一步巩固，经济取得持续稳步发展，这为南非进一步提高地区影响力奠定了物质基础。另一方面，非洲大陆的安全局势持续恶化，在国际经济体系中的地位则进一步边缘化。而姆贝基总统又具有强烈的泛非主义和反对殖民主义、帝国主义的情感，因此在维护非洲大陆的安全与发展上投入了更多精力。在推动非洲统一组织向非洲联盟的转型、将非洲发展新伙伴计划（NEPAD）与非洲互查机制（APRM）制度化以及参与解决非洲大陆的安全问题等方面，新南非都发挥了关键性的领导作用。因而，姆贝基执政时期，南非拥有一种领导非洲实现复兴的“战略视野”。[①]

祖马（Jacob Zuma）执政后，南非继续执行促进非洲实现稳定与发展的政策。祖马政府仍然强调强化非洲大陆的地区制度建设，在非洲基础设施开发、安全建设和经济发展中发挥领导作用。虽然祖马不具有姆贝基那样强烈的泛非主义意识形态和战略视角，但是从其不遗余力将南非前内政部长恩克萨扎娜·德拉米尼·祖马（Nkosazana Dlamini Zuma）推向非盟委员会主席职位的外交行为不难看出，祖马治下的南非仍然继续寻求在非洲大陆事务中扮演领导性角色。但祖马与前两任总统相比，坚持更为实用主义的外交政策原则，在发展与非洲国家关系时更加重视经济合作。这与祖马上台执政恰逢国际金融危机爆发和蔓延有关。南非与整个非洲大陆都深

① Interview with Prof. Garth Shelton, University of the Witwatersrand, Johannesburg, 10 September, 2012.

受国际金融危机的影响，对经济合作的重视显然与当时的国际环境存在密切关联。

自 1994 年民主转型以来，南非一直将非洲作为其外交政策的优先选择，并积极寻求在非洲大陆发挥领导作用。这一战略选择从根本上是由冷战结束以来的国际和地区结构所决定的。从国际层面讲，冷战结束使美苏对抗的两极格局终结，世界秩序的主导者美欧西方国家对非洲的关注和投入有所下降，非洲新产生的“权力真空”为区域大国发挥区域领导作用创造了极为有利的条件。从区域层面讲，南非是非洲大陆的地区性大国，在政治、经济、军事等领域具有显著的优势地位。从政治维度看，南非以相对和平的方式成功实现民主转型，并建立了比较先进的对人权加以保护的宪法制度以及保证权力和平移交的民主制度，与其他动辄军事政变的非洲国家以及因利益纠纷、种族矛盾等陷入内战的非洲国家形成鲜明对照。成功的民主转型是南非的一大政治优势，这也是南非积极致力于在非洲大陆推广民主和人权原则的政治基础。从经济维度看，南非毫无疑问是非洲的地区性大国，南非国内生产总值占非洲经济总量的 25%，占撒哈拉以南非洲国家经济总量的 33%。而且，与其他资源型非洲国家不同，南非除了具有丰富的矿产资源储备外，还具有比较完善的基础设施、工业基础和金融服务业。从南非三大产业结构的占比来看，农业占南非国内生产总值的 9%，工业和服务业分别占 26% 和 65%。从军事维度看，种族隔离时代以安全为优先的战略使南非发展起了比较发达的军事工业体系和制造能力，并且造就了一支强大的武装力量，还是核武器拥有国。虽然民主转型后，南非新政府放弃了核武器，并降低了国防预算的投入，但与其他非洲国家相比，南非依然具有坚实的军事基础，具有显著的军事优势。鉴于在非洲大陆的相对军事优势，南非采取了防御性和非威胁性的军事姿态，这样有助于与非洲国家建立积极的信任关系。①

正是在非洲特别是南部非洲地区具有显著的优势地位，因此在非洲大陆和地区经济发展与安全建设中发挥领导作用便成了南非的“天然角色”。② 从非国大的政治报告到南非国际关系与合作部的外交政策文件，都明确提出南非要在非洲大陆发挥领导作用。南非国防部所发布的防务评估

① “White Paper on National Defence for the Republic of South Africa”, May 1996, http://www.dod.mil.za/documents/WhitePaperonDef/whitepaper%20on%20defence1996.pdf.

② Interview with Prof. Khadiagala, 12 November, 2012.

报告也指出，南非是非洲的地区大国，有义务在非洲大陆承担领导角色。[①] 基于对自身实力地位的认识和判断，追求在非洲大陆发挥领导作用成为后种族隔离时代南非决策层的基本政治共识。然而，如果以撒哈拉以南非洲地区以及整个非洲大陆作为衡量对象，南非的权力辐射力则由近及远趋于下降，在南部非洲地区的主导地位让位于整个非洲大陆的相对优势地位。[②] 因为全球影响力的发挥有赖于其在所在地区的权力地位，所以如何继续维持在南部非洲地区的主导地位并积极寻求在整个非洲大陆的领导角色，成为南非寻求大国地位的战略基础。

与邻国相比，南非如此强大，不可避免要发挥一种领导性作用，甚至是主导性的地区角色。然而，问题是南非如何塑造这一角色，以及其他国家做出何种反应，[③] 即南非如何利用自身权力追求地区和大陆的领导角色？虽然国际和地区权力结构可以解释南非追求非洲大陆领导角色的动机，但是无法有效解释南非追求这一领导角色所采取的外交方式和举措。因为在种族隔离制度结束之前，南非为维护国内白人政权和在非洲的优势地位，总体上对非洲邻国采取了对抗和施压的单边主义政策；种族隔离制度结束之后，国际和地区权力结构的转变为南非充当地区领导角色创造了更为有利的战略机遇，但南非对非政策的总体方式由对抗转向了合作。导致这种转向的根本原因在于，南非国内的政治结构由白人主导转变为非国大上台执政。维持在南部非洲地区的主导地位并积极追求在非洲大陆的领导角色依然是非国大政府的战略追求，也是南非追求大国地位的战略保证。非国大政府所秉持的民主人权理念和对非洲国家身份的认同，重塑了南非的国家利益认知。即在南非新政府看来，通过合作方式建构非洲大陆的政治经济秩序，通过多边主义追求在非洲大陆的领导地位，既有助于提高其担当领导角色的合法性，也符合其国家利益。

然而，民主人权理念与非洲国家的基本政治结构存在内在的紧张关系，即非洲国家的政治现实与西方意义上的民主人权原则相去甚远。以南

---

① "South African Defence Review 2015", http://www.dod.mil.za/documents/defencereview/Defence%20Review%202015.pdf.

② Chirs Alden and Garth Le Pere, "South Africa in Africa: Bound to Lead?", *Politikon*, Vol. 36, No. 1, April 2009, pp. 145 – 169.

③ James Barber, *Mandela's World: The International Dimension of South Africa's Political Revolution 1990 – 1999*, Oxford: James Currey Ltd., 2004, pp. 183 – 184.

非所坚持的民主人权标准去衡量非洲国家的现状显然存在难以克服的矛盾。如果固守民主人权原则，那么势必产生对其他非洲国家进行干涉的冲动。这种基本的矛盾情势对新南非初期的外交实践构成严峻挑战。虽然曼德拉政府强调通过合作方式解决民主人权问题，但当民主人权理念与非洲国家身份发生冲突时，曼德拉更加偏好坚持民主人权原则，这种外交政策选择面临被非洲国家孤立的风险，也极大地推高了南非发挥领导作用的成本。因此，在曼德拉政府后期，尤其是姆贝基上台执政后，南非在不同的外交原则之间重新进行了权衡，由此更加强调自身的非洲国家属性。虽然民主人权原则依然是南非外交话语和实践的重要组成部分，但在将这一原则贯穿到对非外交工作时，南非改变了种族隔离结束之初的单边主义政策。加强与非洲国家的团结与合作，并以多边主义方式追求在非洲大陆的战略目标，逐渐成为南非对非外交的一项基本原则。其中的典型案例是，在对待津巴布韦危机问题上，南非并未追随西方进行孤立和施压，而是采取了“静悄悄”外交战略。这一软性的外交方式确保了津巴布韦以及南部非洲地区的基本政治稳定，同时也提高了南非在解决非洲冲突问题上的领导力。

总的来看，面对变化了的国际和地区结构，南非新政府在追求地区领导角色的过程中采取了如下几种方式。第一，强调加强非洲大陆和地区的制度建设，致力于将非洲大陆建设成以规则为基础的国家间体系。第二，通过综合性解决办法改变非洲大陆日益边缘化的趋势，即推动地区经济一体化与非洲发展新伙伴计划，促进非洲大陆与地区的经济发展，通过非洲互查机制促进非洲国家的民主化进程和改善国家治理能力。可以说，非洲发展新伙伴计划与非洲互查机制构成了姆贝基政府非洲复兴战略的核心。第三，通过调解、斡旋、协商等政治方式解决非洲大陆的安全问题。在南非决策精英看来，只有通过协商方式，照顾冲突各方利益，通过达成权力共享与妥协才能保证持久和平与安全，而诉诸武力只会导致安全形势的进一步恶化。以政治对话取代对抗冲突也是南非实现和平民主转型的基本经验。

第一节　超越民主与人权：非洲团结压倒一切

反种族隔离斗争时期，非国大为争取南非实现民主与人权以及非洲国家尤其是南部非洲国家为支持非国大的解放斗争所做的努力导致新南非产生了两种基本的自我身份认知：民主人权国家和非洲国家。正是基于这种自我身份认知，非国大政府将民主人权作为指导外交实践的基本原则，将非洲大陆尤其是南部非洲地区作为其外交政策的优先考虑对象。这种自我身份认知将推进国际社会的民主和人权视为国家利益的延伸，而对非洲国家身份和泛非主义意识形态的认同则意味着要加强与非洲国家的团结与合作。然而，推动人权和民主可能在实践中与优先考虑泛非主义者之间的团结存在矛盾。①

曼德拉执政后，南非外交政策弥漫着一种理想主义和国际主义情怀，尤其强调自我身份认知中民主人权的一面。一方面，强调民主和人权原则有助于巩固南非政治转型成果，提高政权合法性；另一方面，在外交政策中强调民主人权原则，有利于提高其道德影响力和软实力，并有助于促进南非加速融入国际社会。然而，非洲大陆民主制度不健全的政治形势往往与非国大的民主人权外交原则存在明显的冲突。因此，如何调适这两种基本的自我形象认知之间的矛盾成为非国大政府外交实践中面临的最大挑战。民主转型后南非新政府在应对尼日利亚危机和莱索托危机时所采取的政策手段充分暴露了推进民主人权原则与坚守非洲团结原则之间的矛盾。

一 尼日利亚危机：民主人权原则的困境

尼日利亚于 1901 年 1 月开始沦为英国的保护地，通过不断发动殖民战争和蚕食，英国将整个尼日尔河地区置于其控制之下，并于 1914 年将其更名为“尼日利亚殖民地与保护国”。第二次世界大战之后，民族解放运动不断发展，迫于尼日利亚人民要求独立的呼声日益高涨，英国政府决定以代议制和联邦制为基础允许尼日利亚实现自决。1960 年 1 月，尼日利亚正式脱离英国而独立，并于 1963 年宣布成立联邦共和国。然而，尼日利亚的独立并没有为其民众带来福祉。长期的军政权统治逐渐滋生了一种腐败文化，石油红利被用于维持军政权的持续统治，而不是改善民生。因此，尼日利亚的政治制度安排不仅缺乏西方意义上的民主传统，而且与南非所倡导的人权原则也背道而驰。

① David Black, “The New South Africa Confronts Abacha's Nigeria: The Politics of Human Rights in a Seminal Relationship”, *Commonwealth and Comparative Politics*, Vol. 41, No. 2, June 2003, p. 38.

1993 年 11 月，来自尼日利亚北部地区的塞尼·阿巴查（Sani Abacha）将军发动军事政变，将尼日利亚置于其统治之下。阿巴查将军上台后，大肆镇压反对派，重组军事机构以保证军队对其效忠，同时逮捕前总统奥巴桑乔将军以及肯·萨罗－维瓦等政治活动家。尼日利亚的政治形势对刚刚成立的非国大民族团结政府构成严峻挑战。对将民主人权作为外交原则的南非而言，如何应对尼日利亚危机成为南非新政府面临的一大棘手难题。最初，曼德拉对尼日利亚采取了“静悄悄”外交政策，希望通过精英接触与对话促使尼日利亚回归民主和尊重人权。新南非政府派遣了副总统姆贝基以及大主教图图等具有影响力的政治精英与宗教领袖赴尼日利亚开展对话，希望阿巴查将军释放政治犯，并开启民主进程。最初，曼德拉总统对这种软外交方式持乐观态度，在英联邦新西兰峰会期间还为其对尼日利亚外交政策进行辩护。然而，正是在此次英联邦首脑峰会上传来了阿巴查将军对人权活动家萨罗－维瓦和其他几名奥贡尼人民生存运动（Movement for the Survival of the Ogoni People）领袖执行死刑的消息。这一事件不仅令曼德拉在各国元首面前颜面扫地，而且也折射出南非所谓“安静外交”政策在面对尼日利亚军政权时的苍白无力。

面对这种突如其来的政治情势，曼德拉极为愤怒，迅速改变了之前斡旋和对话的政治立场，转而采取了强硬施压的政策方式。他不仅推动英联邦国家与政府首脑会议暂停了尼日利亚英联邦成员的资格，而且召回了南非驻尼日利亚的外交代表。在接受英国广播公司世界新闻台（BBC WORLD）采访时，曼德拉将阿巴查称为“野蛮的独裁者”，在非洲国家历史上从来没有一个国家元首用如此尖锐的语言指责另外一个国家的元首，曼德拉再次缔造了历史。[①] 除了进行外交言辞上的批判外，南非政府还要求国际社会对尼日利亚进行石油禁运、经济制裁以及政治孤立。此时，南非对尼日利亚的外交方式与种族隔离时代非国大反对南非白人政权的策略极为相似。曼德拉期待通过强硬的外交方式迫使阿巴查政权做出让步，推动尼日利亚民主转型和尊重、保护人权。

然而，曼德拉的努力没有产生任何结果。西方国家继续购买尼日利亚的石油，非洲国家也没有兴趣与尼日利亚进行对抗。它们不是把尼日利亚

① Duodu，“Nigeria：How Mandela Stood Tall for Ken Saro－Wiwa”，*New African*，446，December 2005.

视为人权的践踏者，而是将其视为支持其他非洲国家解放斗争的大陆领袖，并且是非洲统一组织的一个主要贡献者。它们批评曼德拉破坏了非洲的团结。[①] 南非新政府在处理尼日利亚政治危机的过程中过于坚持民主人权原则从而导致其陷入空前的孤立状态。同时，南非决策精英突然意识到，这种孤立状态有可能导致其付出极为高昂的政治成本。为摆脱政治僵局，南非逐渐转变强硬的外交立场，并且开始恢复与尼日利亚政府的接触。1998 年，阿巴查将军的去世为南非与尼日利亚外交关系的改善提供了机会。

1994 年，因为来自尼日利亚的政治难民将对南非产生不利影响，所以南非别无选择只能介入尼日利亚危机，然而南非新政府并不具有清晰的对尼日利亚政策的指导方针。[②] 最初，曼德拉政府采取了“安静处理”的方式，即强调通过政治精英之间的对话与协商使阿巴查政权转变态度，释放政治犯并开启民主进程。然而，当这一外交目标因政治犯被处以死刑而破灭时，南非的外交方式遂由温和转变为强硬，要求国际社会对尼日利亚进行经济制裁和外交孤立，并且鼓动尼日利亚公民社会组织反对阿巴查政权。

然而，曼德拉的强硬立场不仅没有得到非洲国家的支持，反而使自身陷入了孤立的困境。为摆脱这种不利处境，南非政府选择恢复与尼日利亚的接触与对话。南非新政府外交方式的不断变化被诸多学者批判为缺乏连贯性和一致性。就其根源而言则反映了新南非基本的外交理念和原则之间的内在冲突和紧张。当民主人权原则与非洲国家团结原则之间发生冲突时，曼德拉更加强调前者的重要性，然而其代价便是存在被非洲国家孤立的政治风险。通过此次危机，新南非逐渐意识到，作为一个单独国家而行动自身影响所具有的潜在局限性。[③] 此后，民主与人权仍然是新南非重要的自我身份认知和外交政策指导原则，然而在外交实践中则更加强调非洲属性的重要性，即非洲团结压倒一切。

---

① James Barber, “The New South Africa’s Foreign Policy: Principles and Practice”, *International Affairs*, Vol. 81, No. 5, 2005, p. 1084.

② Thembi Majola, “South Africa’s Policy towards Nigeria Post 1994”, in Kato Lambrechts, eds., *Transition to Democracy in Nigeria: How South Africa Assist?* Brammfontein: The Foundation for Global Dialogue, 1998, p. 51.

③ “Developing a Strategic Perspective on South African Foreign Policy”, *ANC Discussion Document*, July 1997.

二　莱索托危机：军事干预的后果

莱索托王国（原巴苏陀兰，Basutoland）于1884年成为大英帝国在南部非洲地区的三个保护地之一（另外两个保护地为斯威士兰和博茨瓦纳）。虽然英国利用当地酋长的权威对该地区进行统治，但二战后巴苏陀兰内部的政党政治日益发展，20世纪50年代后该国出现了三个主要政党：巴苏陀兰大会党（BCP）、巴苏陀兰国民党（BNP）和自由党（FP）。伴随着民族解放运动的日益高涨，巴苏陀兰于1966年10月4日脱离英国而独立，并更名为莱索托王国，最高酋长莫舒舒国王二世（Moshoeshoe Ⅱ）为国家元首，巴苏陀兰国民党领袖乔纳森酋长（Jonathan）任政府首相。

1970年1月该国迎来独立后的首次大选，反对党巴苏陀兰大会党赢得议会多数议席，然而乔纳森酋长拒绝发布选举结果，并逮捕大量反对派领导人，将国王流放，从而继续维持对莱索托的控制。1986年亲南非的贾斯汀·莱哈尼耶（Justin Lekhanya）将军发动军事政变，罢免了乔纳森政府首相的职务，恢复国王为国家元首，并在莱索托建立了军政府。由于莫舒舒国王二世与莱哈尼耶领导的军事委员会存在政见分歧，军政府罢免了其王位并将其长子莫哈托（Mohato）扶持为新国王，是为莱齐耶国王三世（Letsie Ⅲ）。1991年4月，拉马艾马（Ramaema）将军发动了一场成功的军事政变，导致莱哈尼耶被迫辞职，并承诺解禁政治活动和进行民主选举。1993年3月，莱索托迎来该国历史上第二次民主选举，巴苏陀兰大会党赢得选举胜利，该党领导人恩特苏·莫赫勒（Ntsu Mokhehle）担任首相。1994年8月，莱齐耶国王试图解散巴苏陀兰大会党领导的政府，结果酿造了一场政治危机。经过南非、津巴布韦和博茨瓦纳的调解与斡旋，1995年1月莫舒舒重新恢复王位，从而使莱索托政治秩序得以暂时恢复。

1997年执政党巴苏陀兰大会党内部发生分裂，最终该党领导人莫赫勒退出该党并另立新党——莱索托民主大会党（Lesotho Congress for Democracy）。1998年5月，莱索托迎来第三次民主选举，最终莱索托民主大会党赢得压倒性胜利，并任命前副总理帕卡利塔·莫西西里（Pakalitha Mosisili）为政府首相。虽然国际观察员称此次选举为自由公正的大选，但是主要反对派认为大选存在舞弊。大量抗议者在国王宫殿外进行示威，要求国王宣布选举无效并重新举行大选。在莱索托民主大会党的请求下，南非、博茨瓦纳和津巴布韦成立三国委员会以对选举结果进行调查。该委员会由南非司法部长皮修斯·兰卡（Pius Langa）法官领导。兰卡委员会的调查报告称，选举过程存在不规范选举现象，但是并未从根本上影响选举结果。[①] 显然，兰卡调查报告有助于维持现状，这导致抗议者人数不断增多，暴力不断升级。

面对莱索托不断升级的暴力情势以及对发生政变的潜在预期，曼德拉改变了通过斡旋解决政治危机的立场。在莱索托首相的请求下，南非国防军于 1998 年 8 月 22 日派遣了 600 名军事人员对莱索托进行军事干预，随后在南非的请求下博茨瓦纳派遣 200 名士兵，从而可以使其得以以南部非洲发展共同体的名义进行军事干涉。南非的军事干预使莱索托的政治冲突逐渐平息，政治秩序得以恢复。随后，南部非洲发展共同体建议莱索托成立过渡委员会进行权力分享安排，并准备 2000 年的民主选举。

虽然南非的军事干预使莱索托恢复了政治秩序，但是军事干涉也遭到莱索托民众的极力反对，反对党甚至将南非的军事干涉视为“外部入侵”。而且，在很多人看来，这是南非运用其霸权力量对地区邻国的内部事务进行粗暴干涉。有学者认为南非的军事干涉被证实是一场灾难。由于认为莱索托缺乏情报和设备陈旧，南非军队预计不会遭到抵抗。然而，在此次事件中，南非的军事人员遭到莱索托内部不满分子的围攻，并导致八名南非人被杀，在秩序恢复前莱索托也遭到了严重破坏。[②] 其中，1045 家商店遭到破坏，损失高达 9700 万兰特，单就南非的军事干预行动而言，成本高达 3000 万美元。[③]

面对莱索托政治危机，曼德拉政府最初强调通过政治斡旋与外交方式加以解决，然而当暴力活动不断升级，政治秩序日益恶化时，曼德拉断然对这一山地小国动用了武力。虽然军事干预导致该国政治秩序得以恢复并逐渐向民主制度过渡，但同时也对南非提出如何使用军事力量的问题。因为，对邻国内政的军事干预存在强化种族隔离政府时期白人政权形象的危险，与南非新政府所倡导的与邻为伴、多边主义的外交理念相矛盾。

① SAIIA, *South African Yearbook of International Affairs 1999/2000* , Johannesburg: South African Institute of International Affairs, 1999, p. 33.

② James Barber, “The New South Africa's Foreign Policy: Principles and Practice”, *International Affairs*, Vol. 81, No. 5, 2005, p. 1085.

③ SAIIA, *South African Yearbook of International Affairs 1999/2000* , Johannesburg: South African Institute of International Affairs, 1999, p. 34.

对莱索托的军事干预使南非突然陷入一种政治两难的境地。一方面，南非在南部非洲地区具有绝对优势地位，利用其显著的经济与军事力量，南非在南部非洲地区经济发展与安全建设中本可以发挥一种霸权性的领导角色。然而，另一方面，任何力量的过度使用都可能导致邻国的敏感反应，从而使自身陷入孤立状态。这种政治两难迫使南非在武力的使用上极为谨慎，尤其是莱索托危机之后，南非尤其强调在多边主义框架下运用其军事力量，即通过联合国、非洲统一组织（非盟）以及南部非洲发展共同体等多边组织参与非洲地区的安全建设活动。

三　非洲团结压倒一切

非国大通过反种族隔离运动的斗争实践形成了两种基本的自我身份认知，即新南非是一个民主人权国家和非洲国家。1994 年之后，非国大由反对白人政权的民族解放运动转变为新南非的执政党，并将这种自我身份认知转变为外交政策的指导原则。一方面，新生的非国大政府强调要在世界范围内推动民主化进程，支持其他国家的人权建设。对民主人权原则的坚持存在与不干涉内政原则相冲突的风险。另一方面，新南非强调要改变白人执政时期所建构的霸权形象，与非洲国家建立真正的伙伴关系，通过多边主义与合作方式促进非洲大陆的经济发展和安全建设。

然而，民主人权原则与非洲国家团结原则在实践操作中却存在矛盾和冲突的风险。这是因为新南非对民主和人权原则的理解与西方的价值观念相一致，然而大部分非洲国家缺乏西方意义上的民主制度和对人权的保护。在外交实践中，这两种理念往往使南非处于一种两难境地。尼日利亚危机和莱索托危机是对新南非外交政策和方式的基本考验。曼德拉政府强调民主人权原则的重要性，因而面对阿巴查政权处决反对派政治犯的行为，曼德拉做出进行经济制裁和外交孤立的反应行动；面对莱索托政治动荡阻碍民主进程的形势，曼德拉则动用武装力量进行军事干涉，这种强硬的外交行动导致与非洲国家团结原则的背离。曼德拉政府不仅面临被非洲国家孤立的政治风险，而且他本人被尼日利亚政府批评为白人国家的黑人元首。新南非逐渐意识到，民主人权原则固然重要，但是凭借南非自身的实力仍然难以承担被孤立以及与非洲国家对峙的成本。通过对这两次危机事件的处理，新南非逐渐认识到非洲国家团结的重要性。特别是姆贝基上台后，南非逐渐由对民主人权原则的坚持转向“非洲团结压倒一切”。

通过对尼日利亚危机和莱索托危机两个案例的分析不难发现，曼德拉政府试图在非洲大陆事务中发挥一种领导性作用。然而，在具体外交实践中他更加强调民主人权原则的重要性，因此南非的领导战略遭遇的更多是非洲国家的反对和孤立而不是支持。通过对这两次危机事件的处理，南非逐渐由对民主人权原则的强调转向对非洲国家团结的重视。尤其是姆贝基担任总统以后，由于具有强烈的泛非主义意识形态，南非对非洲国家团结原则的强调更加明显。更为重要的是，姆贝基通过反对帝国主义、殖民主义以及新殖民主义等言辞宣传进一步强化了对非洲国家团结的认同和支持，其目的在于实现“非洲人解决非洲事务”（即非洲的彻底自决），避免域外力量的干预。当然，在整个过程中南非要发挥一种建设性的领导作用。

这两次危机事件进一步强化了新南非合作领导的意识，即领导是多元的，而非单一的。姆贝基上台后，开始强调加强与地区性大国（如尼日利亚、阿尔及利亚、埃及等）的战略关系来实现非洲复兴；在权力的运用上，强调强化大陆与地区的制度框架，并建立一个以规则为基础的非洲国家间体系；通过多边主义方式推动其外交政策中的民主人权原则，而非直接诉诸武力。南非决策精英逐渐认识到，利用南非自身的优势地位，通过在大陆制度建设、政治经济发展以及安全建设上提供公共产品等方式更能提高南非领导角色的合法性，而单边主义与运用武力只会导致深陷孤立的命运。

第二节　南非与非洲的地区制度建设

种族隔离时代，南非白人政权几乎被排除在所有非洲大陆的多边组织之外，因此陷入一种极端孤立的境地。1994 年之后，新南非逐渐加入非洲大陆和南部非洲地区的多边组织，并试图在强化地区制度建设方面发挥领导作用。努力强化非洲大陆与南部非洲地区的制度建设，提高地区制度的治理能力，并通过多边机制解决整个大陆所面临的共同挑战（例如传统安全、恐怖主义、经济欠发达、气候变化等）成为新南非追求地区领导角色的重要方式。加强制度建设不仅可以培育非洲国家之间的合作精神，而且可以通过集体力量提高非洲大陆在国际体系中的地位。

南非之所以强调加强地区制度建设，并通过多边主义方式解决非洲所面临的问题，主要是由以下几个方面因素所决定的。第一，虽然从经济和军事角度衡量，南非在南部非洲地区处于一种主导地位，在整个非洲大陆也具有优势地位，但是面对非洲50多个国家的复杂经济形势与政治安全形势，南非仍然无法依靠自身力量加以解决。因此，通过加强制度建设，依靠集体力量解决非洲所面临的问题更具有可行性。非国大在其外交政策讨论文件中明确认识到自身的局限性，认为南非在非洲统一组织中的经验有限，需要加强对该组织的了解，同时需要与南部非洲发展共同体一道在联合国等多边舞台上就全球性问题协调立场。① 第二，通过对尼日利亚危机与莱索托危机的处理，南非决策精英逐渐认识到单边主义方式所具有的局限性。通过多边主义方式解决问题，不仅可以提高对外行为本身的合法性，而且可以避免邻国对南非的实力地位产生恐惧心理。这样可以为南非塑造有利的地区环境，为南非在地区发挥领导作用创造条件。第三，南非通过地区制度可以将自身所偏好的原则、规范、价值观等加以内化，形成国家间互动的规则。通过规则塑造国家的行为，而非通过武力强制改变，即以最小的成本实现最大化的利益。

在南部非洲地区和非洲大陆主要有三项制度安排（非洲统一组织/非盟、南部非洲发展共同体、南部非洲关税同盟）与南非存在密切联系。在南部非洲地区，南非利用自身的主导地位强化南部非洲关税同盟和南部非洲发展共同体的制度建设，在整个非洲大陆则强调通过与地区性大国的合作促进非洲统一组织向非洲联盟的转型。后种族隔离时代，在以上三种制度安排建设中，南非都充分发挥了领导作用。

一　重组南部非洲关税同盟

南部非洲关税同盟（Southern Africa Custom Union）是世界上建立最早的关税联盟，于1910年由南非联邦与英国在南部非洲地区的三块殖民保护地（巴苏陀兰、博茨瓦纳和斯威士兰）组成。1990年纳米比亚取得独立后加入了南部非洲关税同盟。20世纪60年代，莱索托、博茨瓦纳和斯威士兰相继脱离英国独立后，成员国就关税同盟协定重新举行谈判，并最终于1969年12月达成新的协定。在种族隔离时代，南非白人政权制定了有利于其他成员国的税收分配准则，目的是约束新独立的成员国在政治上与种族隔离政

① “Foreign Policy for South Africa: Discussion Document”, 1996, http: //www. gov. za/documents/foreign - policy - south - africa - discussion - document - 0.

权保持密切关系，而它们要付出的代价，尤其是莱索托和斯威士兰，则是在打击该地区日益严重的民族解放运动方面与南非白人政权保持政治一致。[①]

20世纪80年代以来，成员国对关税同盟的制度安排日益表现出不满情绪，南非抱怨现有的税收分配准则使南非承担的成本日益严重。到1984年，除南非外的其他成员国分享的关税份额增加到了12.2%，这导致南非分享的比例降低到了87.8%。20世纪80年代末90年代初的数据显示这一趋势在不断持续和深化。到1991～1992年，除南非外其他成员国的分配份额增加到了32%，1992～1993年维持在34%。[②]其他成员国则抱怨关税同盟决策机制缺乏民主、地区工业发展不平衡以及南非向成员国倾销缺乏竞争力的产品等。尽管如此，成员国的不满情绪既没有导致关税同盟在80年代启动改革进程，也没有导致关税同盟的破裂。

1994年南非民主转型以及关贸总协定降低全球关税水平的努力促使成员国将关税同盟的改革提上议事日程。曼德拉承诺，南非新政府将在更广泛的地区安排框架内推动南部非洲关税同盟制度的民主化，消除现存安排的障碍以实现更加平衡的工业发展。[③]经过长达八年的对话谈判，成员国最终于2002年10月21日达成新的关税同盟协定，并于2004年7月15日生效。成员国同意以共同的制度安排为基础建立民主透明的决策机制以推动地区工业和经济发展。在人口、国内生产总值、制造业产出和商品出口等方面，南非在南部非洲关税同盟中的占比达85%～90%。因此，新的南部非洲关税同盟协定反映了该组织最具影响力和最强大的成员国——南非的根本政策再调整。[④]与种族隔离时代关税同盟的制度安排相比，2002年协定取得了重要创新，主要体现在以下几个方面。

第一，制度框架更加完整，组织结构更加完善。根据2002年协定，南部非洲关税同盟建立了新的制度框架，包括部长理事会、关税同盟委员会、秘书处、关税董事会、审理委员会、技术联络委员会等。如图3－1所

---

① Wolff－Christian Peters, *The Quest for an African Economic Community: Regional Integration and Its Role in Achieving African Unity－The Case of SADC*, Berlin: Peter Lang, 2010, p. 68.

② Richard Gibb, "Southern Africa in Transition: Prospects and Problems Facing Regional Integration", *The Journal of Modern African Studies*, Vol. 36, No. 2, 1998, p. 300.

③ Nelson Mandela, "South Africa's Future Foreign Policy", *Foreign Affairs*, Vol. 72, No. 5, 1993, pp. 92－93.

④ Richard Gibb, "The New Southern African Customs Union Agreement: Dependence with Democracy", *Journal of Southern African Studies*, Vol. 32, No. 3, Sep. 2006, p. 603.

示，部长理事会为最高决策机构，由成员国的财政部长和贸易部长组成，负责关税同盟的决策以及对政策执行进行监督；关税同盟委员会为最高执行机关，由来自成员国财政部和贸易部的高级官员组成，负责执行2002年协定以及理事会所做出的决策；秘书处是关税同盟常设机构之一，总部位于纳米比亚首都温得和克，负责关税同盟的日常行政工作，同时负责协调和管理理事会与委员会的各项决议；关税董事会由来自成员国的税收以及贸易专家组成，就关税水平、关税的调整以及贸易措施等向理事会提出建议；审理委员会为关税同盟的法律机关，负责对各项法律条款做出解释，并就成员国间的贸易争端做出调解，审理委员会的决定具有法律约束力；技术联络委员会包括农业联络委员会、税收联络委员会、贸易和工业联络委员会、交通运输联络委员会、金融技术联络委员会，主要负责不同功能领域的具体事务。2010年为庆祝南部非洲关税同盟成立100周年，成员国举行首脑峰会，并明确将国家与政府首脑峰会制度化。

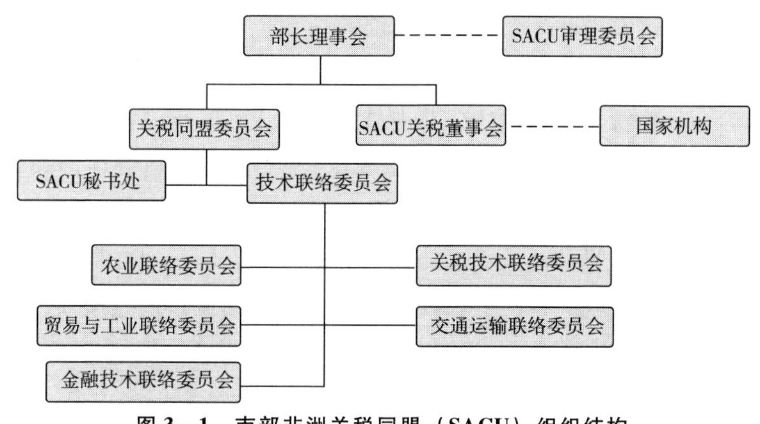

图3-1　南部非洲关税同盟（SACU）组织结构

资料来源："SACU Annual Report 2007/2008", https://www.sacu.int/docs/reports_annual/2007/annual_report.pdf.

第二，决策机制和过程更加民主。种族隔离时代，南部非洲关税同盟是由南非白人政权控制和主导的，不仅缺乏常设的管理机制，而且弱小成员国不具有决策权。2002年协定确立了部长理事会的决策地位，部长理事会实行多数表决和集体领导，这样便保证了莱索托、斯威士兰等弱小成员国对决策进程的参与。同时，部长理事会和关税同盟委员会主席职位由成员国轮流担任，每年轮换一次，这也彰显了制度安排的民主性质。此外，关税同盟需作为一个整体与第三方开展贸易谈判，避免成员国单独与第三方达成与集体利益相悖的交易。

第三，通过制度安排照顾弱小成员国的利益。种族隔离时代，虽然南非白人政权维持了有利于其他成员国的税收分配准则，但是其条件是要求其他弱小成员国在政治上与种族隔离政权保持一致。在后种族隔离时代，南非新政府在政治平等的基础上继续通过"共同关税池"安排在关税分配上向弱小成员国倾斜。新的共同关税池包括三个组成部分：关税、消费税和发展。这种关税分配准则考虑了弱小成员国的社会经济表现和发展需求。[①] 此外，南部非洲关税同盟还制定了共同的工业政策，以促进地区工业平衡发展。2017 年 6 月在斯威士兰召开的第五届南部非洲关税同盟国家元首和政府首脑会议，承诺要建立稳定基金，探索建立地区工业化融资机制的可行性，强调部长级工作小组要优先促进工业发展和开发具体的跨境项目，以促进地区工业化。[②]

总之，新南非在南部非洲关税同盟的制度建设和能力强化上发挥了关键的领导作用。在南非的领导下，南部非洲关税同盟不仅建立了永久性常设秘书处，而且决策机制更加趋于民主化。可以将南部非洲关税同盟视为新南非为地区经济发展提供的公共产品。通过这一制度安排（成员国间商品实行免税自由流通，对外实施统一关税），一方面可以确保南非国内资本、商品等生产要素，尤其是在国际市场缺乏竞争力的产品在地区内部的扩张，另一方面依靠共同关税池的税收分配准则，弱小成员国也可获得相应补偿。例如，共同关税池的税收收入仍然在较小成员国财政收入中占据重要地位。2007 年，共同关税池的税收分配在莱索托、斯威士兰、纳米比亚的整个税收收入中分别占到了 55%、71% 和 40%。[③]

二　发展南部非洲发展共同体

南部非洲发展共同体（Southern Africa Development Community，简称南共体）的前身是1980 年 4 月由南部非洲九个新独立国家（安哥拉、博茨

① Wolff – Christian Peters, *The Quest for an African Economic Community: Regional Integration and Its Role in Achieving African Unity – The Case of SADC*, Berlin: Peter Lang, 2010, p. 70.

② "COMMUNIQUÉ", 5th Summit of The SACU Heads of State and Government, Lozitha, Swaziland, http://www.sacu.int/docs/pr/2017/pr0623.pdf.

③ "SACU Annual Report 2007/2008", https://www.sacu.int/docs/reports_annual/2007/annual_report.pdf.

瓦纳、莱索托、马拉维、莫桑比克、斯威士兰、坦桑尼亚、赞比亚和津巴布韦）在赞比亚首都卢萨卡成立的南部非洲发展协调会议（Southern Africa Development Coordination Conference）。南部非洲发展协调会议的首要目标是减少对国际社会，尤其是南非种族隔离政权的经济依赖，同时成员国在不同功能领域以及吸引外部援助方面进行政策协调。虽然该组织在降低对南非种族隔离政权的依赖上面并没有取得多少实质性成果，却培养了一种区域合作的意识和精神，这为未来南部非洲地区一体化奠定了基础。

20 世纪 90 年代初，冷战的结束以及对南非民主转型的高度预期为南部非洲发展协调会议的转型提供了外部动力。1992 年 8 月，南部非洲发展协调会议成员国首脑齐聚纳米比亚首都温得和克，签署《南部非洲发展共同体条约》，从而将组织松散的南部非洲发展协调会议转变成了具有法律约束力的南部非洲发展共同体。根据温得和克条约，南共体确立了 21 个不同的功能领域，每个成员国至少负责一个功能领域的协调与规划活动，例如安哥拉负责能源、毛里求斯负责旅游、津巴布韦负责食品和安全等。1994 年 4 月南非实现民主转型之后于当年 8 月加入南共体，开始负责南共体内部金融与投资领域的协调活动。

虽然由南部非洲发展协调会议向南部非洲发展共同体的转变是地区合作的一项重要进展，但是南共体的地区制度仍然相当脆弱，该组织直到目前并没有执行其宣言，① 而且成员国在是否应将政治安全合作纳入南共体的框架内等问题上亦存在明显分歧。制度本身的内在缺陷既为南非在地区制度建设上发挥领导作用提供了机遇，同时也对其地区外交构成了严峻挑战。作为南部非洲的地区性大国，南非主张转变南共体以部门为导向的松散框架，强调决策权力的集中，并强化秘书处的功能。经过漫长的协调努力，成员国最终在 2001 年温得和克特别峰会上就强化南共体的制度能力达成了共识。此次峰会之后，原来 21 个松散的、由成员国分别管理的功能部门被划分为 5 个不同大类的功能领域，由秘书处统筹协调。南共体制定了为期 15 年、预计分 5 个阶段完成的地区战略发展计划（Regional Indicative Strategic Development Plan），这意味着该组织正由单纯的地区合作向地区一体化方向迈进。如图 3－2 所示，经过改革，南共体决策机制变得更加集

① Anne Hammerstad, "Domestic Threats, Regional Solutions? The Challenge of Security Integration in Southern Africa", *Review of International Studies*, Vol. 31, Issue 1, 2005, p. 72.

中，首脑峰会成为最高决策机构，负责制定政策规划、选举产生南共体主席、任命执行秘书等；部长理事会负责向首脑峰会提供政策建议并对各功能领域的执行情况进行监督；秘书处为南共体日常行政机关，负责行政管理和执行具体政策。首脑峰会和部长理事会实行集体领导原则，即由上届主席、现任主席与下届主席组建“三驾马车”，进行集体领导。

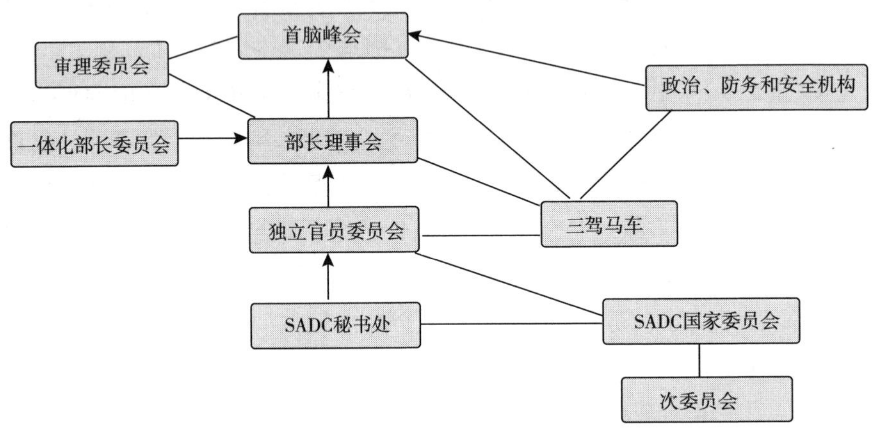

图 3-2　南部非洲发展共同体（SADC）组织结构

资料来源：“SADC DFRC Annual Report 2008”，https：//www. sadc - dfrc. org/sites/default/files/AnnualReport2008 - 2. pdf.

除了强化南共体的制度能力，提高其在地区合作进程中的地位外，南非强调地区安全合作结构必须置于南部非洲发展共同体框架下，并向首脑峰会负责，然而津巴布韦试图在地区安全合作中扮演领导角色的努力对南非的主张构成了严峻挑战。在种族隔离时期，前线国家集团构成了南部非洲地区安全合作的制度框架，而津巴布韦则在领导前线国家集团反对种族隔离政权方面发挥了重要作用。在后种族隔离时代，成员国主张对安全合作的制度框架进行改革，结果在1996年南共体哈博罗内（Gaborone）特别峰会上建立了政治、防务与安全合作机构（Organ on Politics，Defense and Security），此次峰会决定将前线国家集团的国家间防务与安全委员会作为政治、防务与安全合作机构的机制之一加以保留。然而成员国在政治、防务与安全合作机构与南共体之间的关系上并没有达成共识，即政治、防务与安全合作机构是南共体制度框架的一部分，还是独立于南共体的制度框架？时任津巴布韦总统穆加贝试图将政治、防务与安全合作机构设计成独立于南共体的平行结构，同时，该机构的主席与南共体的主席具有同等的权力地位。当然，政治、防务与安全合作机构的主席则由穆加贝担任。津巴布韦的主张遭到了南非总统曼德拉（时任南共体主席）的强烈反对。这反映了前线国家和新的地区经济与政治“超级大国”南非之间的矛盾，而这种争端的实质则是南非是否被接受为新的地区领导的问题。[①]

1997 年南共体布兰代尔峰会召开，由于成员国在该问题上仍没有形成共识，峰会决定暂停政治、防务与安全机构的运行。然而，穆加贝并没有放弃对该机构的领导，并利用机构主席的身份联合安哥拉、纳米比亚等成员国对刚果（金）内战进行了军事干预。虽然此后成员国间仍就该问题不断磋商，但只是到曼德拉于 1999 年不再担任南共体主席和南非总统职务后成员国才就该问题逐渐达成共识。在 1999 年南共体斯威士兰会议上，成员国原则上同意将政治、防务与安全合作机构作为南共体制度框架的一部分，并向首脑峰会负责。2001 年 3 月温得和克特别峰会上最终决定将政治、防务与安全合作机构融入南共体的制度结构，并以“三驾马车”原则为基础在峰会层次运行，同时向南共体主席负责。总体而言，南部非洲地区安全结构的改革符合南非的政策偏好，很大程度上是按照南非的价值偏好进行的。

在后种族隔离时代，南非基于一种“负债心理”强调利用自身的政治经济优势对南部非洲地区的经济一体化与安全建设做出贡献；然而由于担心被邻国视为“地区霸权”从而导致自身在地区事务中被孤立，所以南非尤其强调加强南部非洲发展共同体的制度建设。2018 年 8 月 17 日，南非总统拉马福萨在第 38 届南部非洲发展共同体温得和克峰会上的演讲中指出，南非重视南部非洲发展共同体在促进地区一体化和发展过程中所扮演的关键角色。[②] 以制度为基础，以多边主义为手段，不仅可以推进南非外交政策中的民主和人权价值观取向，而且可以提高南非对外行为的合法性，降低对外行动的成本。总体上看，南非在强化南共体的制度建设以及将安全合作纳入南共体的制度框架方面发挥了关键作用，在解决诸如更加密切的地区合作和经济一体化方面扮演了领导角色，同时借助南共体推动

---

① Wolff - Christian Peters, *The Quest for an African Economic Community: Regional Integration and Its Role in Achieving African Unity - The Case of SADC*, Berlin: Peter Lang, 2010, p. 143.

② “Maiden speech by President Cyril Ramaphosa at the 38th SADC Summit”, Windhoek, Namibia, 17 August, 2018, http://www.dirco.gov.za/department/foreign_policy_journal_december_2018.pdf.

实现地区议程。[①] 虽然存在多种缺陷，并且比期望的发展速度要慢，但毫无疑问，南共体已经成为整个非洲大陆最为成功的地区经济共同体。[②]

三 推动非统向非盟转型

二战结束后，非洲大陆逐渐出现两种自相矛盾的思潮：民族主义和泛非主义。前者要求摆脱殖民统治建立独立的民族国家，后者则要求非洲国家之间的团结并最终实现整个非洲大陆的统一。尽管存在两种似乎矛盾的趋势，但是非洲领导人普遍同意，非洲国家的团结和统一不仅可以确保形成共同阵线以保卫非洲的利益，在世界事务中赋予非洲国家更大的发言权，而且可以避免非洲大陆分裂的危险，消除经济社会迅速发展的障碍。[③] 正是在这种政治意愿与共识的基础上，非洲新独立国家领导人于 1963 年 5 月建立了非洲统一组织（Organization of African Unity，以下简称非统）。非统的基本原则为成员国主权平等；不干涉成员国内部事务；尊重成员国主权与领土完整；通过协商、斡旋、调解或者仲裁和平解决争端；毫不保留谴责颠覆活动；努力实现整个非洲大陆的彻底解放；不与任何集团结盟。[④] 显然，基于泛非主义而建立的非统的首要目标在于实现非洲大陆的去殖民化进程，通过团结与合作避免美苏两个超级大国对非洲事务的干预以维护民族主义原则。作为一个大陆范围的政治组织，非统为成员国就共同关注的国际问题以及在保卫非洲国家利益上进行政策协调提供了一个有效的论坛。

冷战结束之初，世界秩序演变为美国主导下的单极国际体系，西方国家主导的全球化与地区一体化齐头并进，而非洲在这两种进程中都显得滞后；与此同时，非洲大陆在世界体系中的地位进一步被边缘化，卢旺达大屠杀、索马里政治动荡、刚果（金）内战都暴露了非统在应对地区冲突问

① Saurombe Amos, "The Role of South Africa in SADC Regional Integration: The Making or Braking of the Organization", *Journal of International Commercial Law and Technology*, Vol. 5, Issue. 3, 2010, p. 124.

② SADC Special Report, "SADC Africa's Most Successful Regional Community", *New African*, November 2010, p. 51.

③ R. Emerson, "Pan – Africanism", in N. J. Padelford and R. Emerson, eds., *Africa and World Order*, New York and London: F. A. Praeger, 1963, p. 7.

④ Berhanykun Andemicael, *The OAU and the UN: Relations between the Organization of African Unity and the United Nations*, New York: African Publishing Company, 1976, p. 12.

题上的无能为力。在这种背景下，非洲国家领导人认为需要加强他们自身的大陆组织——非统的制度建设。[①] 南非民主转型后被接纳为非统第53个成员国。在南非决策精英看来，虽然非洲国家取得了政治上的独立地位，但是在经济上仍然依赖于西方发达国家，这种隐性的依赖关系暴露了当下的非洲仍然遭受着新殖民主义的控制。民主南非需要领导其他非洲国家转变并提高非统及其机构的能力以使其在执行"非洲复兴"议程中能够发挥高效作用。这意味着给予非统抵制新殖民主义的能力并成为领导非洲复兴的工具。[②]

虽然成员国都主张对非统进行改革，在把该组织转变成何种制度框架的问题上却存在严重分歧。在非统改革问题上存在两种竞争性观念：超国家主义模式（或曰联邦主义）和政府间主义模式（或曰功能主义）。时任利比亚总统卡扎菲主张以超国家主义模式对非统进行改革。在1999年非统苏特峰会上，卡扎菲详细阐述了其"非洲合众国"（United States of Africa）的思想，并强调非洲合众国的办公地点要设在利比亚苏特，而卡扎菲则在"非洲合众国"机制中发挥领导作用。南非强烈反对卡扎菲的超国家主义模式，主张非统应当以主权原则为基础转变为功能健全和强化的非洲联盟（African Union），而非非洲联邦。南非的战略特别强调创立规范、建立制度和创建一个非洲国家共同体，而非洲国家则以共同价值观为基础生活在共同体内。南非总统姆贝基在协调非盟的制度设计上发挥了积极和关键作用。[③] 2000年6月，非统在利比亚的黎波里召开峰会，并讨论将非统转变成非盟，同时强调非统需要强化与地区经济共同体之间的联系，并为最终建立非洲经济共同体奠定基础。此次峰会还授权非统起草非盟宪章。2000年7月，第36届非统峰会在洛美召开，此次峰会批准了非盟宪章。2001年7月卢萨卡峰会批准了非统向非盟的转型。最终在2002年南非德班峰会上，非盟正式宣告诞生，姆贝基成为非盟轮值主席国首任主席，任期一年。就非统向非盟转型的整个进程来看，最初，利比亚总统卡扎菲利用

① Lawrence O. C. Agubuzu, "The Evolution and Funding of the African Union", in U. Joy Ogwu and Warisu O. Alli, eds., *AU and the Future of Africa*, Lagos: The Nigeria Institute of International Affairs, 2008, p. 13

② "Developing a Strategic Perspective on South African Foreign Policy", *ANC Discussion Document*, July 1997.

③ Chris Landsberg, *The Diplomacy of Transformation: South African Foreign Policy and Statecraft*, Johannesburg: Pan Macmillan South Africa, 2010, p. 152.

自身的石油资产进行广泛游说，试图以超国家主义模式建立“非洲合众国”，然而最终大多数非洲国家支持了南非的主张，即以政府间主义模式建立非洲国家间联盟，南非在非统向非盟的转型过程中发挥了关键的领导作用。

2002年7月在德班所采纳的非盟的制度设计虽然某种程度上模仿了欧盟，但是整个制度框架布满了南非的印迹。[①] 根据非盟宪法法案，非盟的制度框架将包括18个新的机制：非盟大会（最高决策机构）、行政理事会（即部长理事会）、泛非议会、非盟委员会、常驻代表委员会（或曰各国驻亚的斯亚贝巴大使委员会）、专门技术委员会、经济与社会理事会以及金融机制（如非洲中央银行、非洲投资银行）等。在南非的积极斡旋甚至干预下，非盟的制度规范发生了重要变迁。

第一，将民主、人权以及善治等价值观融入非盟宪章中，并使其成为指导成员国进行治理的原则和规范。卡扎菲与其他较为保守的非洲国家领导人强烈反对将善治条款写入非盟宪章，是南非的最后干预确保了宪章草案将善治与人权文化作为从非洲发展新伙伴计划中获取收益的前提条件。[②] 的确，自1994年以来很大程度上由于南非在地区和大陆层次上所发挥的作用，非洲领导人的话语范式由不干涉内政与国家主权转向了责任、人权、民主、经济发展和创造财富。[③]

第二，由不干涉内政原则向有条件干预转变。非统的一项重要规范便是不干涉成员国内部事务，因此面对卢旺达大屠杀等地区安全问题时显得束手无策。根据非盟宪章条款，在战争罪、种族灭绝、反人类罪以及非宪政变迁等情况下，非盟具有进行干预的权力。[④] 显然，这是向超越国家主权原则迈出的关键一步。在2002年南非担任非盟主席国期间，积极推动非盟框架下的安全制度建设，引领成员国采纳非洲共同防务和安全政策，最

---

① William Mervin Gumede, *Thabo Mbeki and the Battle for the Soul of the ANC*, Cape Town: Zabra Press, 2005, p. 25.

② William Mervin Gumede, *Thabo Mbeki and the Battle for the Soul of the ANC*, Cape Town: Zabra Press, 2005, pp. 210 - 211.

③ Elizabeth Sidiropoulos and Tim Hughes, “Between Democratic Governance and Sovereignty: The Challenge of South Africa's Africa Policy”, in Elizabeth Sidiropoulos, eds., *Apartheid Past, Renaissance Future - South Africa's Foreign Policy: 1994 - 2004*, Johannesburg: South African Institute of International Affairs, 2004, p. 65.

④ “Constitutive Act of the African Union”, July 2000, https://au.int/sites/default/files/pages/34873 - file - constitutiveact_ en. pdf.

终促使非盟和平与安全理事会于 2003 年正式运行。2004 年，非盟的立法机构泛非议会将办公地点设在了南非。作为对其新的非洲信誉进行承诺的标志，南非在五年内向泛非议会提供了 6 亿兰特的资助，其中 2 亿兰特用于其最初运行，4 亿兰特用于建设议会办公大楼。[①] 同时，南非也是非盟的最大资助国之一，南非的出资额占非盟年度预算的 8.25%。

虽然存在利比亚总统卡扎菲的挑战，但是在非统向非盟转型以及非盟的制度设计、规范创新等方面南非发挥了关键的领导作用。正如有学者所言，倘若没有南非的努力，创建非盟及其和平与安全理事会的计划很可能还处于探讨阶段。[②] 正是在南非的积极推动下，非盟的制度框架得以建立，制度能力得以强化。然而，由于缺乏资源，非盟仍然面临着执行难的挑战，在非盟制度框架内的关键职位上很少有南非的代表。这也是南非外交中面临的问题。北约对利比亚的军事干预进一步暴露了非盟的能力缺陷。正是在这种背景下，南非总统祖马不遗余力进行游说，最终将南非前内政部长德拉米尼·祖马推到非盟委员会主席的职位，这不仅显示祖马政府试图继续在非洲事务中发挥领导作用，而且显示了其强化非盟制度能力的政治意愿。

2020 年南非在时隔近 20 年之后再次担任非盟轮值主席国，此外还同时担任联合国安理会非常任理事国以及非洲互查机制和气候变化非洲国家和政府首脑委员会的主席国。这些国际身份的叠加，为南非推动非洲大陆的制度建设再次提供了契机。2020 年 1 月 28 日，南非总统拉马福萨在南非驻非洲国家使节会议上发表主旨讲话指出，作为非盟轮值主席国，南非会以自身外交政策优先和非盟 2063 年议程为指导，进一步推动非洲大陆的团结、一体化和发展。[③] 这一表态再次展现了南非寻求在非洲大陆一体化和区域多边制度建设中发挥领导作用的政治意愿。

通过以上分析可以发现，南非作为地区性大国在强化南部非洲关税同

---

① Christopher Landsberg, *The Quiet Diplomacy of Liberation: International Politics and South Africa's Transition*, Johannesburg: Jacana Media Ltd., 2004, p. 196.

② Anne Hammerstad, "South Africa's Security Engagement in the Region - Lessons from IBSA?", in Alcides Costa Vaz, eds., *International States, Regional Leadership and Security: India, Brazil and South Africa*, Brasília: University of Brasilia Press, 2006, p. 265.

③ Keynote Address by President Cyril Ramaphosa at the South African Heads of Mission Accredited to African Countries Conference, OR Tambo Conference Centre, Tshwane, 28 January, 2020, http://www.dirco.gov.za/docs/speeches/2020/cram0128.htm.

盟与南部非洲发展共同体的制度能力，促进非统向非盟转型方面发挥了关键的领导作用。在南非的努力推动下，南部非洲地区以及整个非洲大陆的制度建设不仅取得重要进展，而且民主、人权以及善治等价值理念逐渐融入这些制度规范之中，成为指导成员国政府进行责任治理的价值原则。南非试图通过强化地区制度的能力来应对集体面临的安全、发展等问题，这种方式不仅可以最大限度降低南非对外行为的成本，而且可以提高行为结果的合法性。同时，在南非决策精英看来，通过制度框架保证成员国之间的互动与学习可以改变其行为，从而最终塑造非洲大陆以规则为基础的地区秩序。然而，由于缺乏资金、人力资源等问题，这些制度在应对地区问题时仍然面临能力不足的挑战。

第三节　南非与非洲的发展

南非民主转型之后，新政府尤其强调南非的命运与南部非洲地区和整个非洲大陆密切相连，不可分割。在南非决策者看来，一个贫穷落后与动荡不安的非洲大陆不利于南非自身的繁荣稳定与可持续发展。正是基于此种观念认知，非国大政府强调要充分利用南非的政治经济优势地位促进非洲大陆的发展。作为非洲的地区性大国，新南非不仅具有强烈的责任感与义务感，而且逐渐形成了比较系统的促进非洲大陆实现政治经济发展的观念和意识形态——非洲复兴。更为重要的是，南非的决策精英，尤其是姆贝基总统不遗余力地将这种观念付诸实践，最终形成了非洲发展新伙伴计划和非洲互查机制；通过前者促进非洲经济的可持续发展，摆脱贫穷落后的局面，通过后者确保非洲民主化的政治成果，逐渐推动非洲国家实现善治。

南非试图通过观念创新和政策设计在非洲大陆政治经济发展中发挥领导作用。观念内化与政策执行可以被视为提高地区领导地位合法性的重要标志。无论是观念创新还是政策设计都是新南非向本地区提供的某种公共产品。至少没有任何一个非洲国家像南非这般努力思考如何才能实现非洲大陆的发展，如何才能改变非洲大陆在世界体系中的边缘地位；更没有任何一个非洲国家像南非这般不遗余力将“非洲的关切”推向世界舞台，将观念付诸实践，将政策付诸执行，并通过各种努力解决非洲所面临的问题。一方面是其他非洲国家缺乏思考这些问题的政治意愿，但另一方面，也更为重要的是，其他非洲国家普遍缺乏像南非这样的国际交往能力。

南非以非洲复兴观念为指导，并将这种观念以非洲发展新伙伴计划和非洲互查机制加以实践，同时设立非洲复兴与国际合作基金向非洲国家提供援助，与非洲国家开展发展合作，力图以提供公共产品的方式在非洲政治经济发展进程中发挥领导作用。一方面，作为地区性大国，南非希望通过提供某种程度的公共产品来谋求域外国家和非洲国家对其大陆领导地位的认同，即提高地区领导地位的合法性。另一方面，南非希望通过提供这些公共产品获得非洲国家对其全球战略和目标的支持（如积极追求联合国安理会常任理事国、在不同问题领域发挥领导角色等）。

一 提出非洲发展新观念：非洲复兴

非洲复兴（African Renaissance）这一概念最初由曼德拉总统在1994年非洲统一组织峰会上提出，它也成为1998年在约翰内斯堡和1999年在伦敦非洲中心举行的会议的主题。[①] 然而，对这一概念内涵进行详细阐释的则是新南非第二任总统姆贝基。事实上，早在担任曼德拉政府副总统时，姆贝基便成为该国外交政策的主要设计者之一，并在如何实现非洲复兴问题上进行了大量思考。1997年4月，姆贝基在美国弗吉尼亚州涉非企业委员会发表演讲时首次明确提出非洲复兴的概念，后于1998年4月在联合国大学演讲中系统阐述了构成非洲复兴内涵的一些核心要素：建立并维持善治；实施新经济政策以为吸引私人部门投资创造有利条件；减少国家对经济的干预并建立现代经济制度；建立地区经济安排以降低市场狭小所造成的不利影响；制定政策以确保公民社会能够获得良好教育、充分医疗、舒适住房、清洁用水和现代卫生设备。[②] 1999年6月，姆贝基担任南非总统以后更是极力推动非洲复兴观念的传播。1999年10月11日，由企业家阶层赞助的“非洲复兴学会”正式在南非行政首都比勒陀利亚成立。此外，姆贝基还在南非政府内成立了“非洲复兴部际委员会”，协调非洲复兴思想的宣传、落实等工作。姆贝基还指示南非政府有关各部制定具体

---

① Chris Dunton, “Pixley Kaisaka Seme and the African Renaissance”, *African Affairs*, 102, 2003, p. 557.

② Speech by Deputy President Thabo Mbeki at the United Nations University, “The African Renaissance, South Africa and the World”, 9 April, 1998, http: //www. dirco. gov. za/docs/speeches/1998/mbek0409. htm.

方案，以促进非洲经济复兴。①

总体而言，姆贝基非洲复兴观念与冷战后非洲大陆具体的社会情势以及南非本身的政治经济转型存在密切关联。一方面，冷战结束后大多数发展中国家进入政治稳定与经济发展的轨道，尤其是东亚国家迎来了普遍的经济繁荣。然而与这种欣欣向荣的局面相比，非洲大陆再次陷入政治动荡之中，安哥拉内战再起、卢旺达种族大屠杀、大湖地区的“世界大战”、索马里国家秩序的崩溃等成为国际社会对非洲大陆的普遍印象。国际货币基金组织与世界银行等国际发展政策机构对非洲国家所开出的结构调整计划不仅没有为这些国家带来经济发展，反而导致经济的进一步衰退。非洲约一半人口（3.4 亿人）每天的生活费用不到 1 美元，他们继续受到高死亡率的折磨，平均寿命为 54 岁。只有 58% 的人口可以获得安全用水，而 15 岁以上人口的文盲率则达到了 41%。② 事实上，根据联合国社会经济指数，当今的撒哈拉以南非洲的状况比 20 世纪 60 年代初刚刚获得政治独立时更加糟糕。③ 政治动荡与经济衰退导致非洲国家在世界体系中的地位进一步被边缘化，一时间非洲成了第三世界中的“第三世界”。这种严重情势导致非洲国家普遍蔓延着一种悲情主义情绪。另一方面，第二次世界大战以后，非洲国家在泛非主义意识形态的鼓舞下团结努力最终取得了政治上的独立地位。南非废除种族隔离制度和建立多党民主制度使非洲大陆发展进步迎来了曙光。现在整个非洲大陆摆脱了殖民统治，大多数非洲国家正处于民主化进程中并实施着自由市场经济。这些变化显示了至少非洲的转型是可能的。④ 正是基于这种转型的可能性和南非本身民主转型的经验，南非的决策精英试图运用非洲复兴观念抵制冷战结束以来普遍盛行的非洲悲情主义倾向。⑤

姆贝基非洲复兴观念的基本内涵大致包括以下几个方面的内容。

---

① 钟伟云：《姆贝基非洲复兴思想内涵》，《西亚非洲》2002 年第 4 期，第 15 页。

② Dani Venter and Ernst Neuland, *NEPAD and the African Renaissance*, Johannesburg: Richard Havenga& Associates, 2005, p. 247.

③ Rok Ajulu, "Thabo Mbeki's African Renaissance in a Globalizing World Economy: the Struggle for the Soul of the Continent", *Review of African Political Economy*, Vol. 28, No. 87, March 2001, p. 29.

④ Olusegun Oladipo, "Knowledge and the African Renaissance", *Philosophia Africana*, Vol. 4, No. 1, March 2001, p. 63.

⑤ Graham Evans, "South Africa's Foreign Policy after Mandela: Mbeki and His Concept of African Renaissance", *The Round Table*, 325, 1999, p. 626.

第一，非洲的命运掌握在非洲人民的手中，非洲复兴的责任也应由非洲人民来承担，避免域外大国对非洲事务的干预。在姆贝基看来，冷战结束后整个非洲大陆虽然取得了政治上的独立地位，但是在经济上仍然依附于西方发达资本主义国家，这种新殖民主义仍然通过隐蔽的方式控制着非洲的发展。几乎所有关于经济发展的计划与倡议都是出自发达国家之手或者西方国家控制的国际发展政策机构之手。面对此种情势，姆贝基于2001年3月在古巴哈瓦那大学发表的关于非洲复兴的演讲中指出，我们所需要的非洲复兴是指我们自己而非其他人决定我们是谁，我们代表什么，我们的视野与希望，我们如何行动，我们采取何种计划使我们生活得更加美好，我们与谁建立关系以及如何建立关系。[①] 非洲国家必须负责寻找非洲为何贫困的答案，他们可以因此认识到从这些答案中采取行动的责任。[②]

第二，非洲复兴的首要目标是实现政治民主化与经济现代化。在南非决策精英看来，非洲国家有责任确保向民主制度转型，提高政府治理能力，保护并尊重人权。只有责任制政府才能确立比较稳定的政治环境，而稳定的政治环境是吸引投资、促进经济发展的重要条件。同时，经济的可持续发展不仅可以改善人民的生活水平，而且可以确保政治稳定得以持续。总之，非洲复兴的关键维度是通过政治民主化改变非洲大陆政治动荡的局面，确保主权在民；通过经济现代化改变非洲贫穷落后的局面，提高非洲大陆在世界体系中的经济地位。

第三，非洲复兴需要包括促进非洲多样文化的发展。在姆贝基看来，全球化不仅是资本主义市场在全球范围内的扩张，而且西方的文化也通过全球化进程占据主导地位。历史上，非洲不仅具有光辉灿烂的历史，而且具有多样的文化和文明，当前姆贝基对非洲复兴的呼吁继续遵循传统，拒绝非洲没有文明的神话。[③] 通过复兴非洲文化可以提高非洲人民的自信心和身份认同，从而改变当前的悲情主义情绪，改变国际社会对非洲的消

---

① Thabo Mbeki, Address at the University of Havana, Cuba, 28 March 2001, http://www.dirco.gov.za/docs/speeches/2001/mbek0328.htm.

② Thabo Mbeki, Address at the Third African Renaissance Festival, Durban, 31 March, 2001, http://www.dirco.gov.za/docs/speeches/2001/mbek0331.htm.

③ Elias K. Bongmba, "Reflections on Thabo Mbeki's African Renaissance", *Journal of Southern African Studies*, Vol. 30, No. 2, June 2004, p. 296.

极印象。

非洲复兴观念显示了新南非，尤其是姆贝基政府对非洲大陆如何摆脱现状实现发展所做的重要思考。通过非洲复兴观念的实践，南非试图改变非洲大陆的政治经济秩序，同时非洲复兴观念也寻求使南非外交政策选择最大化，以使整个非洲大陆支持南非寻求联合国安理会常任理事国席位。[①]更为重要的是，新南非决策精英不仅塑造了非洲复兴的观念和思想，而且积极利用自身的力量，同时联合非洲大陆的战略伙伴将这种观念付诸实践。就前者而言，南非设立了非洲复兴与国际合作基金（African Renaissance and International Cooperation Fund），南非成为非洲大陆唯一的发展援助国；就后者而言，南非通过与尼日利亚、阿尔及利亚、埃及等非洲战略伙伴的合作最终形成非洲发展新伙伴计划和非洲互查机制，以促进非洲大陆的经济发展和政治治理。

二　提供援助资金：非洲复兴与国际合作基金

为将非洲复兴观念诉诸实践，姆贝基执政后设立了非洲复兴与国际合作基金，从而使南非成为非洲大陆唯一的发展援助国。非洲复兴与国际合作基金根据2000年南非议会通过的《非洲复兴与国际合作基金法案》而建立，该法案取代了种族隔离时代的《促进经济合作贷款基金法案》。根据《非洲复兴与国际合作基金法案》条款的规定，非洲复兴与国际合作基金设立的主要目标在于：促进南非共和国与其他国家，尤其是非洲国家的合作；促进民主和善治；预防和解决冲突；促进社会经济发展与一体化；人道主义援助与人力资源开发。[②]非洲复兴与国际合作基金由南非外交部（后更名为国际关系与合作部）负责管理和运行，由南非财政部划拨资金，同时在社会层面募集捐款。非洲复兴与国际合作基金设有咨询委员会，就以贷款形式还是援助形式使用基金向外交部长和财政部长提出建议。咨询委员会的成员由来自外交部和财政部的高级官员组成。

① Peter Vale and SiphoMaseko, "South Africa and African Renaissance", *International Affairs*, Vol. 74, No. 2, 1998, p. 288.

② "African Renaissance and International Cooperation Fund Act", 2000, https://www.gov.za/sites/default/files/gcis_ document/201409/a51－000.pdf.

表 3-1 非洲复兴与国际合作基金援助项目及金额（2005~2008 年）

年份	援助项目及金额	援助总额
2005~2006	利比里亚过渡政府援助项目：2580 万兰特 西撒哈拉人道主义援助项目：1000 万兰特 刚果民主共和国支持选举前援助项目：2240 万兰特 非洲反恐战争高层委员会援助项目：170 万兰特	0.599 亿兰特
2006~2007	刚果民主共和国总统选举援助项目：2.78 亿兰特 西撒哈拉人道主义援助项目：1000 万兰特 科摩罗冲突后重建项目：1000 万兰特 布隆迪援助项目：1000 万兰特 苏丹冲突后重建与发展援助项目：2700 万兰特 非洲地方政府与城市治理援助项目：500 万兰特 联合国驻利比里亚代表团援助项目：750 万兰特 几内亚博物馆援助项目：500 万兰特 塞舌尔政府援助项目：2630 万兰特 SADC 工商协会援助项目：650 万兰特	3.853 亿兰特
2007~2008	国防部项目：1300 万兰特 西撒哈拉人道主义援助项目：2200 万兰特 科摩罗选举援助项目：3167 万兰特 南非驻津巴布韦选举观察团项目：1000 万兰特 刚果民主共和国政府援助项目：8125.6 万兰特 非洲经济研究协会援助项目：210 万兰特 几内亚稻米生产与技术援助项目：1.723 亿兰特 泛非妇女组织援助项目：1175.6 万兰特 乌干达举办英联邦政府首脑会议援助项目：1000 万兰特 几内亚比绍打击毒品走私援助项目：100 万兰特 乌干达塔姆博领袖学校援助项目：1400 万兰特 布隆迪和平进程援助项目：850 万兰特	3.77582 亿兰特
2008~2009	莱索托跨界保护区援助项目：4000 万兰特 莱索托迈特隆大坝项目：6000 万兰特 刚果民主共和国能力建设援助项目：2000 万兰特 马达加斯加宝石研究所援助项目：1400 万兰特 布隆迪和平进程援助项目：1000 万兰特 提姆布克图手稿（Timbuktu Manuscript）援助项目：2000 万兰特 津巴布韦农业项目：3 亿兰特 乌干达政府重建塔姆博领袖学校项目：800 万兰特 南非驻津巴布韦大选观察团项目：350 万兰特	4.775 亿兰特

根据南非国际关系与合作部《非洲复兴与国际合作基金年度报告（2005~2009 年）》整理而成，具体参见："Annual Reports of the Department of International Relations and Cooperation", http://www.dirco.gov.za/department/report/index.htm。

自非洲复兴与国际合作基金建立以来，南非对非洲国家的援助承诺不断加大，由 2005 年的 0.599 亿兰特增加到了 2008 年的 4.775 亿兰特。如表 3-1所示，姆贝基政府的对外援助全部集中在了非洲国家，而援助资金主要用于推动非洲国家的民主化进程和经济发展。例如，为支持刚果民主共和国总统选举，南非于 2006 年向其提供了 2.78 亿兰特的援助，占该年度南非非洲复兴与国际合作基金对外援助总额的 70.8%；为促进津巴布韦经济恢复和发展，南非政府于 2008 年向其提供 3 亿兰特援助，占该年度南非非洲复兴与国际合作基金对外援助总额的 63%。南非的对外援助与非洲复兴观念的核心目标是一致的，即实现非洲大陆的政治民主化与经济现代化。姆贝基政府对在战略层次上运行非洲复兴与国际合作基金非常认真，并承诺到 2010 年使援助金额增加一倍，到 2015 年使援助金额占到国民总收入的 0.7%。[①]

虽然姆贝基因党内斗争于 2008 年被执政党非国大召回并不再担任南非总统，但是非洲复兴与国际合作基金作为一种制度仍然得以延续。2009～2010 年度的援助总额达到 3.31 亿兰特，其中最大的援助项目为津巴布韦经济复兴项目，援助金额为 3 亿兰特。[②] 祖马上台以后继续承诺对非洲国家进行援助，2010～2011 年度的援助总额大约为 4 亿兰特，2011～2012 年度的援助总额有所下降，为 2.71 亿兰特。[③] 值得注意的是，南非的对外援助项目开始超越非洲大陆，向其他地区扩展，2011 年度为促进古巴经济恢复发展提供了 1 亿兰特的援助。根据南非政府 2011 年发布的外交政策白皮书，祖马政府决定成立南非发展伙伴署（South African Development Partnership Agency），作为国际关系与合作部的一部分，以提高南非的国际合作，并执行人道主义援助计划。[④] 祖马与姆贝基很大程度上是风格与个性差异，

---

① Chris Landsberg, *The Diplomacy of Transformation*: *South African Foreign Policy and Statecraft*, Johannesburg: Pan Macmillan South Africa, 2010, p. 143.

② "African Renaissance and International Cooperation Fund Annual Report 2009/2010", http://www.dirco.gov.za/department/report_2009-2010/annualreport2009-2010.pdf.

③ "African Renaissance and International Cooperation Fund Annual Report 2010/2011", http://www.dirco.gov.za/department/report-2010-2011/annual-report-arf-2011.pdf; "African Renaissance and International Cooperation Fund Annual Report 2011/2012", http://www.dirco.gov.za/department/report_2011-2012/annual_report_2011-2012.pdf.

④ "Building a Better World: The Diplomacy of Ubuntu, White Paper on South Africa's Foreign Policy, Final Draft", 13 May, 2011, http://www.gov.za/sites/www.gov.za/files/foreignpolicy_0.pdf.

他们的政策取向基本一致，[①] 都强调要使南非在非洲复兴进程中发挥领导作用。应该看到，作为一项战略工具，非洲复兴与国际合作基金的设立有助于南非在非洲地区乃至国际社会发挥影响力，深化与非洲国家的友好合作。与此同时，南非还利用这项工具维护自身的国家经济利益。例如，在对莱索托的援助项目中，南非要求项目所需的所有商品从南非采购，而其中 40% 的粮食必须从南非小农场主手中采购。[②] 在对古巴的一揽子经济援助计划中，也安排出相应资金用于购买南非的商品，如古巴政府购买南非生产的轮胎，有助于提高南非本地的制造能力和就业水平。

经过近二十年的发展，非洲复兴与国际合作基金已成为南非追求国家利益和推进“非洲议程”的重要战略工具。目前，非洲复兴与国际合作基金的对外援助主要集中在社会经济发展和一体化、人道主义援助、推动民主和善治、促进人力资源开发等领域（见表 3 - 2），涵盖了政治、经济、文化等多个维度。《非洲复兴与国际合作基金战略规划（2015 ~ 2018 年）》将该基金的目标进一步明确为推动民主和治理、人力资源开发、社会经济发展与一体化、人道主义援助和减灾、加强与其他国家的合作、支持冲突后重建与发展等，其覆盖区域主要为非洲大陆。非洲复兴与国际合作基金的设立，既是南非对推动非洲大陆实现复兴的承诺，也是其作为地区领导国家的象征。借助非洲复兴与国际合作基金，南非可以通过支持南部非洲发展共同体等区域组织的选举观察团来推动非洲国家的民主化进程，也可以通过具体的经济合作项目促进非洲国家实现可持续发展的目标，还可以通过文化合作项目推动非洲复兴观念的传播，提高非洲国家的自主和自觉。正如时任南非国际关系与合作部部长马沙巴内所言，非洲复兴与国际合作基金是南非追求外交政策目标，特别是实现非洲大陆复兴的重要工具。[③]

虽然非洲复兴与国际合作基金是促进南非与非洲良性互动的重要政策工具，但是它本身也具有局限性，突出体现在与其他发达工业化国家相比，南非作为一个新兴的援助国，其对外援助资金规模相对较小，与非洲

① Chris Landsberg, “Continuity and Change in the Foreign Policies of the Mbeki and Zuma Governments”, *Africa Insight*, Vol. 41, No. 4, March 2012, p. 6.

② “African Renaissance and International Cooperation Fund Annual Report 2015/2016”, http://www.dirco.gov.za/department/report_2015_2016/annual_report%202015_2016.pdf.

③ Forward by Minister, in African Renaissance and International Cooperation Fund Annual Report 2016/2017.

复兴所需资金相比实为杯水车薪。此外，南非的对非援助在国内也面临争议，部分民众和社会组织认为在南非国内存在大量失业和贫困人口的情况下，将纳税人的钱用于对其他国家进行援助实为荒谬。这种民族主义情绪构成南非对非援助和对非洲复兴承诺的挑战和掣肘。

表 3－2 非洲复兴与国际合作基金按领域划分资金分配情况（2015～2016 年）

		2016/2017	2015/2016
促进南非与其他国家合作	对古巴经济援助	—	1.1 亿兰特
	安哥拉、刚果民主共和国与南非三边对话与合作机制	759.3 万兰特	—
社会经济发展与一体化	提姆布克图手稿（Timbuktu Manuscript）	—	720.1 万兰特
	古巴驻塞拉利昂医疗队	—	398.5 万兰特
人道主义援助	向马达加斯加运输人道援助物资	—	19.5 万兰特
	向撒哈拉威（Saharawi）难民提供人道主义援助	1000 万兰特	—
	向斯威士兰提供紧急粮食援助	4000 万兰特	—
推动民主和善治	向布隆迪第三次民主选举提供技术支持	—	3803.1 万兰特
促进人力资源开发	向非洲能力建设基金会提供资助	—	236.1 万兰特
总　计		5759.3 万兰特	1.61773 亿兰特

资料来源："African Renaissance and International Cooperation Fund Annual Report 2016/2017",, http://www.dirco.gov.za/department/report_2016_2017/annual_report%202016_2017.pdf.

三　设计发展规划：非洲发展新伙伴计划

非洲发展新伙伴计划（NEPAD）是南非设计的非洲复兴千年伙伴计划（MAP）与塞内加尔设计的欧米茄计划（OMEGA）相互融合的产物，在其产生与运行的过程中，南非都发挥了关键性的领导作用。非洲发展新伙伴计划是南非姆贝基政府为改变非洲大陆政治经济秩序所设计的重要区域多边制度，同时也是对非洲复兴观念的实践。在该计划的出台过程中，姆贝基尤其强调与非洲地区性大国之间的合作，同时积极谋求得到北方工业化国家的支持，即在非洲大陆与北方工业化国家之间建立起真正的伙伴关系。

1999 年非统特别峰会授权时任不结盟运动主席姆贝基与非统轮值主席国主席布特弗利卡（阿尔及利亚总统）就非洲国家的债务问题与域外债权国进行谈判。然而，在谈判减免非洲债务问题过程中，姆贝基开始超越狭隘的债务问题，逐渐思考如何实现非洲大陆可持续发展的宏伟计划。2000

年，在多哥举行的非统峰会授权南非总统姆贝基、阿尔及利亚总统布特弗利卡与尼日利亚总统奥巴桑乔将非洲议程推向八国集团领导人峰会，以引起西方发达国家对非洲事务的关注。2000 年 7 月在日本举行的八国集团领导人峰会上，南非联合尼日利亚和阿尔及利亚要求八国集团首脑峰会提供一个平台以使非洲国家可以与八国集团进行互动和协商，以解决非洲所面临的发展问题。最终，三国领导人于 2001 年 3 月向非统峰会提交了关于非洲大陆实现复兴的详细计划——“非洲复兴千年伙伴计划”。“非洲复兴千年伙伴计划”是一项全球伙伴关系计划，根据该计划非洲国家将在解决非洲面临的挑战时发挥领导作用，即要以非洲为中心。该计划关键性的优先发展领域包括：和平、安全与治理；对非洲人民进行投资；非洲生产与出口的多样化；对网络与通信技术和其他基础设施建设进行投资；发展金融机制。[①] 姆贝基与“非洲复兴千年伙伴计划”所做出的两个最重要的贡献是：一方面，提出非洲与工业化大国之间建立真正的战略伙伴关系的观念；另一方面，提出在非洲建立民主与责任政治的观念。[②]

在姆贝基联合布特弗利卡与奥巴桑乔积极将“非洲复兴千年伙伴计划”提交非统峰会时，塞内加尔总统瓦德在法语非洲国家与法国的支持下出台了另外一项促进非洲经济发展的计划——“欧米茄计划”。该计划强调把物质资本与人力资本作为非洲经济持续与平衡增长的关键性前提条件，国家经济优先发展部门的投资需求要纳入单一的泛非机构范围内进行管理；[③] 同时，把基础设施建设、教育、医疗卫生与农业设施确立为四个优先发展领域。面对“欧米茄计划”的出台可能导致法语非洲国家与英语非洲国家之间分裂的潜在危险，姆贝基积极斡旋，试图使两项计划得以融合，并使最终的计划方案最大限度地反映南非的政策偏好。在奥巴桑乔的帮助下，姆贝基积极说服瓦德使两项计划进行联姻，并警告他避免陷入西方分而治之的陷阱。[④] 在姆贝基的努力下，“非洲复兴千年伙伴计划”最终

---

① Thabo Mbeki, Address at the Scottish Parliament, 13 June, 2001, http://www.dirco.gov.za/docs/speeches/2001/mbek0613a.htm.

② Chris Landsberg, *The Diplomacy of Transformation: South African Foreign Policy and Statecraft*, Johannesburg: Pan Macmillan South Africa, 2010, p. 144.

③ Dani Venter and Ernst Neuland, *NEPAD and the African Renaissance*, Johannesburg: Richard Havenga& Associates, 2005, p. 265.

④ William Mervin Gumede, *Thabo Mbeki and the Battle for the Soul of the ANC*, Cape Town: Zabra Press, 2005, p. 205.

与“欧米茄计划”合并为“新非洲倡议”（NAI）。2001 年 7 月非统卢萨卡峰会最终批准了“新非洲倡议”。随后，南非在尼日利亚与阿尔及利亚的支持下继续充实和完善“新非洲倡议”的政策框架，最终于 2001 年 10 月确立了大陆经济发展的最后框架——“非洲发展新伙伴计划”。通过巧妙的外交策略，姆贝基政府将非洲发展新伙伴计划的秘书处设在了南非，这给予南非巨大的影响力，并使其有机会塑造非洲大陆的政治经济方向。[①]

非洲发展新伙伴计划具有以下特点。

第一，它是非洲国家自主设计的关于大陆政治经济复兴的战略计划，尤其体现了非洲的命运掌握在非洲人的手中，非洲国家有义务承担非洲发展的责任的观念。非洲发展新伙伴计划通过引入非洲人必须掌握自身命运（不是通过对国际援助者的严厉批评而是通过自身积极和建设性的行动掌握自身的命运）的概念改变了北方国家和非洲大陆政治讨论的性质。[②] 这体现了非洲国家承担非洲复兴责任的政治意愿。

第二，非洲国家与北方发达工业化国家建立一种真正的伙伴关系，其实质为一种“交易战略”，即非洲国家应当承担自身发展的责任，承诺推进民主化进程、改善政治治理与企业治理，为经济平稳运行创造良好的政治环境；同时北方工业化国家应加大对非援助和投资力度，在非洲产品对北方工业化国家市场准入方面提供便利条件。非洲发展新伙伴计划是对传统的非洲与发达工业化国家之间关系的反思，强调援助国和受援国应在共识基础上明确标准和目标，认为很多项目的失败不仅仅是受援国不良表现造成的，援助国提出的不良政策建议也难辞其咎。南非寻求发挥桥梁建设者作用，使非洲国家与发达工业化国家建立伙伴关系，利用发达工业化国家资金、技术等方面的优势，推动非洲国家的减贫，促进非洲国家可持续发展，使非洲摆脱在国际体系中的边缘地位。

第三，南非在“非洲发展新伙伴计划”的形成与出台过程中发挥了主导作用。虽然南非最初设计的“非洲复兴千年伙伴计划”受到了塞内加尔

---

① Chris Landsberg, *The Diplomacy of Transformation: South African Foreign Policy and Statecraft*, Johannesburg: Pan Macmillan South Africa, 2010, p. 147.

② Elizabeth Sidiropoulos and Tim Hughes, “Between Democratic Governance and Sovereignty: The Challenge of South Africa’s Africa Policy”, in Elizabeth Sidiropoulos, eds., *Apartheid Past, Renaissance Future – South Africa’s Foreign Policy: 1994 – 2004*, Johannesburg: The South African Institute of International Affairs, 2004, p. 73.

“欧米茄计划”的挑战，但是最终的融合版本“非洲发展新伙伴计划”融入了姆贝基关于非洲发展与复兴的核心思想：非洲责任和伙伴关系。鉴于非洲自身严重缺乏经济现代化所需的资本，姆贝基尤其强调要通过与北方工业化国家建立伙伴关系来吸引投资。姆贝基不仅在制定非洲发展新伙伴计划的过程中发挥了关键作用，还通过各种外交场合说服西方国家接受和支持这项旨在实现非洲复兴的计划。作为对非洲发展新伙伴计划的回应，2002 年 6 月，在加拿大举行的八国集团领导人峰会通过了非洲行动计划（Africa Action Plan），同意给予非洲国家额外 60 亿美元的援助。可以说，正是在南非的不懈努力下，非洲议程最终被推向了八国集团首脑峰会，并成为其讨论的关键议题之一。

非洲发展新伙伴计划是继结构调整计划之后，推动非洲经济可持续发展和转型的指导性规划。但与结构调整计划被西方大国和国际金融机构主导有所不同，非洲发展新伙伴计划体现了非洲国家主导和所有的特征。随着非统向非盟转型以及非洲大陆一体化的深入发展，非洲发展新伙伴计划逐渐融入非盟的整体架构和进程中，主要表现为 2010 年 2 月在非盟结构中新设“NEPAD 计划和协调局”（简称非洲发展新伙伴计划局），取代非洲发展新伙伴计划秘书处。非洲发展新伙伴计划局作为非盟的执行机构，主要是协调和促进非洲大陆与地区优先项目和计划的执行；动员资源和伙伴支持执行非洲的优先计划和项目；开展和协调研究与知识管理；监督和评估项目的执行情况；拥护非盟和非洲发展新伙伴计划的理念、任务与核心原则和价值观。① 2018 年 1 月，非洲发展新伙伴计划局转型融入非盟发展署（AUDA）。非盟发展署作为负责非洲发展的机构，主要通过协调和执行非洲大陆和地区的优先发展项目，促进地区一体化。

近年来，非盟出台了一系列覆盖整个非洲大陆的政策框架，如非洲农业综合发展规划、非洲基础设施开发规划（2012～2040 年）、能力发展战略框架、加强非洲科学发展行动计划、环境行动计划等。在协调以上政策在非洲大陆、地区以及国家层面执行和落实方面，非洲发展新伙伴计划局发挥着重要作用。南非作为非洲发展新伙伴计划的提出国，不仅是非洲发展新伙伴计划秘书处（非洲发展新伙伴计划局）的办公所在地，也是其机

---

① “NEPAD Planning and Coordinating Agency: 2014 - 2017 Strategic Plan”, http://www.nepad.org/resource/nepad-strategic-plan-period-2014-2017-0.

构运行的主要资金贡献国，从中不难看出南非在推动非洲增强自主和责任意识、促进非洲经济转型方面所发挥的领导作用。当然，非洲发展新伙伴计划也面临一系列挑战。一方面，非洲发展新伙伴计划很大程度上是精英决策的产物，整个进程缺乏公民社会的积极参与和协调。因此，如何使非洲发展新伙伴计划在成员国国家和社会层面得以贯彻执行成为该计划面临的首要问题。另一方面，非洲发展新伙伴计划严重依赖域外资金支持。该计划提出要在今后 15 年里实现 7% 的年均增长率，每年约 640 亿美元的资金缺口需要靠外来资金，其中主要依赖欧盟和大国的官方发展援助。[①] 对外部资金的依赖会使非洲国家的自主权和所有权遭到削弱。尽管面临着诸多挑战和缺陷，但是对非洲经济转型和可持续发展而言，非洲发展新伙伴计划仍然是一个显著的机遇，它为非洲多年来确保大陆的关切被倾听并为国际社会所接受提供了最好的机遇。[②]

四 改善治理环境：非洲互查机制

非洲互查机制（APRM）既是非洲发展新伙伴计划框架中的内在组成部分，同时又具有自身的独立性。2002 年 7 月，非盟德班首脑峰会最终批准了非洲互查机制基本文件，从而意味着该机制进程的正式启动。非洲互查机制的组织结构包括三部分：参与国首脑论坛、贤人小组与秘书处。其中参与国首脑论坛为最高决策机构，贤人小组由 7 名来自学界、政界或者公民社会的专家组成，秘书处负责为首脑论坛和贤人小组提供能力支持，秘书处的办公地点同样设在南非。这表明南非在非洲互查机制进程中扮演着举足轻重的角色。

非洲互查机制是与非洲发展新伙伴计划捆绑在一起的制度安排。南非决策精英的主要目的是通过将非洲互查机制与非洲发展新伙伴计划捆绑在一起来促进非洲大陆的民主化进程，改善非洲大陆的治理环境，从而获取北方发达工业化国家的政治经济支持。只有参与非洲互查机制的成员国才能分享非洲发展新伙伴计划所带来的经济收益。很明显，这种制度安排的内在观念是，经济发展离不开良好的政治治理。

---

① 贺文萍：《非洲发展新伙伴关系计划为什么必须成功》，《西亚非洲》2003 年第 3 期，第 74 页。

② Alex De Waal, "What's New in the New Partnership for Africa's Development", *International Affairs*, Vol. 78, No. 3, 2002, p. 475.

非洲互查机制是成员国自愿参与的、相互审查彼此治理现状的政策框架。其内在逻辑为民主可以降低冲突的范围，使建立良好的政府成为可能。反之，良好的政府应该可以带来政治稳定、制度巩固与法治的运行，而这些因素被普遍视为投资的必要框架。而更多的投资应该可以促进经济增长。[①] 非洲互查机制基于相互学习和相互审查原则促进参与国政策发生变化，改善政治经济治理，为增加贸易活动和吸引投资创造条件。自主性是非洲互查机制的基本原则，即治理的改善是在非洲国家间相互学习的过程中实现的，而不是依靠非洲之外的其他国家。

相互审查进程包括五个阶段：第一阶段由秘书处收集不同渠道信息，进行背景调研并完成一份详细的关于被审查国的调查表；第二阶段非洲互查机制审查小组赴被审查国与政府、议会、政党以及其他公民社会团体进行协商；第三阶段以草案形式准备报告并与政府进行讨论，政府对审查报告的反应将被附录于报告中；第四阶段是整个审查进程的核心，报告将被提交给参与国政府首脑论坛；最后阶段是审查报告被提交给地区和次地区组织进行备案。根据审查报告的评估，参与国首脑论坛会就该国治理现状提出政策建议，同时提供必要的人力资源和物质资源以帮助被审查国执行建议行动。国际伙伴也会被鼓励向该国提供援助。[②]

非洲互查机制覆盖四项基本的政策领域：民主与政治善治、经济治理与管理、公司治理和社会经济发展。非洲互查机制的参与国通过相互审查彼此的治理现状试图提高在以上四个领域的治理能力，政治承诺的实现意味着将获得西方发达国家的更多援助、贷款、投资等经济机会。姆贝基将非洲互查机制视为非洲国家相互学习与社会化的工具，[③] 通过该机制的运行，非洲大陆最终能够实现政治民主化与善治。

作为一种政治进程，非洲互查机制为非洲国家集体反思其政治改革进程提供了平台，使成员国可以相互支持和相互学习，并在这一过程中逐步

① Patrick Chabal, "The Quest for Good Government and Development in Africa: Is NEPAD the Answer", *International Affairs*, Vol. 78, No. 3, 2002, pp. 447 – 448.

② Orlando Bama, "Assessing Media in Developing Societies: Is the APRM an Appropriate Framework for Africa", *South African Journal of International Affairs*, Vol. 17, No. 3, December 2010, p. 301.

③ Chris Landsberg, *The Diplomacy of Transformation: South African Foreign Policy and Statecraft*, Johannesburg: Pan Macmillan South Africa, 2010, p. 149.

提高治理能力。截至2014年12月底，共有34个非洲国家自愿加入了非洲互查机制，成为非洲互查机制的成员国。① 其中，有十多个成员国完成了最初审查，如加纳、卢旺达、肯尼亚、阿尔及利亚、南非、贝宁、乌干达、尼日利亚、布基纳法索、马里、莫桑比克、莱索托、毛里求斯等。同时，真正的政策变迁正逐渐开启。② 虽然进程缓慢，但是参与国数量的不断攀升显示了非洲互查机制所取得的成就。尽管加入该机制以自愿原则为基础，但是一旦参与国加入互查机制就意味着要遵守非洲互查机制基础文件所规定的治理原则和标准，同时要按照审查报告所提出的政策建议进行修改，以提高本国的治理能力。

总之，到姆贝基政府时期，新南非逐渐形成了关于非洲如何实现发展的系统性观念——非洲复兴，通过设立非洲复兴与国际合作基金，以援助和贷款等方式向地区经济发展提供公共产品，同时通过与尼日利亚、阿尔及利亚等其他非洲地区性大国合作建立非洲发展新伙伴计划和非洲互查机制，将南非自身关于经济发展政策以及民主和人权等问题的思考融入这些机制的规范和原则之中，通过多边主义方式推动南非的政策偏好。这不仅可以避免将南非视为“地区霸权”，还有利于提高这些政策的合法性。无论是非洲复兴观念还是其后的具体实践，都可被视为新南非作为地区性大国为地区发展所提供的公共产品。一方面，南非试图通过提供公共产品的方式来提高地区领导地位的合法性，并取得非洲国家对其全球性目标的支持（如争取成为联合国安理会常任理事国、在具体的问题领域塑造同一个“非洲声音”）；另一方面，南非也利用自身的优势地位努力将非洲议程推向国际社会，尤其是西方发达国家，争取它们对非洲议程的支持，这不仅可以提高非洲复兴成功的可能性，而且可以争取国际社会对其领导角色的认同。

第四节 南非与非洲的安全建设

美苏冷战与南非种族隔离制度的结束使非洲大陆的主要安全威胁由国

① “APRM Annual Report 2014”, https: //aprm - au. org/wp - content/uploads/2014/11/2014_APRM_ Annual_ Report_ EN. pdf.

② Steven Gruzed, “The APRM: Assessing Origins, Institutional Relations and Achievements”, in Steven Gruzed, eds., *Crappling with Governance: Perspectives on the African Peer Review Mechanism*, Johannesburg: Fanele - An Imprint of Jacana Media Ltd., 2010, p. 18.

家间冲突转变为国内冲突和政治动荡。在这种背景下，南非强调通过和平方式解决国内冲突，塑造和平稳定的地区安全环境，具体方式包括：政治斡旋与调解，强化地区安全机制建设，派驻维和部队参与联合国、非盟等组织的多边维和行动，参与冲突后重建与发展等。虽然维护非洲大陆的和平与稳定在南非的外交战略中占据重要地位，但是由于南非与南部非洲地区的命运密切相连，非国大政府更加强调维护南部非洲地区的安全建设。总体而言，南非的决策精英反对通过武力和单边主义方式解决地区安全问题，主张通过多边主义和提供安全公共产品的方式塑造稳定的地区安全环境。经过南非和非洲其他区域大国的努力，非洲大陆尤其是南部非洲地区的安全环境大为改善。然而，南非维护地区安全的路径选择仍然面临诸多挑战，非洲大陆彻底解决安全问题依然任重道远。

一　非洲安全问题的演变：国内冲突成为安全秩序的主要威胁

二战结束后，非洲大陆的安全形势主要由两种互动进程所主导：去殖民化进程（包括黑人独立国家对南非白人政权的反抗）和冷战进程。尤其是自20世纪70年代中期葡萄牙殖民帝国在安哥拉与莫桑比克的殖民统治结束后，南部非洲地区的黑人独立国家数量不断增多。与此同时，美苏冷战对抗由北部非洲地区逐渐向南部非洲蔓延和渗透。在这两种进程的相互作用下，非洲大陆的安全威胁主要来自三个层次：全球、地区和国家内部。

第一，在全球层面，美苏为争夺世界霸权不断向南部非洲地区渗透，导致地区安全局势日益动荡。美苏在南部非洲进行争夺的原因首先在于该地区拥有丰富的矿产资源。非洲具有世界上全部最重要的53种矿产资源，其中多数分布在南部非洲地区。以煤、黄金、铂、铬、石墨、锰、金刚石、石棉、锂、钒、铍最为丰富。该地区的黄金产量约占世界总产量的10%，金刚石、铬矿石约占世界总产量的30%，铜、钒、锂、铍、石棉产量也在世界上占据重要地位。其次在于开普航线具有重要的地缘战略地位。西欧石油需求的57%要经开普航线进行运输。20世纪70年代，美国海外石油需求的20%途经开普航线，80年代增加到了60%。[①] 美苏在南部

① Carl T. Curtis, "Future US Policy toward South Africa", in Robert L. Schuettinger, eds., *South Africa – the Vital Link*, Washington, D. C.: Council on American Affairs, 1976, pp. 97–98.

非洲地区争夺的重要目标之一是保证矿产资源的来源以及对南部非洲地区海上航线的控制。再次，美苏争夺新独立国家，企图控制这些国家的政权。葡萄牙对南部非洲的殖民统治在20世纪70年代中期结束后，安哥拉与莫桑比克随后宣布独立。该地区黑人独立国家的数量不断增多。美国与苏联企图在新独立国家中推行自己的政治制度与价值观念，培植亲美或亲苏政权。美国决策者认为，1975年安哥拉内战的爆发为苏联在南部非洲地区的存在和施加影响提供了机遇，而且苏联抓住了此次机遇。① 到1980年已有34000名古巴军人和华沙条约国家的5000名军人参与了安哥拉内战。② 如果不阻止古巴军队和苏联军事力量参与解决非洲问题，美国将失去影响非洲问题的能力。③ 正是基于对苏联威胁的认知，里根政府强调与南非白人政权进行“建设性接触”，并将其视为抵抗苏联共产主义在南部非洲地区扩张的桥头堡。冷战时期，美苏两霸在南部非洲地区的渗透和争夺使独立后的南部非洲国家不得不在二者之间做出抉择，从而导致地区安全局势的动荡不安。

第二，在地区层面，种族矛盾和对抗导致地区安全问题日益严重。冷战时期，南部非洲地区形成了黑人族群与白人族群相互对抗的态势④，黑人独立国家与少数白人政权建构了一种对抗性的国家间关系。黑人族群的基本目标是摆脱殖民统治，最终建立种族平等的多数人统治制度；白人族群的基本目标则是继续维持少数白人的统治地位。伴随着葡萄牙殖民统治在南部非洲地区的崩溃以及罗得西亚的独立，南非种族隔离政权及其所控制的纳米比亚成为该地区白人族群占据主导地位的最后堡垒。为反对南非的白人种族主义政权，支持该地区的民族解放运动，南部非洲地区的黑人独立国家于1974年建立了前线国家集团，1980年又成立了南部非洲发展协调会议以减少对南非种族隔离政权的经济依赖。为维护种族主义政权的

---

① Seth Singleton, “The Natural Ally: Soviet Policy in Southern Africa”, in Michael Clough, eds., *Changing Realities in Southern African: Implications for African Policy*, California: Institute of International Studies, 1982, p. 187.

② *New York Times*, 19 January, 1980, p. 5.

③ Ronald T. Libby, *Toward an Africanized U. S. Policy for Southern Africa: A Strategy for Increasing Political Leverage*, California: Institute of International Studies, 1980, p. 84.

④ Naison Ngoma, *Prospects for a Security Community in Southern Africa: An Analysis of Regional Security in the Southern African Development Community*, Pretoria: The Institute for Security Studies, 2005, pp. 77 - 103.

统治和对该地区的控制，南非国民党政府于20世纪80年代出台了“扰乱政策”。该政策旨在通过支持黑人独立国家内部的反对派、破坏地区交通线甚至直接军事干涉等方式破坏这些国家的政治经济秩序。这项政策使南部非洲国家无一幸免地遭受破坏。相关资料显示，在整个20世纪80年代，南非的“扰乱政策”对南部非洲地区造成了大约300亿美元（180亿英镑）的经济损失和成千上万人的生命伤亡。[①] 总之，这一时期黑人独立国家与白人种族主义政权之间的斗争与冲突成为该地区安全的最大威胁。

第三，在国家层面，内部派别斗争和武装冲突，加上美苏的插手，使一些国家陷入内战。在南部非洲地区，大多数黑人独立国家都缺乏强有力的中央政府权威，反对派的持续挑战导致国内冲突不断。1975年刚摆脱葡萄牙的殖民统治，安哥拉内部的三个民族解放运动组织——安哥拉人民解放运动、安哥拉人民解放阵线和争取安哥拉彻底独立全国联盟便陷入武装冲突之中。最终安哥拉人民解放运动控制的中央政府将安哥拉人民解放阵线击溃，形成中央政府与安盟长期对抗的局面。同样，莫桑比克解放阵线控制的中央政府也受到反对派莫桑比克民族抵抗运动的挑战，从而陷入内部冲突之中。南非白人政权不断镇压反对种族隔离的非国大、泛非大等黑人组织的斗争，使南非社会陷入白色恐怖之中。这些国家的内部冲突因美苏在该地区的争夺，以及它们寻找代理人的斗争而进一步复杂化。例如，在安哥拉，美国与南非支持安盟，而苏联与古巴则支持安哥拉人民解放运动控制的中央政府；在莫桑比克，南非依靠资助和支持民族抵抗运动反对莫桑比克解放阵线控制的中央政府。美苏的干涉和南非白人种族隔离政权的插手导致南部非洲地区国内冲突持续不断，使这些国家没有宁日。

总之，冷战时期南部非洲地区的安全威胁以国家内部和国家间的冲突和战争为主，在全球、地区和国内三个层次展现，美苏在该地区的争夺和南非白人种族主义政权的破坏作用是造成该地区安全局势动荡不安、冲突和矛盾不断的主要原因。冷战结束后，南部非洲的安全局势大为缓解，主要表现在以下几个方面。

第一，冷战的结束使美苏在该地区的战略竞争不复存在。苏联解体后，俄罗斯忙于国内的政治经济改革，不再将南部非洲地区视为战略利益所在，其在南部非洲地区的战略影响力大为下降。与此同时，冷战的结束

① Guy Arnold, *South Africa: Crossing the Rubicon*, New York: St. Martin's Press, 1992, p. 116.

使非洲在美国外交政策中的战略重要性也大为降低，西方国家对非洲的安全承诺有所下降，非洲的政治精英也认识到西方正逐渐对非洲国家失去兴趣。[①] 冷战期间，美苏两个超级大国出于自身战略利益的需要，在世界范围内发起大量代理人战争，非洲地区也深受影响。美苏冷战的结束为非洲特别是南部非洲地区安全局势的改善创造了良好的外部条件。

第二，国家内部冲突成为地区安全的主要威胁。南非种族隔离制度被废除和美苏争夺的结束导致南部非洲国家间冲突逐渐消失，地区安全环境大为改善。然而，安哥拉内战、扎伊尔内战、莱索托政治危机以及津巴布韦政治经济危机的存在说明冷战的结束并没有给南部非洲地区带来和平。国内冲突取代国家间冲突成为冷战后南部非洲地区安全的主要威胁。这些国内冲突表现为政府与反对派或者民兵组织之间的暴力对抗。[②] 1997～2012年，非洲共发生了65000件冲突事件，其中40%是政府、反对派和民兵组织间的斗争。[③] 这些国内冲突产生大量难民、跨国犯罪以及来自邻国对反叛组织的支持等，从而对区域内国家间关系以及地区和平与稳定产生深刻影响。

第三，新南非成为维护地区和平与安全的主要力量。种族隔离时期，南非白人政权为抵御共产主义威胁，努力维护种族隔离制度，并对邻国采取扰乱政策，从而导致与邻国形成一种相互敌对的关系。因此，南非种族隔离政权成为影响地区安全的主要威胁和地区局势稳定的主要动荡源。非国大上台执政后，强调南非的安全有赖于整个非洲大陆的安全和稳定，并承诺利用南非的政治经济力量维护地区安全建设。美苏争夺的结束也为南非在南部非洲地区和非洲大陆安全建设中发挥更大的作用提供了机遇。后种族隔离时代，南非逐渐成为维护地区和平的主要力量。

二 维护地区安全：方式与建设性作用

1989年东西方全球两极对抗的终结与1994年非洲大陆白人少数统治

---

① Severine Rugumamu, *Post－Cold War Peace and Security Prospects in Southern Africa*, Harare: SAPES Books, 1993, p. 22.

② The African Center for the Constructive Resolution of Disputes, "South Africa's Peacekeeping Role in Burundi: Challenges and Opportunities for Future Peace Missions", *Occasional Paper Series*, Vol. 2, No. 2, 2007, p. 13.

③ Department of Defence, SA, "South African Defence Review 2015", http://www.dod.mil.za/documents/defencereview/Defence%20Review%202015.pdf.

的结束为南部非洲地区的安全环境开辟了具有深刻意义的新时代。[①] 一方面，国家内部冲突取代国家间冲突成为南部非洲地区面临的最大安全挑战；另一方面，民主转型后南非把自身界定为一个非洲国家，并承诺利用自身的经济军事力量维护南部非洲地区的安全和稳定。后种族隔离时代，南非逐渐由地区安全的破坏者转变为建设者，并在南部非洲地区安全建设中发挥着领导作用。具体而言，南非参与南部非洲地区安全建设的方式主要体现在以下几个方面。

第一，政治斡旋与调解。政治斡旋与调解是通过和平方式解决冲突的具体体现，也是南非应对南部非洲地区国内冲突和政治动荡威胁的主要方式。南非决策精英的世界观深受自身由种族隔离制度向民主转型经验的影响。无论是曼德拉政府还是姆贝基政府，外交政策都以预防性外交为导向，尤其强调通过协商方式解决争端。[②] 祖马上台后继续坚持通过协商方式解决冲突的政策。1990～1994 年南非通过多党政治协商以和平方式实现向民主制度的过渡，南非决策精英认为南非国内的转型经验可以为南部非洲地区深受国内冲突和政治动荡困扰的国家实现民主转型和恢复国内秩序提供样板。

南非进行政治斡旋与调解的具体步骤包括：第一阶段，说服各党派、政治力量以及公民社会参与到政治协商进程之中，谈判过程应具有包容性，这样达成的最终协定才具有合法性。第二阶段，根据政治协商所达成的协定组建民族团结政府，即不同政治力量分享国家权力，权力分享安排需照顾到不同政治力量的利益诉求。第三阶段，实现由民族团结政府向民主制度的过渡。这一阶段要求制定新宪法、确定选举日期、举行大选等。在由国内政治冲突向恢复政治秩序的转变过程中，国际社会应当扮演积极角色，鼓励以和平方式实现政治变迁。面对安哥拉内战、刚果（金）战争、莱索托危机、津巴布韦政治经济危机、马达加斯加军事政变、斯威士兰政治危机等南部非洲国内政治冲突情势时，南非都强调通过政治斡旋与调解加以解决。[③]

---

① Aparajita Biswas, *Post - Apartheid South Africa*: *Its Relations with the Neighboring Countries*, New Delhi: Asian Books Private Limited, 2007, p. 87.

② Christopher Landsberg, *The Quiet Diplomacy of Liberation*: *International Politics and South Africa's Transition*, Johannesburg: Jacana Media Ltd., 2004, p. 162.

③ 需要指出的是，南非以南部非洲发展共同体的名义于 1998 年对莱索托危机进行了军事干预。在莱索托危机的初始阶段，南非政治精英进行了大量的调解工作，然而伴随着该国国内秩序的持续混乱以及对军事政变的预期，南非最终进行了军事干涉。

南非主张通过政治斡旋方式解决南部非洲国家的内部冲突问题不仅与其自身的民主转型经验密切相关，而且很大程度上是由南非的非洲国家身份认同所决定的。虽然南非试图在南部非洲地区事务中发挥领导作用，但它也极力避免被非洲邻国视为地区霸权或者西方国家在非洲大陆的代理人，以避免被地区邻国孤立的命运。正是基于以上战略考虑，南非积极利用自身的影响力说服冲突各方放弃对抗，强调通过谈判向民主秩序转型，而不是通过经济制裁或者军事干预等强制方式实现政治变迁。

在刚果（金）内战中，南非通过提供后勤支持、谈判地点、协商经费等方式说服卡比拉政权与反对派于2002年在南非太阳城开启刚果人对话进程，并最终于2003年4月签署《比勒陀利亚协定》。根据该协定，刚果（金）组建了由卡比拉领导的民族团结政府，其中四位副总统分别由来自反对派和前政府的代表担任，过渡政府的安排体现了不同政治派别进行权力分享的原则。同时，该协定创建了国民议会负责起草新宪法，并规定于2005年底举行大选。虽然刚果（金）东部地区仍然处于动荡状态，但该国总体上实现了和平与稳定。在结束内战和冲突、构建以权力分享为原则的政治秩序上，南非发挥了关键性作用。

在津巴布韦政治经济危机中，南非顶住来自美欧等西方国家的压力，主张对津巴布韦实施“静悄悄”外交政策，即通过与穆加贝政权进行建设性接触说服其向民主制度过渡。在南非总统姆贝基的斡旋努力下，穆加贝领导的民族联盟爱国阵线与主要反对派民主变迁运动最终就权力分享协议达成共识，并于2009年2月组建了由穆加贝总统领导的民族团结政府，津巴布韦政治经济形势开始改善并向民主制度过渡。2013年1月津巴布韦政府就宪法草案举行全民公投。在南非决策精英看来，应通过非暴力方式鼓励穆加贝政权向民主制度过渡，进行经济制裁只会产生相反的作用。而且，津巴布韦问题应通过非洲方式加以解决，而不是由西方大国决定其命运。[①]

第二，强化地区安全机制建设。非洲大陆的国内冲突与政治动荡不仅导致国家功能的紊乱，而且存在外溢为地区性战争的风险。由于地区制度严重受到不干涉内政规范的束缚，因此无法有效应对频发的国内冲突。面对新的地区安全威胁，南非决策精英强调强化地区制度建设，通过多边方

① Mills Soko and Neil Balchin, “South Africa’s Policy towards Zimbabwe: A Nexus between Foreign Policy and Commercial Interests?”, *South African Journal of International Affairs*, Vol. 16, No. 1, April 2009, pp. 38 – 39.

式解决地区安全问题。一方面，南非努力将自身的价值观与政策偏好转化成地区制度的行为规范，然后通过地区制度解决安全问题，不仅可以使南非避免被邻国视为地区霸权，而且可以降低南非维护地区安全建设的经济成本；另一方面，通过地区制度解决国内冲突问题可以提高冲突解决方式的合法性，同时通过将规范内化为成员国的行为有助于塑造地区安全合作的文化。因此，强化地区安全机制建设成为南非维护地区安全与稳定的重要手段之一，其中在非统向非盟转型与完善南部非洲发展共同体的安全机制上，南非发挥了关键性作用。

在非洲大陆层次，南非决策精英强调强化非盟的安全机制，赋予非盟干预成员国内部冲突的权力。南非尤其主张将民主与人权原则融入非统规范之中，并积极推动非统由不干涉内政规范向有条件干预转变。最终在南非的努力下，非盟宪章确定在战争罪、种族灭绝、反人类罪以及非宪政变迁等情况下，非盟有权进行干预。规范变迁给予非盟干涉成员国内部事务的合法性，提高了非盟解决地区安全问题的能力。与此同时，在南非的积极推动下，非盟还成立了和平与安全理事会，并决定建立非洲常备部队以负责解决非洲大陆面临的安全问题。非盟规范的变迁与制度的强化意味着该组织将在解决地区安全问题上发挥更大的作用。

就地区层次而言，南非最终战胜了时任津巴布韦总统穆加贝的主张，联合其他非洲邻国积极推动将政治、防务与安全机构置于南部非洲发展共同体的制度框架内，并向首脑峰会负责，从而避免了双重领导的危机。2003 年，南共体首脑峰会批准政治、防务与安全机构战略倡议计划，从而为成员国的安全合作确立了指导原则。2003 年 8 月，南部非洲发展共同体成员国签署相互防御条约，南部非洲地区的安全文化逐渐由“安全困境”向“合作安全”转变。

在南非的积极推动下，非统实现了向非盟的转型，南共体的安全机制也得以强化，更为重要的是制度规范由不干涉内政转向了有条件干预，这意味着地区制度将在解决成员国内部冲突与政治动荡中发挥更大的作用。后种族隔离时代，南非竭力避免被地区邻国视为霸权，因而强调通过强化地区制度解决地区安全问题，这样不仅可以最大限度降低邻国对南非对外行为的疑虑，而且可以提高合法性，有助于安全问题的解决。

第三，派驻维和部队。种族隔离制度结束后，南非的军事力量仍然在南部非洲地区占据主导地位，南非的国防预算占南部非洲地区军费开支的

80%左右。[①] 因此，国际社会期望南非贡献其军事力量解决非洲大陆面临的安全问题。然而，曼德拉政府并没有通过派驻维和部队进行地区安全建设，这是因为：首先，种族隔离制度结束后，南非军事力量面临的首要问题是将种族隔离政权的军队与黑人家园和民族解放运动的游击军整合为统一的南非国防军；其次，种族隔离时代，南非国防军主要进行地区扰乱政策，缺乏维护地区和平与稳定的经验；最后，曼德拉执政时期将预算主要分配给南非的社会经济发展与重建项目，这限制了向地区派驻维和部队的能力。然而，伴随着地区安全形势的进一步恶化，南非决策精英逐渐认识到军事手段的作用，并将派驻维和部队视为解决地区安全问题的重要手段。

1998年10月21日南非内阁批准了《南非参与国际维和行动白皮书》，从而为南非军事力量参与国际维和行动确立了指导方针和法律基础。同时，南非公民社会也支持南非国防军的维和角色。1995年由防务政策研究所进行的一项民意测验显示，几乎2/3的受访者希望南非建立维和力量以帮助其他国家维护和平。[②] 1999年9月南非内阁批准了南非国防军价值213亿兰特的军火采购计划，武器装备的换代升级有助于提高维和部队的战斗力。1999年以来，南非开始向非洲冲突地区派驻维和部队。根据表3－3所示，南非主要通过非盟、联合国等多边组织，参与了刚果民主共和国、布隆迪、苏丹达尔富尔、南苏丹、埃塞俄比亚－厄立特里亚、利比里亚等国家和地区的维和行动。这些维和人员既有作战士兵，也有警察、军事观察员等。其中，大部分维和力量集中在刚果民主共和国和布隆迪等撒哈拉以南非洲国家。

表3－3 南非在非洲参与的维和行动（2002～2008年）

单位：人

	2002年	2003年	2004年	2005年	2006年	2007年	2008年
MONUC（刚果民主共和国）	161	1430	1430	1230	1242	1248	1248
IEMF（刚果民主共和国）		22					
TPVM（刚果民主共和国）	3	3					

① James Mayall, "South Africa's Role in International Peacekeeping", in J. E. Spence, eds., *After Mandela: The 1999 South African Elections*, London: Royal Institute of International Affairs, 1999, p. 83.

② Greg Mills, "South Africa and Peacekeeping", in *South African Yearbook of International Affairs, 1995/1996*, Johannesburg: South African Institute of International Affairs, 1996, p. 221.

续表

	2002 年	2003 年	2004 年	2005 年	2006 年	2007 年	2008 年
UNMEE（厄立特里亚与埃塞俄比亚）	6	6	10	6	6	6	1
OLMEE（厄立特里亚与埃塞俄比亚）	5	5	4	1	1	1	1
SAPSD（布隆迪）	750						
AMIB（布隆迪）		1500					
ONUB（布隆迪）			1100	930	865		
BINUB（布隆迪）						1	
AUPF（布隆迪）			337	337	337		
AUSTF（布隆迪）						750	1000
UNMIL（利比里亚）			3	3			
UNMIS（南部苏丹）						4	4
AMIS（南部苏丹）			10	339	620	620	
UNAMID（苏丹达尔富尔）							800
南部苏丹 - 乌干达						2	
总　数	925	2966	2900	2846	3071	2632	3054

资料来源：*South African Yearbook 2008/2009*，https：//www. gcis. gov. za/sites/default/files/docs/resourcecentre/yearbook/2009/chapter16. pdf.

单纯从维和人员数量来看，南非的地区性大国色彩体现得并不浓厚。事实上，埃及、尼日利亚、卢旺达、乌干达、埃塞俄比亚等国贡献的维和人员数量要多于南非。虽然从维和人员规模的角度看，南非并不是非洲最大的维和贡献国，但是南非在非洲所开展的维和活动令人印象深刻。① 特别是在布隆迪、刚果民主共和国等冲突国家的维和行动中，南非甚至发挥了关键性的领导作用。例如，南非陆军中将西弗·宾达（Sipho Binda）曾担任非盟驻布隆迪维和部队的指挥官，南非陆军少将德里克·姆格韦比（Derick Mgwebi）曾担任联合国驻布隆迪维和部队的指挥官。2017 年 4 月，南非前驻联合国大使杰瑞米·马马波罗（Kingsley Mamabolo）则被任命为非盟 - 联合国达尔富尔混合行动的联合特别代表，领导多边维和力量推动苏丹达尔富尔的和平建设。

第四，积极参与冲突后重建与发展。冲突后重建与发展是保证遭受战

① Anthoni van Nieuwkerk，“South Africa and Peacekeeping in Africa”，*African Security*，Vol. 5，Issue 1，2012，p. 46.

争或冲突破坏的国家实现可持续和平的关键环节。民主转型之初，南非在非洲和平与安全建设领域，主要聚焦于通过政治斡旋、政治协商等预防性外交方式，解决部分非洲国家所面临的内部冲突问题。随着内部冲突的逐步化解，如何保证预防性外交的成果，使得冲突后国家的公共机构顺利运转、公共服务得到有效供应等成为摆在南非面前的突出问题。在此背景下，冲突后重建与发展，日益成为南非参与非洲和平与安全建设的重要领域。对此，南非外交决策精英多有强调。2005 年，时任南非外长德拉米尼·祖马在外交部的预算演讲中指出，没有冲突后重建和发展，国家就会立马陷入不稳定和冲突状态。2006 年，时任南非副外长帕哈德在访问欧洲时也指出，南非将更加强调冲突后重建的重要性。因为很明显非洲大陆正在进入新的阶段，在这一阶段，冲突后重建将占据中心舞台。①

后种族隔离时代，南非在非洲和平建设与冲突后重建进程中扮演着日益重要的角色。特别是在中非共和国、刚果民主共和国、布隆迪、马达加斯加、索马里、南苏丹、津巴布韦等非洲国家的和平建设与冲突后重建进程中，南非逐步成为关键的国际行为体。② 从资金来源上看，南非于 2001 年专门设立了非洲复兴与国际合作基金，由南非国际关系与合作部负责管理，成为南非开展官方发展援助的重要杠杆。通过非洲复兴与国际合作基金，南非政府可以借助贷款、赠款和技术支持等，参与非洲国家的冲突后重建与发展进程。需要指出的是，在非洲复兴与国际合作基金之外，其他涉外政府机构甚至跨国公司（如防务部门等）也会参与到非洲国家的冲突后重建与发展进程中。例如，在非盟应对埃博拉传染病疫情过程中，南非最大电信运营商 MTN 便给予了资金上的支持。事实上，南非跨国公司所起到的作用主要不在提供援助，而是参与到这些冲突后国家的经济建设中。在布隆迪、刚果民主共和国、南苏丹等冲突后重建国家中，都有大量南非跨国公司的存在。从合作方式上看，南非重视与国内社会组织、域外大国等建立伙伴关系，在冲突后重建与发展领域联合提供公共产品。例如，在索马里冲突后重建与发展进程中，南非政府通过非洲复兴与国际合作基金向非洲争端建设性解决中心（ACCORD）提供资助，该社会组织以非官方

① Richard Gueli, "South Africa: A Future Research Agenda for Post - Conflict Reconstruction", *African Security Review*, Vol. 17, No. 1, 2008, p. 86.

② Martha Mutisi, "Recalibrating South Africa's Role in Post - Conflict Reconstruction Processes in Africa", Stimson Center, November 2016, p. 1.

身份推动索马里联邦政府与公民社会组织以及发展伙伴等开展对话，促进索马里的和平进程。[①] 此外，南非还与北方工业化国家、新兴发展中国家合作，由这些国家提供资助，由南非的高等教育机构、培训学院等向非洲冲突后重建国家提供人力资源培训。从合作领域上看，南非强调冲突后重建国家的能力建设，特别是提高公共机构的管理能力。为保证冲突后国家能够走上民主发展的道路，南非尤其强调提高冲突后国家的独立选举机构的能力建设。而南非独立选举委员会（IEC）则在寻求解决非洲大陆诸多选举管理机构所面临的技术能力缺失方面扮演着领导性的角色。这种类型的援助聚焦于加强这些选举机构的能力和效率，培养公众对这些机构组织选举的能力的信心。[②] 为公共机构培养富有能力的人才，也是提高这些机构管理能力的必要条件。南非通过多种渠道为布隆迪、刚果（金）、南苏丹等冲突后重建国家培养了大量人员，涉及军事、外交、警察等诸多部门。例如，截至 2014 年，南非在非盟冲突后重建与发展倡议（AU PCRD Initiative）框架下，为南苏丹培训了共计 1600 名政府官员。[③]

总之，在后种族隔离时代，南非政府逐渐将南非国防军由地区安全的威胁性力量转变为建设性力量。南非决策精英逐渐认识到，单纯依靠政治斡旋与制度建设无法有效应对地区安全威胁，同时还需通过军事力量进行维持和平行动，通过资源动员参与冲突后重建与发展，以维护非洲地区和平与稳定。此外，南非的维和部队还参与到地区减灾等广泛的安全议程中，体现了对人的安全的关注。

三　南非方式面临的主要挑战

政治斡旋与调解、强化地区安全机制建设、派驻维和部队、参与冲突后重建与发展进程构成南非维护非洲大陆安全的主要方式。虽然这些方式在维护地区安全建设上取得了一定成效，但同时也面临诸多挑战。

① Martha Mutisi, "Recalibrating South Africa's Role in Post – Conflict Reconstruction Processes in Africa", Stimson Center, November 2016, p. 6.

② Chido Mutangadura and Priyal Singh, "South Africa's Support to Peace and Security in Burundi", *Southern Report*, No. 29, September 2019, https://issafrica.s3.amazonaws.com/site/uploads/sar29.pdf.

③ "South Africa Yearbook 2014/2015", https://www.gcis.gov.za/sites/default/files/docs/resourcecentre/International_ relations2015.pdf.

第一，部分政治斡旋与调解努力并不成功，从而引发一系列质疑和批评。基于自身民主转型的历史经验，南非强调把政治斡旋与调解作为解决非洲国内冲突的基本方式。就南部非洲地区而言，虽然南非的政治斡旋与调解在促使刚果（金）结束内战恢复国内秩序方面发挥了重要作用，但是并非所有的国家都支持南非的经验输出。例如，安哥拉多斯桑托斯政权便拒绝南非的斡旋努力，安哥拉内战的结束是因为反对派领导人萨文比在军事冲突中死亡，多斯桑托斯领导的安哥拉人民解放运动取得了军事上的胜利。在部分冲突情势中，冲突各方认为通过协商将损失更多，而通过武力将取得胜利，在这一进程中，妥协往往被抛弃。[①] 由于南非试图在多斯桑托斯政权与萨文比领导的反对派之间进行调解，南非与安哥拉政府之间的关系一度龃龉不断。有学者指出，协商可以成为解决冲突的有效方式，但协商若要取得成功必须具备必要的条件。南非制造和平的努力应在批判性地检验协商的条件当前是否具备的情况下才能进行。如果制造和平的干预在没有充分研判的情况下进行，很可能导致失败。持续的失败反过来会削弱南非作为有效居间协调者的声望，因此会进一步削弱其在条件具备时制造和平的能力。[②]

第二，地区制度执行能力不强。虽然经过南非的努力，非盟与南共体等大陆和地区组织的制度能力不断得到强化，然而在应对地区安全危机时仍然存在执行力不足的问题。一方面，非盟和南共体等地区性组织缺乏充足的资源执行所制定的政策，现有的资源很大程度上依赖国际社会的捐助而非非洲国家的自主贡献。例如，非盟 97% 的项目是由国际捐助者资助的，[③] 这种状态将损害地区组织的独立性和执行力。筹划中的非洲常备部队也因资助问题而无法按时投入使用。另一方面，成员国往往缺乏政治意愿和能力执行地区制度所确立的政策规则。而成员国间的政治分歧则可能导致地区制度无法有效应对地区危机。例如，在津巴布韦政治危机问题上，赞比亚、博茨瓦纳和坦桑尼亚等国便主张通过施加压力予以解决，这

① Hussein Solomon, "South Africa in Africa: A Case of High Expectations for Peace", *South African Journal of International Affairs*, Vol. 17, No. 2, August 2010, p. 135.

② Christopher Williams, "Peacemaking from the inside out: How South Africa's Negotiated Transition Influenced the Mandela Administration's Regional Conflict Resolution Strategies", *South African Journal of International Affairs*, Vol. 22, No. 3, 2015, p. 374.

③ Nick Kotch, "Foreign Funds Shock for Dlamini – Zuma", http://www.bdlive.co.za/world/africa/2012/10/29/foreign – funds – shock – for – dlamini – zuma.

与南非避免向穆加贝政权施压的做法形成反差，从而使南共体在应对津巴布韦政治危机问题上往往无法形成合力。事实上，在关乎国家主权的安全问题上，地区制度通常会因为成员国间的政治分歧而无法予以有效应对。

第三，南非的维和部队面临资金和能力限制。1999 年后南非开始通过多边途径向非洲冲突地区派驻维和部队，可以说南非的军事力量已由地区安全的威胁转变为地区安全的建设者和贡献者，对南部非洲地区的安全建设做出了巨大贡献。然而南非的军事力量本身也存在严重问题，这极大地限制了南非军事力量在维和方面作用的发挥。一方面，南非国内存在严重的失业、财富分配不均等问题，在这种情况下政府将预算主要用于社会经济发展，国防预算分配较少。近年来，南非的国防预算不断遭到削减，由 2004/2005 年占国内生产总值的 1.54% 下降到了 2015 年度的 1.29% ~ 1.1% 。[①] 近几年，由于经济增长乏力，南非对防务力量的投入持续下降，2019 年南非的国防开支仅占国内生产总值的 0.95% 。[②] 这种形势严重限制了南非国防部队满足维和需求的能力。[③] 南非国防部在 2015 年针对防务力量所做评估中明确指出，南非国防力量呈现明显的衰退状态，其特点是各兵种能力不平衡、诸多军事操作系统陈旧过时或缺失、缺乏满足当前防务承诺的能力、缺乏强大的动员能力。即便对此做出迅速应对，也至少需要五到十年时间才能遏制住衰退性走势。[④] 另一方面，虽然南非国防军具有比其他非洲国家优良的武器装备，然而南非的维和部队仍然存在严重的素质缺陷。南非国防军 2002 ~ 2008 年在布隆迪的犯罪记录包括 400 例不法行为指控和将近 1000 件军事审判。在刚果（金），南非国防军的纪律记录同样令人担忧。2002 ~ 2008 年，南非国防军在刚果（金）受到 264 例纪律性不法行为指控和 546 件军事审判。[⑤] 除了军纪不良外，南非国防军还存在

---

① "South African Defence Review 2015", http://www.dod.mil.za/documents/defencereview/Defence%20Review%202015.pdf.

② Department of Defence, SA, "Annual Performance Plan 2019", http://www.dod.mil.za/documents/app/2019/Final%20DOD%20APP%20for%20tabling.pdf.

③ Theo Neethling, "The Defense Force and Peacekeeping: Linking Policy and Capacity", in Elizabeth Sidiropoulos, eds., *Apartheid Past, Renaissance Future – South Africa's Foreign Policy: 1994 – 2004*, Johannesburg: The South African Institute of International Affairs, 2004, p. 144.

④ Department of Defence, SA, "South African Defence Review 2015", http://www.dod.mil.za/documents/defencereview/Defence%20Review%202015.pdf.

⑤ Alex Vines, "South Africa's Politics of Peace and Security in Africa", *South African Journal of International Affairs*, Vol. 17, No. 1, April 2010, p. 60.

高艾滋病感染率等严重的健康问题，这严重限制了南非国防军的维和能力。

虽然南非在维护地区安全的路径选择存在以上挑战，但在南非的努力下，非洲大陆尤其是南部非洲地区的安全环境已大为改善。当然，南部非洲地区要消除国内冲突和政治动荡问题，建成真正意义上的安全共同体仍任重道远。面对以上三个方面的挑战，南非需做出相应政策调整才能更加有效地应对地区安全问题。

总之，在后种族隔离时代，南非积极追求在非洲大陆扮演一种领导角色，在非洲大陆和南部非洲地区发挥领导作用是南非在全球层次追求大国地位的重要基础。经过曼德拉政府的调适，新南非更加重视其非洲身份的属性，强调南非的命运与非洲大陆尤其是南部非洲地区紧密相连。因此，在追求领导地位的过程中，南非极力避免单边主义的外交方式，强调通过多边主义方式合作解决非洲大陆所面临的安全和发展问题。在南非决策精英看来，领导作用的发挥并非利用自身的经济和军事优势强迫邻国追随其政策偏好，而是通过提供问题解决办法等公共产品的方式获取非洲国家对其政策的支持。后种族隔离时代，南非是在强化非洲大陆和地区的制度建设、促进非洲大陆的政治经济发展以及维护非洲大陆和南部非洲地区的安全建设上提供了大量公共产品的唯一非洲国家。南非试图以提供公共产品的方式获得非洲国家和域外力量的支持，以提高其作为非洲大陆领导国的合法性。地区领导地位的巩固有助于支撑南非在全球层次以及不同问题领域发挥更大的影响力。

虽然南非在非洲大陆尤其是南部非洲地区发挥了某种程度的领导作用，但是这种地位也面临着诸多挑战。其一，面对非洲大陆的复杂态势，南非本身国力仍然有限。南非国内存在严重的失业、贫困以及不平等等问题。大量的国内问题不仅会导致政府将更多的精力放在解决国内问题上，而且将制约南非处理大陆事务的能力。特别是21世纪以来，非洲经济发展虽然取得举世瞩目的成就，但是其面临的安全困境并未降低，各类传统和非传统安全挑战依然困扰着非洲的可持续发展。南非解决问题的能力与非洲日益增长的区域治理问题存在不平衡。其二，非洲地区性大国的崛起将对南非的领导角色构成挑战。近年来，尼日利亚、安哥拉等非洲产油国经济发展迅速，这些国家经济实力的提高将对南非在非洲影响力的发挥构成挑战。南非虽然声称是非洲的“门户”并在多边舞台上代表非洲发声，但是非洲其他经济体的崛起将使南非作为非洲代表的合法性受到挑战。其三，域外大国对非洲事务的干预对南非“非洲问题非洲人解决”的战略构成了严峻挑战。美国领导的北约集团对利比亚危机的军事干预不仅显示了域外大国在非洲的强大存在，而且也暴露了非盟与南非自主能力的局限性。南非虽然是非洲的区域大国，但是面对美欧西方国家的强权政治依然无力做出有效应对。

第四章　南非与西方霸权:对美欧实用主义外交

南非先后被荷兰和英国殖民，与西方国家在历史、政治、经济以及文化等层面存在密切联系。西方国家也将南非白人政权视为资本主义和基督教文明体系的一部分。种族隔离时期，在历史文化联系的基础上，西方大国与南非还维持着密切的政治经济联系，南非成为西方大国重要的战略资源供应国、贸易与投资对象国。虽然欧洲斯堪的纳维亚国家坚持批评南非的种族隔离政策，并主张对种族隔离政权进行制裁，支持南非的民族解放运动，但是美英等主要西方大国对南非制裁和孤立的立场并不坚定，仍然与白人政权维持了密切的政治经济联系。

由于主要西方大国对南非的种族隔离政策持漠视态度，所以 20 世纪 60 年代后，非国大在国内层面加强了与南非共产党等左翼力量的联合，在国际层面加强了与苏联、东欧社会主义国家的联系。在意识形态上，非国大深受共产主义思想影响，强调通过革命的方式推翻南非的种族隔离政权，并建有武装组织“民族之矛”。由于非国大与南非共产党、苏联东欧社会主义国家存在密切联系以及它所主张的革命斗争策略，美国一度将非国大视为恐怖主义组织。英国撒切尔政府也采取了在放弃暴力斗争之前不与非国大进行对话的政策。非国大领导层则对美欧等西方大国包庇南非白人政权的行为表现出强烈不满，并持严厉批评态度。因此，种族隔离时期，作为南非民族民主革命领导力量的非国大与西方国家总体上构建了一种互不信任的政治文化。不过，这种互不信任的状态逐渐被国际体系结构的调整与南非国内政治结构的变化所打破，从而使南非新政府与西方霸权之间的关系得以重新建构。

20 世纪 80 年代末 90 年代初，南非国内的政治结构与国际体系的权力结构发生深刻转型。就南非国内政治结构而言，执政权从少数白人手中转移到非国大领导的民族团结政府，实施了半个世纪之久的种族隔离制度被废除。在南非国内政治转型过程中，西方国家通过制裁和孤立种族隔离政权、提供资金支持民主选举等方式发挥了重要作用，这也为种族隔离制度结束后非国大政府与西方国家关系发展奠定了重要基础。从国际体系权力结构转型的角度来看，苏联解体、东欧剧变使冷战时期的两极对抗转变为美欧独霸的权力结构状态。虽然种族隔离时期，非国大与苏联、东欧社会主义国家曾维持着密切联系，但苏联解体、东欧剧变的政治现实使得非国大在南非民主转型的关键阶段（1990～1994年）失去了来自社会主义阵营的强有力支持。

国际体系权力结构的深刻转变导致南非的政治转型更多受到美欧西方国家意识形态的影响。尽管非国大依然在国内与南非共产党维持着联盟关系，但是共产主义意识形态对非国大政策倾向的影响已显著下降。国际体系层次的结构性压力对南非发展道路和对外战略走向所产生的影响是显而易见的。在国内层面，非国大上台执政后所出台的“重建和发展计划”带有明显的社会主义色彩，然而这一政策实施不久非国大政府便于1996年出台“增长、就业和再分配”计划，在增长与再分配方面更加突出增长的重要性，同时旨在通过推进私有化、自由化等政策促进经济增长、创造就业，因此1996年所确立的发展道路被广泛界定为“新自由主义转向”。后种族隔离时代，南非“新自由主义转向”是美欧意识形态霸权通过跨国资本等途径向南非国内传导的结果。在国际层面，非国大政府充分认识到冷战后美欧国家占主导的国际政治现实，承认南非的发展无法摆脱美欧霸权的影响，强调要加强与美欧国家的联系，以为自身发展创造良好的外部环境。①

总体上看，虽然冷战期间非国大与苏联、东欧社会主义国家维持了密切联系，但是冷战后美欧国家占主导的国际政治现实，决定了取得执政地位的非国大政府只有与美欧国家合作才是其最佳的战略选择。与美欧国家进行广泛合作，至少可以使南非获取三个方面的战略收益：一是有助于南非比较顺利地融入国际社会。种族隔离时期，南非遭到国际社会孤立，被取消了大量国际组织的成员资格。国际社会主要的国际组织基本上都由美欧国家主导，特别是世界银行、国际货币基金组织、世界贸易组织等多边经济金融机构，因此，发展与美欧国家的关系，是南非重新加入这些国际组织的重要条件。二是有助于南非比较好地推进国内经济发展。非国大政府继承的南非，经济上处于停滞状态，种族隔离制度所造成的二元分化的

① “Foreign Policy for South Africa：Discussion Document”，1996，http：//www. gov. za/documents/foreign－policy－south－africa－discussion－document－0.

经济结构致使贫困、失业和不平等不断加剧。美欧国家拥有市场、资本、技术等多方面优势，维护和发展与美欧国家关系，显然有助于为陷入困境的经济吸引投资、便利出口等创造条件。三是有助于南非在非洲地区以及世界舞台上发挥更大作用，推动其"非洲议程"以及维护广大发展中国家权益目标的实现。从美欧国家的角度看，南非是非洲的区域大国，与西方国家持有相似甚至相同的民主、人权等价值理念，支持南非这样一个地区大国在区域和全球层面发挥作用，有助于推广西方的政治制度和价值理念。西方国家承认南非"在非洲大陆和地区是一个领导性的国家以及和平斡旋者。南非的权威不仅仅存在于非洲，而且还存在于全球多边制度中"。[①] 因此，发展与美欧国家的关系，不仅有助于南非在非洲实现其战略目标，而且有助于其在多边外交舞台扩大影响。南非国际关系与合作部发布的战略规划中，也明确将发展与美欧等北方工业化国家关系的目标确定为推动和支持国家优先发展方向、非洲议程以及南方国家议程。[②]

国际体系的权力结构并不是一成不变的。国际政治经济发展的不平衡性，会导致国际体系的权力结构发生调整和变化。21 世纪以来，由于新兴大国的群体性崛起，国际格局的多极化态势日益明显。国际体系权力结构的演变对南非的对外战略造成重大影响，突出体现在两个方面：一方面，因受 2008 年国际金融危机冲击，南非非国大政府对传统的新自由主义导向的发展道路进行深刻反思，提出构建发展型国家的理念，强调国家在推动经济发展、创造就业等方面所扮演的角色；另一方面，在对外战略方面，南非开始向中国、印度、巴西等新兴大国倾斜，与美欧国家的外交关系相对有所弱化，甚至非国大政府出现了一定程度的"反西方"话语表述。南非与印度、巴西组建"印度 - 巴西 - 南非三方对话论坛"机制、加入金砖国家合作机制便是南非外交再平衡的突出体现。虽然南非在对外战略中更加突出新兴大国以及新兴大国集团的重要作用，但是它并未放弃与美欧国家的密切联系，并且仍然强调维护和发展与美欧国家的关系是其战略利益

---

① Lesley Masters, "The EU - South Africa Strategic Partnership: From Bilateral to Multilateral Forums and the Strategic Value for South Africa", *South African Journal of International Affairs*, Vol. 24, No. 2, 2017, p. 217.

② Department of International Relations and Cooperation, SA, "Strategic Plan 2015 - 2020", http://www.dirco.gov.za/department/strategic_plan_2015_2018/strategic_plan2015_2020.pdf.

所在。①

第一节 非国大对西方大国认知的转变

种族隔离时期，非国大与南非共产党和苏联、东欧社会主义国家维持密切关系，西方大国则将南非白人政权视为抵御苏联共产主义势力在南部非洲扩张的重要力量，因而对南非的种族隔离制度采取漠视态度。西方大国与白人种族隔离政权维持了比较密切的政治经济联系，这使非国大从整体上对西方持怀疑和批评态度。非国大与苏联、东欧社会主义国家的紧密关系又使美国将非国大定性为恐怖主义组织。

20 世纪 80 年代中后期，西方大国开始积极推动南非的民主化进程，并逐步改变对非国大的态度，将其视为南非民主政治协商的重要力量。西方大国态度的转变旨在通过与非国大的积极接触，促使其执政后采取于美欧西方国家有利的外交政策，并沿着民主政治的道路转型。非国大由于丧失了苏联、东欧社会主义国家的政治、经济和军事支持，开始重视西方大国在促进南非民主转型过程中的重要作用。非国大与西方大国之间的关系逐步改善，这成为非国大执政后新南非与西方大国关系改善和发展的基础和保障。

一 种族隔离时期的非国大与西方：相互怀疑

种族隔离时期，非国大与西方大国之间的互动是围绕种族隔离制度而展开的。非国大希望西方大国能够对南非白人种族隔离政权施加压力，通过政治孤立与经济制裁等方式使南非实现向民主制度的过渡。然而这一时期，出于冷战两极对抗的需要，西方大国不仅对南非的种族隔离政策视而不见，而且与南非政府维持了密切的政治经济联系。主要的欧洲大国（英国、德国和法国）都反对对南非进行强制制裁，其主要目的是维护本国的经济利益，并利用南非白人政权反对共产主义在非洲特别是南部非洲的扩展。

英国一直以来都是南非最大的外资来源国。1978 年，英国对南非的投资占南非吸引外资总量的 40%，英国海外直接投资总量的 10% 在南非。英

① “Building a Better World：The Diplomacy of Ubuntu，White Paper on South Africa’s Foreign Policy，Final Draft”，13 May，2011，http：//www. gov. za/sites/www. gov. za/files/foreignpolicy_0. pdf.

国巴克莱国际银行和标准银行，控制着南非银行存款的60%。联邦德国与南非的贸易额在种族隔离时期也出现了大幅增长。1979年，德南双边贸易额超过30亿美元。1988年联邦德国超过日本成为南非第一大贸易伙伴。法国则主要向南非提供武器，并在核能领域开展合作。[①] 冷战时期，美国将南非视为抵御苏联共产主义在南部非洲扩张的桥头堡，南非成为美国在南部非洲利益的代理人，美国则是南非强有力的外部支持者和军事、技术后盾以及主要贸易伙伴。南非与美国事实上成为没有正式结盟的盟友。[②] 美国企业也在南非大肆扩张。据估计，1976年美国在南非的私人投资达到了16.58亿美元。与1970年的7.62亿美元相比，增长了1倍多。同时有近300家美国公司在南非存在经营活动。[③] 虽然西方大国在话语上反对南非的种族隔离制度，在实践中却与南非白人政权维持了密切的政治经济联系。西方大国与南非白人政权密切联系的现实，导致非国大对西方大国的政策持怀疑和批评态度，非国大与西方大国的关系因此受到严重制约。

由于西方大国对南非种族隔离政权采取包庇纵容政策，与南非共产党结盟的非国大在外交实践中强化了与苏联、东欧社会主义国家以及第三世界国家的关系。在国内反种族隔离斗争实践中，非国大也在20世纪60年代之后由非暴力不合作转向了通过暴力革命推翻种族隔离政权。非国大与苏联的关系及其革命主张与美国的反苏战略和通过和平方式实现南非政治变迁的政策相矛盾。美国决策精英认为，非国大是苏联支持的游击运动，该运动不断从外部向南非渗透，并周期性地破坏政府所有以及与政府有关的资产。[④] 在这种背景下，非国大被美国国务院贴上了恐怖组织的标签。英国的撒切尔夫人也坚持在非国大放弃暴力活动之前不与其进行对话。

因受共产主义意识形态和自身革命实践的影响，非国大对西方国家及其所实施的资本主义制度持怀疑态度。非国大决策精英将西方大国视为殖民主义和帝国主义的象征。在曼德拉看来，传统的殖民帝国（例如英国和法国）由于两次世界大战而受到严重打击，美国则一跃成为西方世界的超

① 杨立华主编《列国志·南非》，社会科学文献出版社，2010，第535~544页。

② 杨立华编著《南非政治经济的发展》，中国社会科学出版社，1994，第206页。

③ John J. Tierney, "U. S. Foreign Policy and South Africa", in Robert L. Schuettinger, eds., *South Africa - the Vital Link*, Washington, D. C.: Council on American Affairs, 1976, p. 95.

④ Robert I. Rotberg, *South Africa and US Policy*, Occasional Paper, Johannesburg: The South African Institute of International Affairs, September 1985, p. 2.

级大国，并对第三世界构成了严重威胁。当前，美帝国主义是非洲独立国家的最大威胁。美国资本已经渗透非洲，其目的不是提高当地人民的生活水平，而是对非洲人民进行剥削并榨取非洲大陆的自然财富。[①] 总之，在种族隔离斗争时期，对南非许多非国大成员而言，华盛顿是邪恶的化身，美国代表了所有极端的资本主义制度，直到最后一刻还支持白人种族隔离政府。在南部非洲地区，美国在20世纪80年代的“建设性接触”政策则被视为“破坏性接触”。然而在大西洋彼岸，华盛顿认为美国在结束种族隔离制度促使南非积极变迁方面发挥了作用。[②]

二 非国大对西方大国态度的转变

20世纪80年代中后期国际体系的权力结构与南非国内政治体系开始进入转型期，而且这两个不同层次的转型相互作用、密切联系，并最终导致南非以相对和平的方式实现了民主转型。在这一过程中，非国大与西方大国之间的关系逐渐改善，双方对待彼此的态度也发生变化，这为民主转型后非国大治下的南非发展与西方大国的关系奠定了基础。

20世纪80年代中后期，南非国内民族解放运动日益高涨，国际社会对南非种族歧视的批评日甚，美国国内民众抗议政府对南非政策的示威游行风起云涌。在这种背景下，西方大国加大了对南非白人政权的制裁力度，并开始推动南非的民主化进程。美国里根政府于1985年发布行政命令对南非实施了有限的贸易和金融制裁。1986年美国国会通过《全面反种族隔离法案》，开始对南非进行全面严厉制裁。该项法案主要内容包括停止对南非进行新的投资，禁止进口南非的煤、铁、钢、铀和农产品，禁止向南非出口原油及石油产品，以及禁止南非民航班机在美国的着陆权，等等。[③] 鉴于南非对美国经济的依赖，美国的严厉制裁对南非经济造成了严重负面影响。自《全面反种族隔离法案》颁布实施后，大量美国公司纷纷撤离南非，导致严重的资本外逃。据估计，由于美国公司的撤资，南非大

① International Defence and Aid Fund for Southern Africa, *Nelson Mandela: The Struggle is My Life*, London: International Defence and Aid Fund for Southern Africa, December 1978, pp. 75 – 76.

② Greg Mills, “Over the Rainbow, SA – US Relations, 1994 – 2000”, in Greg Mills and John Stremlau, eds., *The Reality Behind the Rhetoric: The United States, South Africa and Africa*, Johannesburg: The South African Institute of International Affairs, 2000, p. 25.

③ 杨立华编著《南非政治经济的发展》，中国社会科学出版社，1994，第216页。

约损失了60亿美元。[①] 英国政府也开始调整政策鼓励南非进行民主转型，并于1986年初派遣英联邦名人小组访问南非，与南非各界会晤，向南非政府提出解决国内政治危机的建议。

20世纪80年代中后期非国大的观念与政策也开始做出调整。虽然并没有放弃武装斗争的策略，但是党内主张通过政治协商实现民主转型的呼声也日益高涨。这主要是由三个方面的因素所导致的。

其一，自美国施加严厉制裁后，南非经济形势日益恶化，白人商业阶层开始主张与非国大进行谈判，通过政治权力的让渡来确保和维护自身的经济利益。因为恶化的经济形势与动荡的政治形势并不符合商人阶层的利益。20世纪80年代中后期，商人阶层以及政府开明派人士开始与非国大领导核心频繁接触，这种互动为非国大调整政策奠定了基础。

其二，戈尔巴乔夫上台执政后，苏联外交政策开始做出重大调整，对第三世界民族解放运动的支持有所下降，强调与西方国家合作解决南部非洲地区的冲突。在此背景下，苏联对南非的政策也开始做出调整，新政策的实质在于通过谈判创造一个公正和民主的南非。这种政策变迁更多体现了改革主义的性质，而非革命主义的性质。[②] 苏联对南非政策的调整意味着非国大的革命战略将失去强大的外部支持，非国大不得不做出政策调整以适应新的形势变化。

其三，西方大国支持南非不同政治力量通过谈判方式实现民主转型，南非陷入内乱并不符合西方国家的利益。在南非国内众多民族解放运动中，非国大逐渐崛起为领导性力量，西方大国也逐渐认同了非国大的这一角色。即使是美国也不得不改变将非国大界定为“恐怖主义组织”的决定，并逐渐认识到未来南非的政治谈判需依靠非国大的积极参与。国内政治力量对比的变化与国际社会的鼓励使非国大最终选择通过与白人政府进行和平谈判实现南非的民主转型。

由于丧失了苏联、东欧社会主义国家的支持，在民主转型的过程中非国大开始改变政策，寻求改善与西方大国的关系。1990年6月，曼德拉首次访

① Morgan Norval, *Inside the ANC: The Evolution of a Terrorist Organization*, Washington, D. C.: Selous Foundation Press, 1990, p. 186.

② Anatoly Gromyko and John Kane - Berman, *The Moscow Papers: The USSR and South Africa Similarities, Problems and Opportunities*, Johannesburg: South African Institute of Race Relations, 1991, p. 12.

问美国。在此次访美行程中，曼德拉努力消除美国投资者对未来非国大政府经济政策的疑虑，强调未来新政府不会选择社会主义道路。在 1990 年 6 月 26 日对美国参众两院联席会议所做的演讲中，曼德拉明确表示，非国大并不持有必须采取国有化政策的意识形态立场，与此同时，非国大将私人部门视为经济增长和发展的引擎，这对未来南非混合经济的成功是至关重要的。[①]

非国大观念和政策的变化得到了西方大国的积极鼓励和支持。西方大国也试图改善与非国大的关系。西方大国的决策精英逐渐认识到，一旦举行民主选举，必然是非国大上台执政。因此，改善与非国大的关系对未来发展与新南非的关系大有裨益。非国大的参与和对南非政治协商进程的贡献得到了美国媒体的积极报道和评价。非国大赢得了美国公民社会的尊重。

非国大在美国议会赢得声望可从以下事实中表现出来：美国议会通过 2500 万兰特的赠款以促进南非的民主协商，其中非国大获得 840 万兰特。[②]美国积极支持南非各政治力量通过协商方式实现民主转型，时任国务卿克里斯托弗承诺，一旦过渡执行委员会建立并确定选举日期，美国将与 G7 伙伴国一道帮助南非重新融入全球经济之中。美国将与国际金融机构（包括国际货币基金组织和世界银行）合作动员资源以促进南非经济增长，并以改变种族隔离制度所造成的住房、教育以及机会不平等为目标。[③] 民主转型期间非国大对西方大国态度的转变为后种族隔离时代新南非与西方大国关系的改善和发展奠定了基础。

第二节　借助与美欧传统关系提高经济实力

1990 ~ 1994 年是南非的民主转型期，美欧等西方大国是南非民主转型的重要外部影响力量。在此期间，非国大对西方大国的态度有所改观，关系有所改善。1994 年民主转型后，非国大上台执政，成为南非执政党。面对冷战结束后美国主导的西方霸权秩序，非国大政府采取了比较务实的态

① Nelson Mandela, "Address to The Joint Session of the Houses of Congress of the United States of America", Washington, D. C., 26 June, 1990.

② Hari Sharan Chhabra, *South African Foreign Policy: Principles - Options - Dilemmas*, New Delhi: African Publishers, 1997, p. 133.

③ George Moose, "U. S. Policy towards A New Southern Africa", *South African Journal of Foreign Affairs*, Vol. 1, No. 1, 1993, p. 123.

度，认为只有通过加强与西方大国的传统联系才能提高新南非的经济实力，提高在国际事务中的发言权和影响力。

南非外交部在1996年发布的《外交政策讨论文件》中明确指出，与其他国家相比，美国巨大的经济规模是南非制定政策和目标时不可忽视的因素。必须清醒地认识到美国在世界舞台上的巨大影响力，南非与南非的经济无法摆脱这种影响。南非驻美国使领馆应该把加强与美国的经济关系作为优先选择，并采取措施振兴和重组这些关系。……事实是美国是最强大的经济体和军事力量，有时美国的立法具有超越其领土之外的影响。在政治经济领域，与欧盟的关系支配着南非与欧洲大陆的关系。与欧洲大陆的经济关系在南非对外经济关系中占据主导。由于与欧盟关系的这种独特双边和多边性质，南非的主要目标是进一步发展一种全面的战略以处理与欧盟所有部门和机构的关系。[①] 关于美国主导的西方霸权，南非政府进一步指出，美国与其他G7国家构成了当今世界不容置疑的经济权力基础。这些国家对于发展中国家（包括南非和南部非洲）的经济福利是至关重要的。而且，"G7国家非常支持南非民族团结政府，并且对我们的经济成功给予了巨大的承诺。由于他们的帮助，我们将继续深化与这些国家的关系"。[②] 很明显，南非新政府仍然强调和重视与美欧之间的传统联系，并试图通过强化这种传统联系来提高南非自身的国家实力。

南非加强与美欧传统关系的最重要目的是增强自身的经济实力，这是南非寻求大国地位的基本保证。美欧国家与南非维持着传统的经济联系，在寻求大国地位的过程中南非需要借助美欧的市场、资本与援助来提高自身的经济实力。因此，实现南非商品和服务对美欧市场的准入、吸引美欧投资、获取美欧援助成为后种族隔离时代南非对美欧外交的优先关注。为获取经济收益，南非需要与美国主导的西方霸权维持友好关系。

一 双边关系机制化

种族隔离制度结束后，南非将加强与传统西方大国的关系视为摆脱自身孤立地位和提高国家影响力的重要目标。加强与传统西方大国关系的重

---

① "Foreign Policy for South Africa: Discussion Document", 1996, http://www.gov.za/documents/foreign－policy－south－africa－discussion－document－0.

② "Foreign Policy for South Africa: Discussion Document", 1996, http://www.gov.za/documents/foreign－policy－south－africa－discussion－document－0.

要方式便是着手将双边关系以某种制度安排加以明确，从而为双方互动确定机制和框架。1994 年之后，南非与美国和欧洲主要大国以及欧盟都建立了双边互动的制度平台。通过将双边关系制度化，新南非不仅可以与这些大国通过对话解决双边关系中面临的问题，而且可以就共同关心的全球和地区问题进行政策协调和磋商。

1994 年 6 月，就任总统仅两个月，曼德拉便对美国进行了正式访问，显示出新南非对美国关系的重视。在此次访问过程中，双方决定建立双边国家委员会（Binational Commission，BNC），以将双边互动机制化，并寻求进一步扩展合作领域。南非 - 美国双边国家委员会为内阁级制度论坛，由各自副总统挂帅，每年召开两次会议讨论双边关系问题。1995 年 3 月在美国副总统格里（Gore）与南非副总统姆贝基的主持下，双边国家委员会首次会议在华盛顿召开。

南非 - 美国双边国家委员会最初设立了 5 个专门技术委员会：贸易与投资委员会，水土保持、环境与水利委员会，人力资源开发与教育委员会，科学技术委员会和可持续发展委员会，这些技术委员会分别负责促进不同功能领域的合作。随着双边关系的发展，合作的功能领域也在不断扩大。1996 年 6 月南非 - 美国双边国家委员会建立了第六个专门委员会——农业委员会，1997 年 7 月初建立了卫生与住房委员会。伴随着美国法院诉南非军火公司案的结束，双方又于 1997 年 7 月建立了防务委员会以加强在安全与国防领域的合作。防务委员会的建立为南非强化与美国的军事合作奠定了基础。双方不仅签署了环境安全谅解备忘录，美国对 1999 年 4 月南非发起的地区维和军事演习也给予了大力支持。由于防务关系的改善，美国于 1998 年将 5 艘二手的 C - 130 赫拉克勒斯战斗机赠送给南非，同时还有其他额外的军事设备，包括 SH - 2G 海上直升机、P - 3 海上侦察机和陈旧的新港级登陆舰。[①] 1998 年 8 月第五届南非 - 美国双边国家委员会会议召开后，双方决定建立司法与打击犯罪委员会以负责双方法律执行方面的合作问题。

南非与美国建立双边国家委员会时，美国只与墨西哥（1981 年）、俄罗斯（1993 年）和埃及（1994 年）建立了类似的双边制度，显示了美国对加强与南非关系的重视。双边国家委员会由各自副总统主持，这种高层

---

① Greg Mills, "Over the Rainbow, SA - US Relations, 1994 - 2000", in Greg Mills and John Stremlau, eds., *The Reality Behind the Rhetoric*: *The United States*, *South Africa and Africa*, Johannesburg: The South African Institute of International Affairs, 2000, p. 33.

接触降低了不可避免的争端对双方关系构成的潜在破坏性威胁，而且在诸如武器技术出口、制定药物政策等问题上实现了具体的相互获益。[①] 专门技术委员会的建立和扩大为双方技术官僚的互动提供了制度平台，有助于强化在不同功能领域的双边合作。在格里、姆贝基的主持下，南非 - 美国双边国家委员会的发展取得了显著成果，双方达成了多项协议，例如《美国 - 南非税收与民航条约》、新非洲机会基金、贸易与投资框架协定等。这些条约的达成有助于双边关系的健康发展。

1999 年姆贝基当选南非总统，2000 年小布什当选美国总统，南非与美国关系逐渐由曼德拉、克林顿时代过渡到姆贝基、小布什时代。姆贝基执政后仍然继续保持与美国进行高层互访和接触，双方决定将双边国家委员会改为双边合作论坛，从而继续推动双边互动的制度框架。与双边国家委员会相比，双边合作论坛每年只召开一次会议，会期为一天或者两天，会议规格也由副总统层次降低到内阁高级官员层次。虽然会议规格有所下降，但是互动的功能领域并没有减少，农业委员会、司法与打击犯罪委员会、防务委员会、能源开发委员会、人力资源开发委员会、科学技术委员会、水土保持自然环境委员会以及住房委员会等仍然构成了双边功能领域合作的核心。姆贝基时代，在双边合作论坛的制度框架内，南非与美国加强了在情报分享与反恐等领域的合作。[②]

2008 年姆贝基被非国大召回，南非与美国关系进入后姆贝基时代。奥巴马上台执政后，南非与美国之间的关系得到进一步强化。2010 年 4 月，美国国务卿希拉里对南非进行正式访问，在与南非国际关系与合作部部长马沙巴内举行会谈时，双方签署了谅解备忘录，共同发起南非 - 美国战略对话论坛（Strategic Dialogue，USSASD）。战略对话论坛的目的在于通过每年一次的会议加强双方在关键问题领域的合作，这种战略对话不只局限于双边领域，而且将就全球性问题进行对话和磋商。

2010 年 12 月 14 日，美国国务卿希拉里与南非国际关系与合作部部长马沙巴内在华盛顿首次进行战略对话，双方签署了总统艾滋病紧急救援计划伙伴关系框架（President's Emergency Plan for AIDS Relief Partnership

---

① J. Stephen Morrison, "The US - South Africa Courtship Shifts", in Greg Mills and John Stremlau, eds., *The Reality Behind the Rhetoric: The United States, South Africa and Africa*, Johannesburg: The South African Institute of International Affairs, 2000, p. 16.

② Interview with Elizabeth Sidiropulous, 26 January, 2013.

Framework），这显示了两国将继续加强在防治艾滋病等卫生领域的合作。与此同时，贸易、人权、农业、法律执行等其他功能领域的工作会议也将在战略对话框架下进行。2010 年 4 月，南非与美国在华盛顿发起双边能源对话论坛，以加强双方在能源领域的合作。根据能源对话论坛，美国将加大对南非新能源领域的投资，其中最重要的项目是双方合作在南非北开普省建设太阳能公园，项目竣工后该公园将成为世界最大的太阳能主题公园。双边战略对话论坛和双边能源对话论坛的建立显示了美国奥巴马政府对南非的重视，南非在美国对外关系中依然具有重要战略地位。

无论是种族隔离时期，还是种族隔离制度结束后，美国都是南非重要的经济伙伴。截至 2016 年，美国有 600 多家企业在南非从事贸易和投资活动，为南非创造了 12 万多个就业岗位。以化工企业萨索尔（Sasol）、传媒集团 Naspers 为代表的南非大型跨国公司在美国也有广泛投资。截至 2017 年，南非在美国的投资存量达 70 亿美元。在《非洲增长与机遇法案》以及最惠国待遇等政策框架下，南非对美出口产品 98% 享受了免税和免配额待遇。除了密切的经济联系外，南非还是美国官方发展援助的重要受益国，每年接受来自美国的官方发展援助达 5.41 亿美元，从而使南非在美国对外官方发展援助受益国中排名第 15 位。[①]

从曼德拉到祖马，南非与美国之间关系互动的制度框架由双边国家委员会、双边合作论坛过渡到双边战略对话论坛，合作的功能领域也不断得到拓展。虽然中间有所起伏，但总体而言双方维持了相对友好的关系。特别是近年来，伴随着南非经济实力的提高，美国更加重视其战略地位，强调在解决非洲地区冲突与全球性问题上加强与南非的合作。冷战结束后，美国成为唯一的全球超级大国，南非则以务实的态度强调加强与美国的关系，通过将双边关系互动制度化来追求具体的经济收益。同时，与美国确立战略对话论坛本身也显示了南非在国际事务中的影响力。

民主转型后，南非将欧洲视为国际体系中的重要一极，重视发展与欧洲国家的关系，并将加强与欧洲的关系视为南非重新融入国际社会、提高在国际事务中影响力的重要手段。南非与欧洲互动关系的机制化在欧洲主要大国和欧盟层次展开，这显示了南非开始超越聚焦于单一欧洲大国（例

---

① "South Africa Yearbook 2015/2016", https://www.gcis.gov.za/sites/default/files/docs/resourcecentre/yearbook/InternationalRelations - SAYB1516.pdf.

如英国）的局限，以整体性思维开展对欧外交。南非与主要的欧洲大国英国、法国、德国、瑞典、西班牙、意大利和葡萄牙建立了双边政治和经济委员会，与部分北欧国家建立了双边政治磋商机制。

欧洲国家，特别是英国、德国、法国等欧洲大国在南非经济发展、贸易投资、旅游以及援助等领域都发挥着重要作用。例如，2014 年，德国成为南非第二大全球贸易伙伴、南非产品的第四大全球出口市场和第二大进口来源国。德国有 600 多家企业在南非投资，为南非创造了 10 万多个就业岗位，主要集中在汽车制造、化工产业、机械和电子工程等领域。此外，南非还是很多欧洲国家官方发展援助的重要受益国。除与主要欧洲国家建立双边互动平台、发展密切的经济联系外，南非还非常注重加强与欧洲区域组织——欧盟的关系。

种族隔离时期，欧洲是南非最主要的贸易伙伴，在南非对外经济关系中扮演着重要角色。种族隔离制度结束后，为摆脱经济孤立状态，迅速融入国际社会，南非强调加强与欧盟的关系，以在全球化进程中获益。非国大上台执政后便着手与欧盟就建立自由贸易区和建立双边互动的制度平台进行对话和磋商，并最终于 1999 年 10 月与欧盟签署了《贸易、发展与合作协定》(Trade，Development and Cooperation Agreement)。《贸易、发展与合作协定》为南非与欧盟在贸易、发展、经济合作和政治对话方面加强合作奠定了法律基础。在《贸易、发展与合作协定》的框架下，南非与欧盟举行定期的高层政治对话，并建立了南非 - 欧盟联合合作委员会（EU - South Africa Joint Cooperation Council)，每年举行会晤，监督《贸易、发展与合作协定》的执行。

冷战结束后，欧盟成为多极化趋势的重要推动者，是国际体系中的重要一极，在地区和国际事务中发挥着重要作用。与美国单极霸权的单边主义倾向不同，欧盟是多边主义的重要支持者，因此南非更加重视和支持欧盟的外交理念和行为，并将其视为在诸多领域可以合作的对象。伴随着民主政治成果的巩固和经济实力的提升，南非在地区和国际事务中的影响力不断提高，欧盟也重视南非在非洲以及发展中国家中的独特地位。双方都有加强彼此关系的意愿和需求，最终于 2007 年 5 月建立了战略伙伴关系，确立联合行动计划。南非与欧盟建立战略伙伴关系的目的是，通过建立定期的协商机制来塑造共同利益，并依托密切的互动使双方在制定政策之前考虑彼此的利益关切。[①] 战略伙伴关系的制度框架有助于为南非和欧盟之间的持续接触提供平台——使工作层面的交流渠道保持活跃和开放。[②]

南非-欧盟战略伙伴关系包括两大支柱：第一，就共同感兴趣的问题进行政治对话，如气候变化、全球经济治理、双边贸易、和平与安全问题等；第二，在环境、科学技术、交通运输、航空航天等广泛领域开展政策对话与部门合作。在战略伙伴关系协定下，南非与欧盟每年举行首脑会晤和部长层级的对话，以加强双边合作和政策协调。战略伙伴关系的确定为南非强化与欧盟在环境、能源、太空、移民、教育科研等广泛领域的合作提供了新的动力，同时也使双方合作超越双边层次，并扩大到气候变化、环境保护、和平安全、人权等全球层面的问题。除了战略伙伴关系框架下的首脑会晤机制外，南非还与欧盟建立了诸多功能领域的对话合作平台，如就和平与安全问题进行协商与对话的南非-欧盟政治安全委员会会议、就人权问题进行对话与合作的南非-欧盟结构化人权对话论坛等。

欧盟是南非最大的贸易伙伴和外资来源地，与欧盟双边互动关系制度化，可以为南非加强与欧盟的经济关系奠定良好的政治基础，也可以使双方存在的问题得以及时解决，并在地区和全球层次进行政策协调。南非是唯一与欧盟建立战略伙伴关系的非洲国家，也是欧盟在全球范围内所建立的十大战略伙伴国之一，这不仅显示了欧盟对南非的重视，而且也说明南非本身具有重要的地区和国际影响力。欧盟也试图利用南非这种独特地位和影响力，拓展其在非洲以及全球治理等多边外交领域的战略影响力。

二　提高贸易和投资水平

种族隔离时期，美欧国家与南非维持了密切的经济联系，欧洲共同体国家对南非的投资占南非吸引外资总量的50%，与南非的贸易额占南非对外贸易总量的53%，[③] 这显示了西方国家在南非对外经济关系中的重要地位。冷战与种族隔离制度结束后，美欧国家演变成全球经济的主导力量。

---

① Sven Grimm & Christine Hackenesch, "The EU - South Africa Strategic Partnership: Waning Affection, Persisting Economic Interests", *South African Journal of Foreign Affairs*, Vol. 24, No. 2, 2017, p. 159.

② Sven Grimm & Christine Hackenesch, "The EU - South Africa Strategic Partnership: Waning Affection, Persisting Economic Interests", *South African Journal of Foreign Affairs*, Vol. 24, No. 2, 2017, p. 169.

③ 杨立华主编《列国志·南非》，社会科学文献出版社，2010，第549页。

南非为恢复国内发展和重建，迅速融入国际社会，提高自身经济实力，将加强与美欧国家的传统联系作为一种重要的战略手段加以运用。

种族隔离时期，南非白人政权遭到国际社会的经济制裁和政治孤立。尤其是20世纪80年代后期，西方大国强化了对南非的经济制裁，众多跨国公司纷纷从南非撤资，导致南非经济形势日趋恶化。非国大上台执政后将加强与美欧大国的传统经济关系作为摆脱经济困境、恢复经济增长的重要手段。南非希望借助美欧国家的力量重新将其经济融入全球经济体系之中。就经济外交而言，非国大政府的优先关注是与美国和欧盟就建立自由贸易区进行谈判，以扩大对美欧市场的出口。

南非与美欧加强经济联系的重要方式是就双边贸易关系进行谈判，以降低关税壁垒，扩大对美欧市场出口，提高双边贸易水平。南非是关贸总协定缔约国和世界贸易组织成员国，南非商品在美国和欧洲享受普惠制待遇。一方面，南非与美国虽然没有缔结自由贸易协定，但是于1999年签署了《贸易与投资框架协定》，从而为提高双边贸易水平、扩大相互投资奠定了法律基础。南非还领导南部非洲关税同盟与美国进行自由贸易区谈判，并最终签署了《贸易、投资与发展合作协定》，该协定为进一步促进南部非洲关税同盟国家与美国的贸易和投资关系提供了法律保障。美国国会于2000年5月通过了《非洲增长与机遇法案》(AGOA)，南非成为该法案的重要受益国。由于《非洲增长与机遇法案》的实施，南非的汽车整车向美国出口数量也实现大幅度增长。[①] 美国贸易数据显示，南非在2001年1月到7月便从《非洲增长与机遇法案》中获益达1.355亿美元。《非洲增长与机遇法案》在普惠制下的4600种商品之外又额外增加了1800种商品，这些商品可以零关税进入美国市场。[②] 美国小布什政府继续执行克林顿政府时期的贸易投资自由化方针。2006年12月20日，布什总统签署《非洲投资刺激法案》，即AGOA Ⅵ，将AGOA中第三国纺织品的规定期限延长到2012年，进一步扩大对非洲国家的政策优惠。[③] 南非也在《非洲增长与机遇法案》的延长和扩展中不断受益。在《非洲增长与机遇法案》之下，美国从南非的进口中免税进入美国市场的货物价值由2010年的15亿美元

① 杨立华主编《列国志·南非》，社会科学文献出版社，2010，第566页。

② PANA (Pan African News Agency), *South Africa*, *US Cooperation Forum Afoot in Cape Town*, 14 February, 2002.

③ 顾学明主编《大国对非洲经贸战略研究》，中国商务出版社，2011，第20页。

增长到了 2011 年的 46 亿美元。[①] 受益于《非洲增长与机遇法案》，南非与美国双边贸易规模不断扩大，由 1994 年的 159 亿兰特增长到了 2016 年的 1524.9 亿兰特。2017 年，美国对南非出口达 729 亿兰特，南非对美国出口达 887 亿兰特。另一方面，南非与欧盟经过多年长达 24 轮的谈判最终于 1999 年 10 月签署了《贸易、发展与合作协定》，经成员国批准后于 2004 年生效。根据该协定，南非与欧盟将用 12 年时间建成双边自由贸易区。《贸易、发展与合作协定》的签署使南非与欧盟之间的贸易水平得到了极大提高。南非与欧盟的贸易额由 2000 年的 1500 亿兰特增长到 2017 年的 5998.6 亿兰特。南非对欧盟出口由 2000 年的 640 亿兰特增长到 2017 年的 2620 亿兰特。[②] 2016 年，欧盟与南非以及博茨瓦纳、莫桑比克、纳米比亚、斯威士兰等南部非洲国家签署《南部非洲经济伙伴关系协定》（SADC EPA），这一多边经济协定取代南非与欧盟的双边协定《贸易、发展与合作协定》，根据新的协定南非 98.7% 的商品可以免税进入欧盟市场。[③]

加强与美欧的贸易关系对提高南非的经济实力具有重要作用，主要体现在两个方面。其一，美欧国家是南非商品与服务的最重要出口市场（见表 4－1）。1998 年南非对美欧国家市场的出口占对世界出口的比重为 40.7%，虽然这一比例因 2008 年国际金融危机和欧洲债务危机而有所下降，但之后随着世界经济的缓慢复苏，到 2016 年仍维持在了 30.1% 的水平，显示了美欧国家市场对南非商品与服务出口的重要性。正是基于传统的经济联系，南非首先与欧盟进行谈判并签署了《贸易、发展与合作协定》，这是南非实现民主转型以来签署的首个自贸协定。也正是由于加强了与美欧国家传统的经济联系，所以南非的经济得到了迅速恢复和发展，并逐渐融入全球经济体系之中。其二，美欧国家是南非制造品出口的主要市场。加强与美欧国家的贸易关系有助于提高南非的制造业能力，促进制造品的出口。虽然对南非而言，亚洲市场的重要性在不断提升，但是由于

① http：//www. ustr. gov/about－us/press－office/press－releases/2012/june/ustr－south－africa－sign－trade－agreement.

② President Cyril Ramaphosa to Undertake a Working Visit to the European Union，13 November，2018，http：//www. dirco. gov. za/docs/2018/eu1113. htm.

③ “South Africa Yearbook 2013/2014”，https：//www. gcis. gov. za/sites/default/files/docs/resourcecentre/yearbook/2013－4International_ relations. pdf.

南非对亚洲出口主要以矿产品等原材料为主，所以维持和强化与美欧传统的经济联系对提高南非商品与服务在国际市场的竞争力具有重要作用。特别是在南非强调“再工业化”的背景下，维系与美欧传统市场的密切经济联系依然具有重大意义。

表 4－1 南非对美欧和世界出口统计数据（1998～2016 年）

单位：亿兰特

	1998 年	2001 年	2004 年	2007 年	2010 年	2013 年	2016 年
欧 盟	425	790.9	936.7	1465.4	2748	2449.5	2497.2
美 国	147.5	300.2	292.9	520.4	1050.5	1002.5	805.7
世 界	1406.5	2441.8	2916.1	4767.1	12507.8	13023.8	10959.4
美欧占比（%）	40.7	44.7	42.2	41.7	30.4	26.5	30.1

资料来源：根据南非贸易与工业部国际贸易数据库（Department of Trade and Industry）数据整理而成。

后种族隔离时代，南非强化与美欧制度性互动的重要目的之一是继续吸引美欧国家对南非的投资。南非总统每次对美国进行访问都将吸引美国投资作为重要议题。冷战结束后，美国开始加强对非洲大陆的经济投入，尤其强调通过加大对非洲投资力度来促进非洲经济增长。美国对非投资具有较高的回报率。有数据显示，1996 年美国对撒哈拉以南非洲的直接投资产生 31% 的高回报率，而美国在拉丁美洲、亚太地区和中东地区的投资回报率分别为 12%、13% 和 17%。[①] 正是基于高投资回报率，20 世纪 90 年代中期以来，美国对非洲的直接投资也迅速增加。据美国经济分析局统计，截至 2000 年底，美国在非洲直接投资存量已经高达 118.9 亿美元。美国对非洲直接投资主要流向能源资源丰富的国家，包括南非、阿尔及利亚、埃及、赤道几内亚、安哥拉和加蓬等国。其中南非占美国对非洲直接投资的 30%，位居非洲国家吸引美国直接投资之首。[②] 克林顿执政时期，美国在南非进行投资的公司大约 900 家，直接投资则增加到了 30 亿～40 亿美元。[③] 21 世纪以来，美国对南非直接投资继续稳步增长，到

---

① Greg Mills, “South Africa, the United States and Africa”, *The South African Journal of International Affairs*, Vol. 6, No. 1, 1998, pp. 37－38.

② 顾学明主编《大国对非洲经贸战略研究》，中国商务出版社，2011，第 17 页。

③ J. Stephen Morrison, “The US－South Africa Courtship Shifts”, in Greg Mills and John Stremlau, eds., *The Reality Behind the Rhetoric: The United States, South Africa and Africa*, Johannesburg: The South African Institute of International Affairs, 2000, p. 19.

2010 年美国对南非直接投资存量已达 65 亿美元，比 2009 年增长了 6.5%。[①]

欧盟是南非最大的吸引外资来源地。伴随着 1999 年《贸易、发展与合作协定》的签署，南非与欧盟将用 12 年时间建立覆盖双边市场 90% 的自由贸易区。此外，南非与欧盟 13 个成员国投资者通过正式的双边投资协定可以在对方市场得到法律保护。2013 年南非通过《投资促进与保护法案》，并逐步废除与诸多欧盟国家签署的双边投资协定。虽然南非的这一举措遭到欧盟反对，但是欧盟成员国在南非的投资依然可以通过《投资促进与保护法案》这一普遍性立法得到保护，从而继续为欧盟国家对南非投资创造良好的法律环境。通过双边投资协定以及后来南非内阁发布的《投资促进与保护法案》，欧盟对南非投资不断增长。

自 2004 年以来，南非与欧盟之间双边的对外直接投资增长了 5 倍。2010 年，欧盟对南非的投资存量占南非吸引直接投资总量的 88%，相当于南非 GDP 的 34%（9160 亿兰特）。[②] 2004 年以来，欧洲投资银行通过贷款和股权投资等方式，支持南非的经济发展。[③] 根据欧洲统计局数据，到 2014 年欧盟在南非的对外直接投资存量达 565 亿欧元（629 亿美元），系南非最大的投资伙伴。截至 2018 年，欧盟共计有 2000 多家企业在南非进行投资，为南非创造了约 50 多万个直接和间接就业岗位。[④]

美国和欧盟对南非直接投资的巨大规模显示了传统的西方伙伴对南非经济发展与经济实力提高的重要性。首先，南非储蓄率低，缺乏推动经济发展的必要资金，在这种背景下，吸引外来直接投资对经济发展具有重要意义。显然，美国和欧盟在这方面可以发挥重要作用。其次，南非失业率高，维持在大约 30% 的水平，特别是年轻人的失业率更高。美欧对南非的直接投资对提高南非的就业水平意义重大。最后，美国对南非的直接投资主要集中在电信、信息技术以及化工产品等领域，欧洲国家的投资则主要集中在矿产品加工、汽车制造、新能源等领域，这些外来直接投资有助于提高南非的制造业能力和工业化水平。拉马福萨执政后，将吸引外国直接

① http：//www. ustr. gov/countries – regions/africa/southern – africa/south – africa.

② Paul Zille, *White Book on EU Trade and Investment in SA*, Johannesburg：Genesis Analytics, 2012, p. 10.

③ https：//eeas. europa. eu/headquarters/headquarters – homepage/730/south – africa – and – eu_ en.

④ Department of International Relations and Cooperation, "Annual Report 2018/19", http：//www. dirco. gov. za/department/report_ 2018 – 2019/annual_ report2018_ 2019. pdf.

投资作为其施政的优先政策选择，承诺未来五年要吸引1000亿美元新增投资，为此专门任命四位投资特使以推动这一宏伟计划的落实。拉马福萨政府将美欧等西方发达国家作为其吸引投资的重要依靠对象。2018年，拉马福萨在执政首年便访问了英国、加拿大、德国、法国等西方发达国家，参加在加拿大魁北克举行的G7峰会扩大会议和在比利时举行的第七次南非－欧盟峰会，而吸引投资成为拉马福萨总统开展以上访问和参加多边会议的核心诉求。

总之，扩大对美欧市场出口、吸引美欧的直接投资对南非促进自身经济发展、提高经济实力具有重要作用。鉴于南非对美欧市场出口以工业制成品或半制成品为主，美欧国家仍将在南非经济发展中发挥重要作用。借助美欧市场与投资，南非可以提高自身经济实力，这是其追求大国地位，在地区和国际事务中发挥影响力的基础。

三　争取获得美欧援助

种族隔离制度结束后，南非由国际社会制裁的对象转变为接受国际社会援助的对象。其中美国和欧洲国家是南非主要的援助国。由于历史文化联系和对民主人权价值观念的共同承诺，南非希望通过加强与美欧国家的关系来提高它们对南非的援助力度。通过美欧援助可以巩固民主转型成果、促进经济发展、改善社会状况。美国和欧盟都认识到南非作为非洲地区大国的重要性，并试图通过援助来巩固南非民主转型的成果，将南非纳入西方自由资本主义体系之中。在美国看来，南非成功的民主转型对美国长期追求的稳定而自由的国际秩序至关重要。美国国家情报委员会代表团于1999年末访问南非时指出，南非民主制度的任何倒退都可能对非洲各国建立民主制度的努力造成严重负面影响，甚至对其他处于转型中的非非洲国家也会造成严重负面影响。[①] 因此，支持和巩固南非的民主制度，是冷战结束后美国历届政府发展与南非关系的重要战略考虑。鉴于此，种族隔离制度结束之初，美国政府强调要加大对南非的援助力度，以帮助南非成功实现民主转型。因为在美国决策精英看来，一个成功的民主和繁荣的南非符合美国的利益。

---

① John Stremlau, "US – South Africa Relations: Back to the Future", in Elizabeth Sidiropoulos, eds., *South African Yearbook of International Affairs*, Johannesburg: The South African Institute of International Affairs, 2000/2001, p. 328.

1994 年 4 月南非举行民主选举后，美国克林顿政府承诺给予非国大领导的民族团结政府为期三年达 6 亿美元（约 200 亿兰特）的一揽子援助。6 亿美元的援助资金主要用于南非新政府的住房建设、中小企业发展、医疗卫生以及教育交流等领域。1994 年 10 月南非总统曼德拉访问美国，双方就美国向南非提供援助问题进一步达成协议，主要包括：美国设立 1 亿美元的南部非洲企业开发基金，其中 5000 万美元用于促进南非小企业发展；美国提供 5000 万美元以帮助向南非城镇郊区供给电力；美国提供 3000 万美元支持南非的基本医疗服务；双方达成协议在南非建立美国和平使团以帮助南非实现开发倡议。[①] 虽然克林顿政府给予了南非民族团结政府大量援助，但是曼德拉称这些援助微不足道，从而招致克林顿政府内部众多官员的不满。与对南非的援助相比，乌克兰单单 1995 年一年便得到了美国 6 亿美元的援助。[②] 这也说明，冷战结束之初，美国的战略重心是鼓励和支持东欧国家的民主转型，非洲国家在美国总体对外战略中依然处于边缘地位。

小布什上台后，美国决策精英逐渐认识到，非洲的贫困和欠发达状态可能成为滋生恐怖主义的重要因素。为应对恐怖主义对美国安全的挑战，美国政府加大了对非洲的援助力度。南非得到的美国援助也不断增加。如表 4－2所示，美国对南非的官方发展援助由 2005 年的 1.17 亿美元增加到 2008 年的 3.79 亿美元。奥巴马执政之初，美国继续增加对南非的援助力度，2009 年和 2010 年分别为 5.24 亿美元和 5.30 亿美元。总体上看，如图 4－1 所示，21 世纪的头十年，美国对南非的官方发展援助呈逐年递增态势。在南非看来，美国的官方发展援助与南非自身国内发展议程相结合，在推动南非实现优先发展目标方面发挥了重要作用。其中，最为明显也广为南非称道的案例是，美国通过总统防治艾滋病紧急救援计划（Pepfar）向南非医疗卫生领域提供了大量援助，对南非防控艾滋病发挥了重要作用。而美国也将南非视为全球典范，因为南非系首个实现从发展援助主导向国家主导方式转变的国家。[③]

---

① Hari Sharan Chhabra, *South African Foreign Policy*: *Principles – Options – Dilemmas*, New Delhi: Africa Publishions, 1997, p. 135.

② Jim Broderick, *The United States and South Africa in the* 1990*s*, Johannesburg: The South African Institute of International Affairs, 1998, p. 35.

③ "South Africa Yearbook 2013/2014", https://www.gcis.gov.za/sites/default/files/docs/resourcecentre/yearbook/2013－4International_ relations.pdf.

表 4-2　美国对南非的官方发展援助（2005～2010 年）

单位：百万美元

年　份	2005 年	2006 年	2007 年	2008 年	2009 年	2010 年
援助金额	116.78	140.50	227.08	378.66	523.63	529.63

资料来源：美国国际开发署（USAID）官方发展援助数据库，https：//explorer. usaid. gov/。

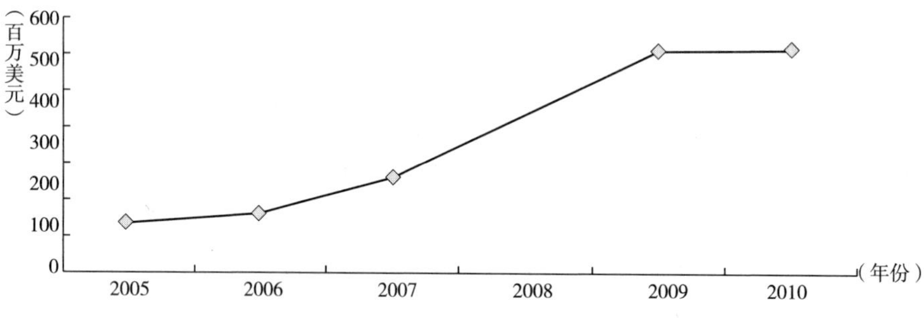

图 4-1　美国对南非官方发展援助趋势（2005～2010 年）

资料来源：笔者根据美国国际开发署（USAID）官方发展援助数据库数据整理制作。

2012 年 8 月 7 日，南非－美国战略对话论坛在比勒陀利亚举行，美国国务卿希拉里与南非国际关系与合作部部长马沙巴内就美国对南非援助问题达成多项协议，主要包括：美国进出口银行与南非工业开发公司签署一项 20 亿美元的意向宣言以为南非可再生能源部门的发展提供信贷支持；由美国疾控中心和南非国家传染病研究所共同指导在南非建立全球疾病检查中心；美国国际开发署提供 12 亿兰特（约 1.5 亿美元）信用担保用于资助南非 300 多家中小企业并帮助创造 2 万个就业岗位；美国国家开发署与 ELMA 基金会和 JP 摩根合作发起 6000 万兰特（750 万美元）的学校能力创新计划以资助南非基础教育部，提高教师的教学能力；发起 50 万美元的机会补助项目以资助南非学生赴美学习；设立 520 万兰特（65 万美元）的司法管理与领导项目以支持南非打击性别暴力；美国国际开发署与美国联邦贸易委员会和南非竞争委员会合作为南部非洲地区的竞争监管机构提供能力建设帮助；美国贸易开发署提供 52.5 万美元以研究南非奥雷凡斯河（Olifants River）集水区水资源保持问题。①

截至 2018 年，欧盟是南非最大的发展援助伙伴，欧盟的援助占南非所接受的全部援助资金的 70%，其中 25% 来自欧洲共同体，20% 来自欧洲投

① http：//southafrica. usembassy. gov/press_ 120807a. html.

资银行，25%来自欧盟成员国。欧盟对南非的援助主要由欧盟的预算资助。欧盟对南非的援助逐渐由对巩固民主和安全治理的关注，转向对社会发展的重视。例如，2007年，欧盟通过了《南非国家战略文件（2007～2013）》[Country Strategy Paper for South Africa（2007－2013）]，该文件为欧盟对南非进行援助，促进双方在发展领域深化合作提供了法律框架。欧盟与南非发展合作的主要目标是降低贫困和不平等，聚焦于创造就业和减少贫困，推动经济的可持续增长，增强社会凝聚力。根据这一文件的规定，欧盟在发展合作方面将向南非提供9.8亿欧元的援助，每年大约1.4亿欧元。这是当时欧盟在世界上最大的双边发展合作项目，显示了欧盟对南非的重视。根据2018年11月发布的《欧盟－南非峰会联合宣言》，自1994年南非首次民主选举和1999年南非与欧盟签署《贸易、发展与合作协定》以来，欧盟通过支持全面发展援助计划，共向南非提供了30亿欧元的资助。①

客观而言，作为南非最重要的发展援助伙伴，美国和欧盟的援助在南非的民主转型、经济社会发展等方面确实发挥了一定积极作用。南非决策精英也很认可美欧援助在促进南非实现其优先发展议程和目标方面所具有的独特价值。但同时应该看到，南非作为非洲最为现代化的经济体，并不像其他非洲国家那样对援助高度依赖。事实上，外部援助只占南非政府预算的1.3%，国民生产总值的0.3%。而且，近年来，随着南非加入金砖国家合作机制，并成为二十国集团中唯一的非洲国家，美欧国家开始转变对南非的态度和看法，认为作为新兴经济体的南非不应接受如此巨额的援助。诸多美欧国家开始逐步减少甚至取消对南非的官方发展援助。例如，美国便在2012年开始制定一项旨在逐步降低对南非援助力度的转型过渡计划，其目标是将对南非的援助规模由每年的5亿多美元用五年时间逐步减少到2亿多美元。因此，21世纪头十年后，美国对南非的援助规模呈现逐渐下降的态势，2014年美国对南非援助规模为3.50亿美元，2015年下降为2.95亿美元，2016年继续下降为2.89亿美元。②

非国大执政后积极追求独立自主的全面外交政策，避免被视为西方在非洲的“代理人”，因而针对美国主导的西方霸权以及单边主义倾向，南

① “European Union – South Africa Summit Joint Statement”, Brussels, 15 November, 2018, http://www.dirco.gov.za/docs/2018/eu1116.htm.

② “USAID Investments and Illustrative Results, South Afria”, https://results.usaid.gov/results/country/south–africa?fiscalYear=2016.

非往往持批评态度。然而，在外交实践中，南非又认为美欧国家依然主导着世界经济，南非无法摆脱这种影响，因而以一种非常务实的态度处理与美欧的关系。面对冷战结束后所形成的美国主导的西方霸权，南非强调加强与美欧之间的传统联系与合作，以使南非尽快融入全球经济体系之中，借助美欧国家的市场、投资、技术与援助来促进自身经济发展和实力提高。然而，南非加强与美欧传统大国关系的目的却不局限于提高自身的经济实力。南非还试图利用与西方国家在文化和价值观上的一致性，发挥南非在南北关系中发挥桥梁建设者的作用，并以此来提高发展中国家的地位和发言权。当然，这种作用的发挥本身也可以彰显南非的独特地位和价值。

第三节　地区领导与美欧霸权：发挥南北桥梁作用

南非的民主转型使其成为国际体系中具有独特性的国家。由于遭受长期殖民和白人的种族隔离统治，南非与西方国家在经济、政治、历史和文化上具有密切的联系。在长期的反种族隔离斗争过程中，非国大曾得到广大非洲独立国家以及南方发展中国家的广泛支持。1994 年非国大执政后，南非在身份归属上将自身视为南方国家的一员，将维护发展中国家特别是非洲国家的权益作为自身外交政策追求的目标之一。然而，南方国家仅是南非身份归属的一部分。在南方国家这一身份归属之外，南非还将在国际社会追求民主和人权作为其优先政策目标之一。这在很大程度上是由其在国内政治转型进程中，非国大对民主和人权价值理念的不懈追求所导致的。执政之后，在国际社会积极维护和推进民主和人权的价值理念便成为顺理成章的政策选择。民主国家的身份界定，以及将民主和人权价值理念明确为外交政策追求的战略目标，成为南非获取美欧国家大力支持的重要纽带。后种族隔离时代，南非作为南方国家和民主国家的双重身份归属，为其在南方发展中国家和北方工业化国家之间发挥独特的桥梁建设者作用奠定了基础。

冷战结束后，随着全球化进程的不断推进，南方国家和北方国家之间的差距日益扩大。南非试图通过发挥桥梁建设者作用，促进北方国家与南方国家之间的交流与合作，缩小南北之间日益扩大的差距。发挥桥梁建设者作用也成为后种族隔离时代南非追求大国地位外交战略的重要组成部分。种族隔离制度结束后，南非的决策者们认识到，当前，诸如降低关税和贸易壁垒的举措只是使具有强大工业基础的北方国家及其富有的消费者受益，这一趋势并没有给发展中国家带来收益，其后果便是南北差距的扩大。……全球化的影响是不平衡的，最不发达国家尤其是最不发达的非洲国家由于脆弱的供给能力而无法在贸易中获益。[①] 面对冷战后南北差距进一步扩大的现实，新南非强调，如果要实现一种全球和谐状态，国际社会必须寻找一种机制以在处于分裂中的富国与穷国之间建立桥梁。南非可以在这方面扮演重要的角色，因为它在世界事务中处于一种特殊的位置。[②]

在寻求大国地位的过程中，一方面，南非努力维持与美欧国家的友好合作关系，积极利用美欧国家的市场、投资以及援助来提高自身的经济实力；另一方面，南非对美欧国家的诉求又超越了简单的双边关系，在战略层次上则体现为积极寻求美欧国家对南非发挥桥梁建设者作用的支持。其中最重要的一个层面是寻求美欧国家对南非所倡导的“非洲议程”的支持。美欧国家对“非洲议程”的支持有助于南非对非战略目标的实现，从而可以提高南非作为地区大国发挥地区领导作用的合法性，同时这种地区领导地位的巩固也有助于提高南非在全球层次和多边领域的国际影响力。

虽然南非试图借助美欧国家的力量寻求在南北关系中发挥桥梁建设者的作用，但是南非寻求大国地位的战略导向又与冷战结束后形成的美欧霸权地位存在结构性矛盾，这便限制了南非与美欧国家关系的深入发展。

其一，作为地区大国，南非积极谋求地区领导地位。美国作为全球唯一的超级大国、欧洲传统的殖民大国都积极追求在非洲发挥影响力，亦谋求在非洲事务中发挥领导作用。虽然领导角色存在兼容的可能性，然而事实是南非与美欧传统大国在对非外交方式上存在很大差距。例如，对待津巴布韦危机问题，美欧国家最初强调通过政治上孤立与经济上制裁的方式来迫使穆加贝政权实现政治民主化和改善国内的人权状况。而南非则认为，严厉的制裁只能导致形势更加恶化，只有通过与穆加贝政权进行建设性接触，通过政治协商的方式实现民主转型，才能保证津巴布韦乃至南部非洲地区的和平与稳定。外交方式差异的背后隐藏着南非更深远的战略考虑，即非洲属于非洲人的非洲，非洲问题应该由非洲人来解决。这与美欧传统大国试图维持在非洲的强大影响，并利用西方的方式来解决非洲问题存在根本矛盾。

---

① “Foreign Policy for South Africa: Discussion Document”, 1996, http://www.gov.za/documents/foreign-policy-south-africa-discussion-document-0.

② Nelson Mandela, “South Africa's Future Foreign Policy”, *Foreign Affairs*, Vol. 72, No. 5, November/December 1993, p. 89.

其二，南非积极推动国际体系转型和国际关系民主化的战略导向与美国维持一超独霸地位的战略相矛盾。非国大政府认为，冷战后所形成的国际体系是不平衡的，主要由西方国家主导；国际制度存在严重的民主赤字，广大发展中国家在国际制度中缺乏代表性和发言权。因此，南非强调南方国家之间应加强合作，尤其是应通过发展中大国之间的合作来推动国际体系转型，提高发展中国家在国际制度中的代表权。南非与巴西、印度等发展中大国建立印度－巴西－南非三方对话论坛，加入由新兴经济体组建的金砖国家合作机制，都是寻求通过南方国家的团结互助推动国际体系转型努力的一种体现。美欧国家作为冷战后国际制度的受益者和控制者，显然不愿放弃现有的利益和对国际体系的控制。因此，南非的战略导向便与美欧国家的霸权地位相矛盾，从而限制了南非与美欧国家关系特别是战略关系的深入发展。

一 “非洲议程”与美欧的支持

后种族隔离时代，南非试图利用其独特的地位，借助美欧国家的力量在南北关系中发挥桥梁建设者作用，以提高自身在国际事务中的地位和影响力。在延长《核不扩散条约》、世界贸易组织谈判等全球治理问题领域，南非都发挥了重要的桥梁建设者作用。南非这种独特作用的发挥意在缩小南北差距，提高发展中国家在国际体系中的地位。非洲是发展中国家数量最多的大陆，通过与美欧国家接触积极推动“非洲议程”是南非发挥南北桥梁建设者作用的重要体现。

南非政府和学界并没有对“非洲议程”做出明确界定，但是根据南非的政府文件和外交实践可以将“非洲议程”概括为以下几个方面的内容。首先，“非洲议程”涉及非洲问题的诸多方面，主要包括推动非洲大陆的安全建设、政治民主化、经济可持续发展和保护人权等。其次，“非洲议程”需要国际社会的关注和支持。南非“非洲议程”外交的重要目的之一是引起国际社会对非洲安全和发展问题的关注，并借助国际政策发展机构（如国际货币基金组织、世界银行等）和大国集团（如 G7、G20、BRICS 等）的力量，促进“非洲议程”的实现。再次，“非洲议程”的实现从根本上讲有赖于非洲国家自身，南非则需要在实现“非洲议程”的过程中发挥领导作用。这种领导作用主要体现在为应对非洲大陆的政治、经济和安全问题等提供综合性解决方案。最后，“非洲议程”的根本目标在于改变非洲国家和国际社会对非洲无望论的悲情主义态度，以更加积极和乐观的心态看待非洲大陆，并最终改变非洲大陆在国际体系中的边缘地位。

“非洲议程”观念是南非对非战略的基础，通过这种战略南非希望被视为非洲不可分割的一部分，南非的利益与非洲大陆的利益不可分离。[①]一方面，南非积极利用自身的国际影响力和在重要国际组织中的成员身份积极寻求国际社会对“非洲议程”的支持。例如，南非利用作为“G8 + 5”[②]、G20、金砖国家合作机制等大国集团的成员资格努力将“非洲议程”推向这些组织讨论的中心，并寻求大国对非洲安全和发展问题的关注和支持。南非积极将“非洲议程”推向国际舞台有利于国际社会对其作为非洲地区领导和大国地位的认可。另一方面，将“非洲议程”推向国际社会，有助于“非洲议程”的实现和成功。虽然南非决策精英一直强调非洲问题必须通过非洲国家解决，非洲复兴有赖于非洲国家本身，但是他们也明白非洲国家缺乏必要的资源和能力来推动“非洲议程”的实现。为从根本上解决非洲的边缘化状态还需与西方发达国家建立伙伴关系，利用西方先进的技术优势、庞大的市场需求以及充裕的资本来帮助非洲国家实现复兴。可以说，有了国际社会的支持，“非洲议程”实现的可能性大大提高。“非洲议程”的实现有助于提高非洲国家对南非地区领导角色的认同，从而增强南非地区领导角色的合法性。

南非倡导的“非洲议程”的核心是非洲发展新伙伴计划。非洲发展新伙伴计划是南非倡导的“非洲复兴千年伙伴计划”与塞内加尔倡导的“欧米茄计划”的融合，但是南非在整个计划的设计与出台过程中发挥了关键性的领导作用。由于该计划得到了主要非洲伙伴国（尼日利亚、埃及、阿尔及利亚等）的广泛支持，因而被视为非洲自主设计的发展计划，具有高度的合法性。

非洲发展新伙伴计划的设计初衷便体现了明显的南北合作特征，其实质为一种交易战略。非洲发展新伙伴计划强调非洲国家应当对自身的发展

---

① Narnia Bohler - Muller, “Nuanced Balancing Act: South Africa's National and International Interests and Its ‘African Agenda’”, *SAIIA Occasional Paper*, No. 120, September 2012, p. 8.

② G8 +5 是八国集团与中国、印度、巴西、墨西哥、南非五个发展中大国在 21 世纪初建立的南北领导人进行非正式对话的机制。但是随着国际形势的变化以及二十国集团机制的建立，G8 +5 并没有成为一种固定的机制延续下来。不过，八国集团（俄罗斯后因克里米亚问题而被排除在首脑峰会之外，G8 改成 G7）也延续了在首脑峰会期间就相应问题邀请一些发展中国家首脑与会的传统惯例。

负责，但与此同时应与西方工业化国家建立真正的伙伴关系，依靠西方国家的市场、资本、援助以及技术来实现非洲大陆的复兴。南非积极利用与美欧国家的传统联系以寻求它们对非洲发展新伙伴计划的支持。姆贝基总统利用对美欧国家访问之机努力进行游说，以图获得西方国家的支持。同时，南非还利用作为 G8 +5 唯一非洲国家的身份将“非洲议程”塑造为八国集团首脑峰会的议题之一，以引起八国集团对“非洲议程”的重视。

为使非洲发展新伙伴计划能够得到西方国家支持并推动非洲的民主化进程，南非还设计了与非洲发展新伙伴计划捆绑在一起的非洲互查机制。通过非洲互查机制，非洲国家在相互监督和相互学习的过程中实现政治、社会与企业善治，同时西方工业化国家应当在市场准入、私人投资、官方发展援助以及减免债务等方面向非洲国家提供政策支持。虽然非洲互查机制是一个允许非洲国家自愿加入的互动进程，但是很明显只有加入非洲互查机制中的非洲成员国才能更好地分享非洲发展新伙伴计划所带来的经济收益。西方国家也明确表达了对非洲发展新伙伴计划的支持必须以非洲互查机制为条件。显然，南非作为非洲的地区大国在说服美欧对非洲发展新伙伴计划进行支持，说服非洲国家支持非洲发展新伙伴计划并加入非洲互查机制方面起到了一种桥梁建设者的作用。

南非通过对美欧国家广泛游说最终得到西方国家对非洲发展新伙伴计划的支持。八国集团最终出台非洲行动计划以支持非洲发展新伙伴计划。在 2007 年 5 月发布的《南非 - 欧盟战略伙伴关系联合行动计划》中，欧盟明确表示，欧盟完全支持南非对“非洲议程”的承诺，包括非盟及其社会经济计划，非洲发展新伙伴计划。① 姆贝基的非洲复兴战略以及非洲发展新伙伴计划也得到了美国的大力支持。时任美国国务院负责非洲事务的副助理国务卿魏特妮（Witney W. Schneidman）指出，美国与南非可以在诸多方面做出集体努力以帮助非洲大陆实现姆贝基总统非洲复兴的宏大战略。在寻求新的方式将这一梦想转变为现实的过程中，美国和南非开始通过鼓励对非进行更大规模的贸易和投资活动来促进非洲的繁荣。② 在所有

① Council of the European Union, “The South Africa - European Union Strategic Partnership Joint Action Plan”, http://register.consilium.europa.eu/doc/srv?l=EN&f=ST%209650%202007%20INIT.

② Witney W. Schneidman and Robert F. Godec, “US - SA Economic Relations: Turning Partnership into Prosperity in Africa”, in Greg Mills and John Stremlau, eds., *The Reality Behind the Rhetoric: The United States, South Africa and Africa*, Johannesburg: The South African Institute of International Affairs, 2000, p.42.

介入非洲的外部大国中，美国政府和美国的私人企业最为支持新的意识形态建设——非洲复兴。[①] 美国国际开发署政策顾问查理纳（Herschelle S. Challenor）2004年进一步指出，布什总统和美国政府完全支持由非洲领导人创造的结束非洲在全球经济中的边缘化地位并与工业化国家与国际金融机构建立伙伴关系的发展框架——非洲发展新伙伴计划。[②]

美国政府官员不仅在外交话语上对姆贝基的“非洲复兴”战略以及“非洲发展新伙伴计划”表示支持，而且在具体的外交实践中也有所行动。首先，美国对撒哈拉以南非洲官方发展援助不断增加，到2003年达到历史最高水平10.62亿美元。在蒙特瑞金融开发会议上，时任美国总统小布什宣布，美国将在未来五年将对发展中国家的发展援助提高50%，到2006年达到50亿美元。其次，美国通过《非洲增长与机遇法案》提高非洲受益国产品和服务对美国市场的准入，小布什政府决定该法案于2008年到期后仍将延续。在《非洲增长与机遇法案》框架下，美国于2002年从非洲进口了大约90亿美元的免税商品，与2001年相比增加了10%。再次，减免非洲国家的债务。美国已经向重债穷国信贷基金提供了6亿美元的注资，为支持G8非洲行动计划，美国又额外向该基金注资1.5亿美元。据估计，2001~2004年，美国免除了相关非洲国家将近42亿美元的债务。最后，美国对非投资有所增加。美国通过海外私人投资公司向美国投资者提供金融和政治风险保险。到2002年，美国海外私人投资公司已经批准了南部非洲地区将近10亿美元的投资项目。[③]

祖马上台执政后虽然不再具有姆贝基总统那种强烈的泛非主义意识形态，但是南非政府支持非洲实现复兴和可持续发展的基本战略没有改变。祖马政府的外交政策强调实用主义方式，淡化泛非主义的意识形态；强调“非洲议程”，淡化非洲复兴战略；强调要加强非洲大陆的基础设施建设，建立从开普敦到开罗的南北交通走廊。然而，无论是实用主义的“非洲议程”，还是具有意识形态色彩的“非洲复兴”，其最终目标都是要将非洲建

① Chris Alden, “From Neglect to Virtual Engagement: The United States and Its New Paradigm for Africa”, *African Affairs*, 99, 2000, p. 360.

② Herschelle S. Challenor, “The United States and NEPAD”, *South African Journal of International Affairs*, Vol. 11, No. 1, Summer/Autumn 2004, p. 58.

③ Herschelle S. Challenor, “The United States and NEPAD”, *South African Journal of International Affairs*, Vol. 11, No. 1, Summer/Autumn 2004, pp. 59-62.

设成为安全、稳定、繁荣的大陆。在实现这一战略目标的过程中，都需要获取美欧国家的政治、经济以及外交等方面的支持。事实上，祖马执政后，南非继续通过与美欧国家建立的机制化平台，如南非－欧盟首脑峰会及不同功能领域的部长级会议，获取西方国家的支持。美欧国家则无论是在外交辞令上还是具体的外交实践中对南非提出的“非洲议程”都持支持态度。这是因为南非的“非洲议程”基本上符合美欧国家的对非战略，即促进非洲的政治民主化和经济自由化进程，而塑造一个安全、稳定、繁荣的非洲大陆也有助于确保美欧国家在非移民、投资等方面的安全和经济利益。同时，南非利用与美欧国家密切的传统关系可以提高“非洲议程”实现的可能性，在南北合作中发挥桥梁建设者的作用。虽然美欧国家对南非“非洲议程”的支持有助于巩固南非的地区大国和地区领导者地位，但是这种支持并没有消除南非对美欧霸权的疑虑和反对。南非寻求大国地位的外交战略与冷战后美国主导的西方霸权的现实存在基本矛盾。

二　南非战略导向与美欧西方霸权的基本矛盾

南非寻求大国地位的战略导向与美国试图维护西方霸权的努力相矛盾。在地区层次，南非追求地区领导角色的努力往往与美欧试图增强对非洲大陆影响力的战略相矛盾。南非对非战略的基本目标是寻求改变非洲大陆在国际体系中的边缘地位，提高非洲大陆的独立性和自主性，寻求非洲国家对其领导角色的认同，同时避免域外力量对非洲事务进行干预，即所谓“非洲问题由非洲人解决”。显然，这与美欧国家积极追求扩大对非影响的战略存在相矛盾。在全球层次，南非积极追求大国地位，提升自身在国际舞台和不同问题领域的影响力。然而，南非的战略方式是以发展中国家代表的身份积极追求改变不合理的国际政治经济秩序，改变国际制度民主赤字的状态，提高发展中国家在国际事务中的发言权，维护发展中国家的基本利益。这种战略导向与美国试图继续维持西方霸权的战略意图也存在矛盾之处。

第一，地区层次。后种族隔离时代，南非试图通过多边主义和公共产品供给的方式在非洲大陆发挥领导作用。虽然美欧国家支持南非充当地区领导者角色，但是由于双方对非外交方式存在很大差异，所以南非借助美欧国家力量追求大国地位的战略面临着一系列挑战。

南非与美欧等西方国家在民主、人权等价值理念上具有高度一致性，它们都致力于推动非洲的民主化进程和尊重保护人权，但是处理这些问题的方式存在很大差异。南非强调通过多边主义方式解决非洲面临的问题，而美欧国家在处理非洲国家的民主化问题时往往采取强硬政策，甚至是赤裸裸的军事干预。例如，在对待津巴布韦危机问题上，双方开始便存在严重分歧。南非主张与穆加贝政权进行建设性接触，通过政治协商的方式解决内部危机。而美英等西方国家则一味施压，主张对穆加贝政权进行严厉制裁和孤立，迫使其推进民主化进程。南非反对美欧的单边主义政策，西方国家则指责南非对穆加贝政权进行纵容，有违其对民主和人权价值理念的承诺。事实上，外交方式差异的背后隐藏着更深层的矛盾，即南非试图将非洲建设成为避免外来干预的大陆，彻底实现非洲的自决。作为冷战后唯一的超级大国，美国则试图维护西方国家在非洲大陆的传统利益，以应对新兴大国崛起带来的挑战。显然，南非的地区战略导向与美国的霸权战略存在基本矛盾，其中最突出的表现是南非对美国增强对非军事存在的反对。

冷战结束后，美国对非洲安全战略做出重大调整。冷战的结束与索马里维和行动的失败导致美国国内孤立主义情绪上升。在这种背景下，克林顿政府确立了美国参与非洲维和行动的基本原则，并出台非洲危机反应倡议（African Crisis Response Initiative）以应对非洲的安全问题。非洲危机反应倡议的基本逻辑是美国通过提供资金和设备来支持非洲的安全建设，非洲应当负责自身的安全，这样便可避免美军的伤亡。1996 年，时任美国助理国务卿克里斯托弗访问非洲兜售非洲危机反应倡议。

南非政府对美国提出的非洲危机反应倡议持怀疑态度。虽然通过提供设备与资源维持了某些控制，但很多南非官员倾向于将这一倡议视为美国避免承担在非洲进行多边维和责任的一种手段。[①] 时任南非总统曼德拉极为反对美国的这一军事倡议。曼德拉指出，“我的看法是若该倡议要取得成功，它必须具有可信性。它一定不能来自某一个国家，它应该是联合国的倡议”。[②] 在南非决策精英看来，美国在没有与非洲国家协商的情况下便出台非洲危机反应倡议，因而是外部强加的，缺乏合法性。另外，美国通

---

① Greg Mills, Over the Rainbow: “SA – US Relations, 1994 – 2000”, in Greg Mills and John Stremlau, eds., *The Reality and the Rhetoric: The United States, South Africa and Africa*, Johannesburg: The South African Institute of International Affairs, 2000, p. 33.

② “Mandela to Discuss African Crisis Force”, *Business Day*, 11 October, 1996.

过提供资金和军事设备对非洲国家的部队提供培训，这可能导致这些军事力量受西方控制。1998 年，时任美国总统克林顿访问南非时，曼德拉首次公开对非洲危机反应倡议表示支持，但条件是未来接受培训的维和力量必须由非洲来指挥。美国没有反对，因为美国培训的非洲部队将通过联合国或者非盟等多边机制参与非洲的维和行动。

小布什上台后，为应对恐怖主义带来的挑战，美国加强了在非洲的军事存在。2008 年 10 月美国组建美军非洲司令部（AFRICOM），并试图将该司令部的驻地由德国迁往非洲。美国的这一举动遭到包括南非在内的诸多非洲国家的反对。在南非看来，美国加强在非洲的军事存在无非是保证撒哈拉以南非洲地区的石油供给安全和抵御中国日益增长的影响力。时任南非国防部长莱科塔（Lekota）指出，南部非洲发展共同体卢萨卡峰会决定成员国不会欢迎美军非洲司令部和更多美军的存在。莱科塔同时指出，这也是非盟和整个非洲大陆的立场。[①] 莱科塔甚至于 2007 年拒绝了美国驻南非大使馆发出的与美军非洲司令部沃德（William E. Kip Ward）将军的会晤请求。南非国内的左翼力量（如南非共产党）也对美军非洲司令部持严厉批评态度。在曼德拉和姆贝基执政时期，南非感到美国几乎代表了对殖民主义的回归。[②]

虽然祖马上台后南非与美国之间的防务关系有所改善，但美国主导下的北约对利比亚的军事干预行动仍然导致南非对美国意图的严重怀疑。北约的军事干预行动也暴露了非盟在应对地区危机时缺乏能力，非洲自决和非洲问题非洲人解决的理想再次受到严重冲击。总之，自非国大执政以来，南非从总体上对美国在非洲大陆的军事存在和军事干预持反对批评态度。在南非看来，应当通过加强联合国和非盟的制度能力并以多边主义方式来应对地区安全挑战，而不是依靠美国的军事力量。

第二，全球层次。在全球层次，南非以多边主义为导向的基本外交理念和实践与美国维持一超独霸地位的战略构想相矛盾。在后种族隔离时代的南非看来，冷战结束后西方国家主导的全球化进程对发展中国家而言弊大于利，应当改变不公正的国际政治经济秩序，改革二战后所确

① Scott Firsing, "The Expansion of US - South Africa Defense Relations", *Defense Studies*, Vol. 12, No. 2, June 2012, p. 312.

② Scott Firsing, "The Expansion of US - South Africa Defense Relations", *Defense Studies*, Vol. 12, No. 2, June 2012, p. 318.

立的主要国际制度，提高广大发展中国家在国际体系中的地位，维护发展中国家的权益。显然这种外交理念对试图维持现状的西方国家构成了挑战。

南非追求国际影响力的努力主要在以下几个方面对美国主导的西方世界构成了挑战。

其一，南非积极追求建立公正合理的国际政治经济新秩序，建立更加合理的国际贸易结构。尤其是在世界贸易组织谈判过程中，南非积极联合其他发展中国家向美国和欧盟等发达国家和国际组织施加压力，要求西方发达国家取消对本国农业的高额补贴以增加发展中国家农产品对发达国家市场的准入。南非的这种努力对发达国家长期以来维持在农产品市场的竞争优势构成了挑战。

其二，南非积极主张对国际金融制度（国际货币基金组织和世界银行）进行改革，以改善全球经济治理状况。当前的全球经济治理制度是二战后西方战胜国的安排，主要由美国控制。发展中国家不仅不享有规则制定权，还必须接受这些制度所确立的规则和安排。例如，20 世纪 80 年代国际金融机构对非洲国家所施加的结构调整计划便是外部强加的一种政治经济安排。南非推动国际金融制度改革的主要目的在于改变当前国际制度民主赤字的状况，提高发展中国家在国际制度中的话语权和规则制定权。虽然南非强调通过协商解决国际制度民主赤字的问题，但这种行为本身要求改变现状，这与美国维持现状的意图相矛盾。

其三，在后种族隔离时代，南非不仅积极恢复不结盟运动和七十七国集团的活力，而且积极组建新的发展中大国联盟，例如印度 - 巴西 - 南非三方对话论坛。在气候变化问题领域，南非还与中国、印度和巴西组建了基础四国集团以向发达国家施加压力，推动其以共同但有区别的责任原则解决气候变化问题，这意味着发达国家应承担更大责任。南非还于 2011 年加入了金砖国家合作机制，以积极推动国际体系转型。虽然这些发展中大国集团并非针对美国和西方的军事同盟，但是它们在国际事务和不同问题领域的协调与合作对美国霸权构成了某种程度的软制衡。总之，无论是地区层次还是全球层次，南非的战略追求与美国维持西方霸权的意图存在矛盾，这种基本矛盾对南非借助美欧国家追求大国地位的战略构成了制约。

综上所述，冷战结束后，国际体系结构由美苏两极对抗转变为美国主导下的西方霸权。面对美欧霸权的国际政治现实，南非确立了加强与美欧国家传统联系，借助美欧国家力量将南非经济融入全球经济体系之中，利用美欧国家的市场、资本、技术与援助等提高南非经济实力的基本战略。同时，南非利用与美欧国家在民主和人权等价值观上的一致性以及传统的历史联系来获取美欧国家的外交支持，以发挥南北桥梁建设者的作用。南非的民主转型和独特的历史地位赋予了其发挥这种作用的能力，美欧国家也乐于支持南非发挥这样的作用，其中最明显的案例便是美国和欧盟对南非所倡导的非洲复兴战略以及“非洲议程”的支持。

虽然南非借助美欧力量追求大国地位的外交战略取得了巨大成效，但是南非的战略导向亦与美欧霸权现实存在矛盾。作为非洲的区域大国，南非反对域外大国对非洲事务的干预，强调“非洲问题要由非洲解决”的逻辑，但美欧国家特别是美国在追求在非战略利益时不乏采取单边主义的政策取向，这便导致南非与西方国家在诸多非洲问题的解决上存在根本的矛盾。在全球层次，南非虽然与美欧国家都强调建立基于规则的国际秩序，但在建立何种规则上双方存在明显分歧。美欧国家强调建立基于规则的国际秩序，旨在维护现状，牢牢掌控国际规则的制定权和控制权。南非强调建立基于规则的国际秩序，其本质在于追求多边主义，改变国际规则制定权和控制权由西方国家主导的现状，维护和提高发展中国家在国际规则和制度建设中的地位和作用。显然，南非在全球层面的诸多战略追求对美国维持西方霸权秩序的努力构成了挑战。

在非洲大陆以及全球层次，南非和美欧国家战略追求所存在的基本矛盾，对双方关系的进一步深入发展构成了制约。随着国际体系转型的加速发展，这种制约体现得日益明显。近年来，新兴大国群体性崛起，致使南非在大国地位的战略追求中更加重视新兴大国的作用，更加突出南南团结与合作对推动国际体系转型的重要作用，从而使充当南北对话桥梁建设者角色的战略定位在总体对外战略中的地位有所下降。南非与新兴大国在地区和全球事务中加强战略协调与合作，显然不符合美国维持西方霸权的战略追求。此外，在津巴布韦政治危机、巴以冲突等问题上，南非主张通过多边方式加以解决，这与美国的强硬立场相悖。在国际体系转型的大背景下，南非对外战略开始追求“再平衡”，降低对美欧国家的借助和依赖，突出新兴大国的角色和作用，甚至在国内政治力量博弈过程中一度产生所谓

“反西方”话语叙事，从而对南非与美欧国家关系深入发展造成不良影响。[①] 不过应该看到，南非对外战略的“再平衡”，并不以牺牲发展与美欧关系为代价。对南非而言，欧洲和北美依然是具有战略重要性的地区。[②] 南非国际关系与合作部副部长兰德斯（Luwellyn Landers）在2016年9月的一次公开讲座中表示，南非将继续加强与北方工业化国家间的合作，并优先巩固和发展与欧盟的战略伙伴关系。通过战略伙伴关系这一平台，南非和欧盟可以在非洲发展新伙伴计划框架下，推动实现非洲的经济社会发展议程。[③] 从中不难看出，即便国际体系转型在加速推进，但是美欧占主导地位的格局并未从根本上被打破，这便决定了依托美欧国家力量发挥在地区和全球层面的影响力，依然是南非的对外战略选择。

① Chris Landsberg & Lara Hierro, "An Overview of the EU – SA Strategic Partnership 10 Years on: Diverging World Views, Persisting Interests", *South African Journal of International Affairs*, Vol. 24, No. 2, 2017, pp. 115 – 135.

② Speech by South African Deputy Minister of International Relations and Cooperation, Mr Luwellyn Landers, "South Africa's Foreign Policy Priorities for the 21st Century", 20 May, 2015, http: //www. dirco. gov. za/docs/speeches/2015/land0520. htm.

③ Public Lecture by the Deputy Minister of International Relations and Cooperation, Mr Luwellyn Landers, at Rhodes University, Eastern Cape, 14 September, 2016, http: //www. dirco. gov. za/docs/speeches/2016/land0914. htm.

第五章　南非与新兴大国：合作互助实现崛起

历史上，以非国大为代表的南非民族解放运动在争取摆脱种族隔离制度藩篱的过程中，曾得到广大民族独立国家和发展中国家的支持。非国大也曾派代表参加1955年在印尼万隆召开的亚非会议，这一旨在促进发展中国家团结合作以避免受冷战两极格局负面影响的大会及其所形成的“万隆精神”对非国大产生了重要影响。在漫长的反种族隔离斗争中，非国大与广大民族独立国家和发展中国家形成了对彼此历史的某种共同理解，即它们都曾具有被西方国家殖民和压迫的相似境遇。与发展中国家长期的合作传统以及对彼此争取自由和平等的理解、认同和支持，在非国大执掌南非政权后，遂转变为南非的南方国家身份定位和对南南合作的坚定支持。作为发展中国家，推动和促进南南团结与合作，成为后种族隔离时代南非的一贯政策。

虽然加强南南合作成为南非外交所追求的目标，但是冷战结束后美欧占主导的国际体系结构致使其在南南合作的框架下并没有太多的政策手段来实现其目标。正是认识到国际体系结构所施加的限制，南非在种族隔离制度结束之初，极力追求扮演南北桥梁建设者的角色，并希望借此促进和维护发展中国家的利益。在当时的历史条件下，发挥桥梁建设者作用，可以最大限度地彰显南非的独特性。时任南非外交部长阿尔弗雷德·恩佐（Alfred Nzo）曾在1995年3月外交事务委员会上对南非在国际体系中的独特位置做出阐述，即南非兼具发达国家和发展中国家的特征，处于两大世界交接的位置——作为南方的工业化国家，南非可以平等地与北方国家沟通交流以表达发展中国家的需求、关切和担忧。同样，南非也可以向发展中国家阐明发达国家的关切和担忧。虽然南非的未来与南南发展紧密联系在一起，但不可忽视的现实是，美国和七国集团构成了当今世界无可置疑的经济力量中心。这些国家对发展中国家（包括南非和南部非洲国家）的经济福利发挥着根本性的作用。而且，七国集团最为支持南非民族团结政府，并承诺要帮助南非取得经济上的成功。基于此，南非将继续夯实作为南北桥梁建设者这一基础。[①]

---

① “Foreign Policy for South Africa: Discussion Document”, 1996, http://www.gov.za/documents/foreign-policy-south-africa-discussion-document-0.

种族隔离时期，南非曾遭到国际社会长期制裁和孤立，非国大执政后，迫切需要将实现民主转型的南非融入后冷战时代的国际社会中。在美欧占主导的国际体系结构中，选择与美欧合作，成为南非外交政策的自然选择。即便将南南合作作为一种政策目标，但维护南方国家的利益，很大程度上也需要通过与北方国家的交流与合作才能实现。南非与欧盟积极谈判并达成自由贸易协定，寻求七国集团对其倡议的“非洲发展新伙伴计划”的支持等，都深刻体现了南非在推进自身和发展中国家特别是非洲国家利益时，对以七国集团为代表的美欧国家的政治经济依赖。

然而，随着以金砖国家为代表的新兴经济体的崛起，国际体系结构发生自冷战结束以来最为深刻的调整和变化，美欧国家的主导地位，特别是美国的霸权地位遭到削弱，包括新兴经济体在内的广大发展中国家的实力和地位得到大幅提升，国际格局的多极化趋势日益明显。诸如中国、印度和巴西这样的新兴大国正从发展中世界崛起为在地区和世界具有重要影响力的国家。伴随着这些国家经济和政治力量的不断发展，它们为其他发展中国家选择替代性的联盟伙伴创造了新的机遇。[①] 国际体系的结构性调整和转型对南非的对外行为产生了深刻影响。传统上南非依托南北桥梁建设者角色提升自身影响力的政策手段逐渐被依靠与新兴大国合作提高自身全球战略地位的政策手段所取代。21 世纪以来南非明显强化了对新兴大国的外交投入，2003 年南非与印度、巴西两个来自南方的国家建立了三边对话论坛，2010 年南非应邀加入由新兴经济体组成的金砖国家合作机制。这些事例表明，国际体系结构调整和转型为南南合作创造了新机遇，南非则顺势而为，抓住这一历史性机遇，充分利用新兴大国崛起这一新的地缘政治变动来提高自身的国际地位和影响力。

对南非追求大国地位的战略而言，新兴大国的崛起与国际体系转型至少创造了以下几个方面的条件。其一，新兴大国的经济崛起可以为南非提供资本和市场机遇，通过强化与新兴大国的经贸联系，可以提高南非自身的经济实力。尤其是 2008 年金融危机和欧洲债务危机爆发后，美国与欧盟经济形势不容乐观，在这种背景下新兴大国的经济增长对南非经济可持续发展至关重要。其二，新兴大国的经济崛起正努力推动国际关系向民主化

---

① Elizabeth Sidiropoulos, “Options for the Lion in the Age of the Dragon”, *South African Journal of International Affairs*, Vol. 13, No. 1, Summer/Autumn 2006, p. 99.

方向发展，南非可以利用新兴大国崛起带来的战略红利，积极推动全球治理体系变革，维护广大发展中国家特别是非洲国家的战略利益。无论是依靠与新兴大国的经济联系来增进自身的经济实力，还是依靠与新兴大国的外交协调来维护南方国家的利益，南非都可借此进一步巩固自身在非洲大陆的领导地位，并获取国际社会对其作为非洲大陆领导者的认同和支持。然而，虽然新兴大国的崛起为南非带来了机遇，但是新兴大国在非洲影响力的日益提升也不断对南非本身寻求地区领导角色的努力构成挑战。尤其是新兴大国在非洲的投资和贸易在为非洲国家带来机遇的同时也对南非在非洲的经济存在构成了挑战。

第一节　南非对新兴大国外交

21 世纪特别是 2008 年国际金融危机爆发以来，国际体系结构加速转型，深刻影响了国家对外行为的调整和变化。从新现实主义的视角来看，国际体系结构决定国家行为，但是在国际体系结构以及这种结构的变化如何决定国家行为的解释上，新现实主义者并未进行深入而精准的探讨和分析。新古典现实主义在坚持结构主义力量的同时，引入国家层次变量，对国际体系结构如何决定国家行为进行了系统的理论阐释。在新古典现实主义看来，国家的实力地位和国际体系的结构决定国家的行为，但是这种因果决定关系需要引入国家内部因素（如制度安排、政府力量、政治精英的认知等）作为中介变量进行分析，即决定外交政策行为的因素并非直接取决于一国现实的实力本身，决策者对实力的“感知”和理解是重要的“中介性纽带”。①

国家为适应国际体系结构变化，往往会调整外交政策行为，以实现自身利益最大化。国家对外行为的调整与互动，一般会带来国际力量的分化与重组，从而对国际体系层次的力量分配和格局状态产生影响。然而，国际体系结构调整带来的是机遇还是挑战，如何改变国家行为以抓住机遇并应对挑战，则取决于国家决策层对国际体系结构变化的认知。所谓国家决策层的认知，则由一国国内占主导地位的政治力量所决定。从 1994 年民主

① 唐小松：《外交政策理论建构的新发展——新古典现实主义流派评介》，《国际论坛》2000 年第 4 期，第 47 页。

转型后南非的具体国情来看，非国大领导的三方执政联盟在南非国内政治格局中一直处于主导地位，其他反对力量虽有上升（如民主联盟、经济自由斗士党等），但并未从根本上改变非国大占主导的政治格局。因此，非国大以及非国大控制的政府对国际体系结构调整和变化的基本认知，便从根本上决定了南非的对外行为。

一 南非决策精英对新兴大国崛起的基本认知

21 世纪以来，由于新兴大国的群体性崛起，美国的一超独霸地位有所下降。2008 年国际金融危机的爆发对美国的领导力造成冲击。特别是特朗普于 2017 年就任美国总统后，在“美国优先”的理念指导下，奉行单边主义和保护主义政策，领导美国退出《跨太平洋伙伴关系协定》（TPP）、应对气候变化《巴黎协定》、伊朗核问题全面协议、联合国教科文组织、联合国人权组织等国际协定和国际机构。特朗普领导下的美国已不再是国际社会的领导者，而成为国际问题和麻烦的制造者，给国际秩序带来极大的不确定性。虽然特朗普以美国利益优先，但是他在客观上造成了美国领导力的衰退。由于美国的退出和“孤立”，其很难在某些全球治理问题上发挥领导者的角色，尽管没有美国的参与，这些全球性问题亦很难得到解决。

与美国的领导力衰退相比，崛起进程中的新兴大国越来越认识到承担国际责任、提供公共产品的重要性。新兴大国加强战略协调，组建机制化平台，利用集体力量推动全球治理体系变革，这一趋势成为冷战结束以来世界秩序演变最为显著的特点。从发达国家与发展中国家间关系来看，过去那种“影响者”和“被影响者”的区别正在改变，发展中国家关于和谐世界和国际新秩序的观点，关于国际体系改革的倡议，得到越来越多的倾听与尊重，在国际体系中的发言权和影响力增大的趋势不可逆转。[①] 作为新兴经济体的代表，金砖国家在全球治理中的作用在增大。金砖国家已成为现存西方秩序的批判者，它们没有颠覆西方霸权的意图，但正在形成一股群体性力量，并且已经展现了和平渐进地改变世界权力结构的动机、能力和决心。由于新兴经济体经济总规模举足轻重，实已拥有与西方国家博

---

① 陶坚：《观察当前国际危机与国际体系转型的几个视角》，《现代国际关系》2009 年第 4 期，第 8 页。

弈的能力，这是任何单一国家所做不到的。因此，金砖国家在多边问题上正在努力把国家利益汇聚成一个整体，以一个声音说话，采取共同的平衡战略。显而易见，金砖国家的机制化或集团化是一个权力倍增器，它将显著地增加东方（或南方）新兴国家的地位和权力。[①] 当前，国际体系正处于自冷战结束以来最深刻的转型之中。

民主转型后，非国大领导的南非积极参与不结盟运动、七十七国集团、联合国贸发会等南方国家组成的国际组织或运动，加入这些国际组织或运动既是回归和融入国际社会的一种体现，同时也可以作为一种领导性力量推进南南合作。虽然在民主转型之初，南非就以加强南南团结与合作为己任，但这一时期南南合作进程并未产生令人印象深刻的成果。姆贝基执政时期，南非虽然提出了系统性的“非洲复兴”战略，并联合非洲国家出台“非洲发展新伙伴计划”，建立非洲互查机制，但按照姆贝基的设计，以上计划的落实有赖于以七国集团为代表的西方国家的发展援助。南非之所以在其对非战略设计中，强调美欧等西方国家的重要性，从根本上讲是由国际体系结构中美欧西方的霸权地位所决定的。

然而，21 世纪以来新兴大国的不断成长也在潜移默化地对南非的对外行为造成影响，突出体现在南非对外行为中的另一种愈加明显的趋势，即发展和加强与发展中大国的关系。早在 21 世纪初，时任南非总统姆贝基便有了关于建立南方的“七国集团”（G7 of the South）的设想，而这一战略设想也被纳入了 2001 年南非贸易与工业部的相关政策中：在未来几轮的 WTO 谈判中，南非的政策将寻求围绕共同的议程与发展中国家建立所谓的“南方集团”（G - South）。在南非看来，只有推动南方国家协调行动，才能确保强大的工业化国家做出充分的让步。[②] 这一最初源于多边贸易谈判中的战略设计，在后期的外交实践中转变成了现实。2003 年，南非与在地缘、经济发展水平、政治制度等方面具有诸多相似性的两个发展中大国印度和巴西，建立了印度 - 巴西 - 南非三方对话论坛（IBSA）。三国领导人公开表示，IBSA 是迈向发展中国家更为广泛合作的垫脚石。[③]

---

① 张建新：《后西方国际体系与东方的兴起》，《世界经济与政治》2012 年第 5 期，第 20 页。

② Chris Alden and Marco Antonio Vieira, “The New Diplomacy of the South: South Africa, Brazil, India and Trilateralism”, *Third World Quarterly*, Vol. 26, No. 7, 2005, p. 1083.

③ Chris Alden and Marco Antonio Vieira, “The New Diplomacy of the South: South Africa, Brazil, India and Trilateralism”, *Third World Quarterly*, Vol. 26, No. 7, 2005, p. 1090.

这一始于21世纪初与发展中大国开展集体行动的努力，随着国际体系结构的加速转型而得到进一步的强化。从国际体系层次的视角看，国际经济重心向亚太地区转移深刻影响了南非的对外经济联系，传统上与美欧西方国家的密切经济联系逐渐被亚洲国家和新兴经济体所取代。特别是2008年金融危机爆发后，南非更加注重发展与亚太国家和新兴经济体的经济联系。从国家层次的视角看，金融危机前后南非政治局势发生巨大变动，奉行新自由主义政策的姆贝基于2007年被非国大召回，2009年在南非共产党、南非工会大会等左翼力量支持下祖马上台执政，南非政局向左转，对内开始重视国家在推动经济社会转型上所发挥的作用，对外更加强调与国际社会中的进步力量（主要是发展中国家）合作，变革不公正、不合理的国际秩序。

2008年国际金融危机爆发以来，国际体系结构发生了更为深刻的变动。为应对国际秩序的剧烈变化，不仅产生了囊括了主要发达国家和发展中大国的二十国集团（G20），而且新兴大国也加强了战略协调并组建了机制化的平台“金砖国家合作机制”。南非决策层对国际格局的调整与变化有着深刻认识和判断。2011年5月，南非政府发布《南非外交政策白皮书》，系统地阐述了南非政府对当前国际体系转型及其对南非外交政策影响的基本认识。《南非外交政策白皮书》指出，新兴经济体的崛起正在影响全球权力分配的转移。伴随着这些新兴经济体坚持它们的立场和寻求增加对国际事务的影响力，新的政治经济集团正在形成。结果，这一驱动力的主要力量包括新的全球性市场、贸易和投资流动的变化、全球劳动力市场、经济联盟的重组、日益增加的社会分工、新的消费模式和生产网络。全球经济危机加速了全球政治经济权力向新兴经济体的转移，人们预期这一趋势将继续发展。20世纪建立的全球经济和贸易体系规则与制度正在发生动摇。由于新兴经济体之间南南贸易的显著增长，贸易模式正转向新兴市场。20世纪90年代，主导性的意识形态是以新自由主义范式重塑世界。然而，新兴大国追求了一种与它们各自文化规范相一致的替代性的发展模式。……国际体系的权力转移以及发达国家与新兴大国之间力量差距的迅速缩小为南非提供了机遇。这种趋势为国家通过在具体的问题领域和它们的地区发挥领导角色以最大化其影响力提供了史无前例的机遇。这种影响是由于采取了某种政策倡议、建立某种制度和提供解决问题的方案。通过在非洲大陆扮演这种角色可以提高南非在国际舞台上的影响力。南非面临的下一个战略挑战是运用这一机遇塑造一个新的全球秩序。①

2011 年 11 月南非国家计划委员会发布的《国家发展计划 2030》也做出了同样的战略判断，即全球权力向发展中国家的转移为南非在未来 20 ~ 30 年实现地区和国际影响力最大化提供了机遇。② 在当前金融危机背景下，应加强与中国、印度、巴西和俄罗斯等金砖国家的战略伙伴关系以推动全球和地区一体化。南非把其金砖国家集团成员的身份视为一种战略机遇，通过这种机遇非洲的利益可以在全球舞台上得到支持。通过金砖国家集团，南非将为非洲制定更多的贸易和投资计划以确保非洲大陆的声音能够在更广泛的全球市场上被倾听。③

2013 年时任南非总统祖马在《哈佛国际评论》刊文，系统阐述南非的金砖外交，文章指出，“世界经济在经济权力上正经历深刻的结构性变迁，随着全球经济增长、贸易和投资流动产生新的来源，这重新界定了全球经济地理。金砖国家处于这些变化的中心。广泛地讲，当前经济权力正在从北方和西方向南方和东方发生相对转移”。“虽然南非与传统伙伴之间的经济联系依然非常重要，但是本国的增长和发展前景日益有赖于其与南方和非洲充满活力的经济体之间日益多样化和强化的经济联系。南非与南方国家，特别是金砖伙伴间的贸易和投资规模不断扩大，其中中国和印度处于首要位置。”“历史的这一关键节点为南非提供了史无前例的机遇来建设未来几十年的世界新秩序。作为南方和国际社会的重要国家，南非以及非洲大陆必须在一个新的平等的世界秩序中找到正确的位置。当前的全球金融危机明显显示出，二战后所形成的全球安全和金融架构无法适应当前的全球现实，迫切需要改革以解决人类所面临的共同挑战。”④

南非国际关系与合作部发布的“战略规划（2015 ~ 2020 年）”也对转变中的国际格局做出判断，认为新的经济力量的崛起正在影响全球权力分

---

① “Building a Better World: the Diplomacy of Ubuntu, White Paper on South Africa's Foreign Policy, Final Draft”, 13 May, 2011, http: //www. gov. za/sites/www. gov. za/files/foreignpolicy_0. pdf.

② National Planning Commission, *National Development Plan: Vision for* 2030, 11 November, 2011, p. 216.

③ “SA Strengthens Its African Position at BRICS”, March 28, 2012, https: //www. sanews. gov. za/south - africa/sa - strengthens - its - african - position - brics.

④ Jacob Zuma, “South Africa in the BRICS: Evolving International Engagement and Development”, *Harvard International Review*, Vol. 35, No. 2, Fall 2013, pp. 17 - 21.

配平衡的转移，导致新的政治经济集团的产生。在过去15年来的大部分时间里，以巴西、俄罗斯、印度和中国为代表的新兴市场成为全球经济增长的引擎。一些中等国家和地区性大国通过组建意愿联盟和权力集团崛起为关键性的国家。这些新兴大国挑战既有的政治秩序并向国际组织施加压力以反映新的政治现实。① 在此背景下，南非寻求与其他发展中国家建立伙伴关系，通过像金砖国家这样的集团来解决历史性的不平衡和经济上的不平等。② 2018年7月南非新任总统拉马福萨在主持召开第十届金砖国家约翰内斯堡峰会时进一步指出，金砖本身是迅速变化的世界的产物，这个迅速变化的世界见证了新兴经济体的产生，传统联盟的重组，以及全球权力平衡的转移。③ 显然，对于全球权力的转移和国际体系结构的挑战，南非决策层有着清醒且一贯的战略判断。

从南非政府发布的政策文件、战略规划以及国家领导人的讲话中不难看出，南非对当前国际体系结构转型持积极态度，并且将崛起中的新兴大国视为一种可以依靠的积极力量。正是由于把新兴大国的崛起以及由此而带来的国际体系结构转型视为自身发展的战略机遇，所以南非积极追求与新兴大国建立战略伙伴关系，并积极参与组建或者加入新兴大国集团以提高自身的国际地位，同时利用新兴大国的集体力量来推动非洲议程的实现和全球治理体系的变革。总体上看，对南非对大国地位的战略追求而言，新兴大国可以在以下几个方面提供助力。

第一，新兴大国的崛起为南非自身的经济发展提供了新的机遇，这是南非提高自身实力地位的基础。1994年民主转型之后，南非的主要贸易伙伴是欧盟、美国以及日本等传统的西方国家。然而，伴随着新兴大国的崛起，全球贸易模式正发生转变，南南之间的贸易合作显著增加。新兴大国的崛起刺激了对南非矿产品的需求，同时来自新兴大国的对外直接投资也

---

① Department of International Relations and Cooperation, SA, "Strategic Plan 2015 - 2020", http://www.dirco.gov.za/department/strategic_plan_2015_2018/strategic_plan2015_2020.pdf.

② Speech by Deputy Minister L. Landers, "BRICS in Africa - Working Towards the Realisation of the African Aspirations", in Partnership with the South African Institute for International Affairs (SAIIA), University of Witwatersrand, Johannesburg, 18 June, 2018, http://www.dirco.gov.za/docs/speeches/2018/land0618.htm.

③ Statement by His Excellency President Cyril Ramaphosa during the Open Session of the 10th BRICS Summit, Sandton International Convention Centre, 26 July, 2018, http://www.dirco.gov.za/docs/speeches/2018/cram0726.htm.

在增加，新兴大国在南非对外经济关系中的地位显著提高。自2009年以来，中国便取代美国成为南非的最大贸易伙伴国，并在此后一直维持南非第一大贸易伙伴国的地位。尤其是在金融危机和欧债危机爆发后，南非更加看重新兴大国的力量，并将新兴大国的持续发展视为南非自身经济发展的重要动力。南非利用加入金砖国家合作机制的身份积极发展与新兴大国的关系，试图通过加强与新兴大国之间的经济合作来促进南非本国的经济发展，解决南非长期面临的失业、贫困和不平等三大结构性顽疾。

第二，新兴大国的崛起为南非所积极倡导的"非洲议程"的实现提供了战略机遇。在后种族隔离时代，南非积极利用在非洲大陆的优势地位追求全球层次的影响力。与此同时，通过将"非洲议程"推向国际社会并争取域外国家的支持来提高南非在非洲大陆领导地位的合法性。在南非看来，新兴大国的崛起为非洲大陆重新焕发生机与活力提供了机遇，而且与传统西方大国所不同的是，新兴大国积极追求与非洲大陆建立一种真正平等的伙伴关系。例如，祖马总统在第五届中非合作论坛的演讲中指出，"我们确信中国与欧洲的意图不同，直到今天欧洲还试图通过影响非洲国家而谋取私利。我们与中国的关系则是平等的，我们所签署的协定也是相互获益的"。[①] 根据标准银行2017年发布的关于金砖国家的报告，截至2016年，金砖国家的GDP总量超过了整个欧盟，占世界总产出的22.5%。虽然对外贸易关系的价值有所下降，但是金砖国家依然是发展中经济体的重要伙伴，特别是非洲的重要贸易伙伴。[②] 金砖国家与非洲的贸易规模2012年达到了3400亿美元，过去十年增长了10多倍。金砖国家可以通过增加对基础设施建设和工业能力的支持，以及进口更多附加值制造业产品，对非洲发展做出贡献。[③]

第三，新兴大国的崛起为全球治理体系变革提供了战略机遇。南非是

---

① Remarks by President Jacob Zuma at the Opening Session of the 5th Forum on China - Africa Cooperation, Beijing, China, 19 July 2012, http://www.thepresidency.gov.za/speeches/remarks-president-jacob-zuma-opening-session-5th-forum-china-africa-cooperation%2C-beijing%2C.

② Speech by Deputy Minister L. Landers, "BRICS in Africa - Working Towards the Realisation of the African Aspirations", in partnership with the South African Institute for International Affairs (SAIIA), University of Witwatersrand, Johannesburg, 18 June, 2018, http://www.dirco.gov.za/docs/speeches/2018/land0618.htm.

③ Jacob Zuma, "South Africa in the BRICS: Evolving International Engagement and Development", *Harvard International Review*, Vol. 35, No. 2, Fall 2013, p. 20.

国际体系转型和全球治理体系变革的积极支持者和推动者，南非试图将以权力为基础的国际体系转变为以规则为基础的国际体系。转型后的国际体系应当提高发展中国家的话语权和规则制定权，使发展中国家的利益能够得到更好的维护。在这方面，新兴大国与南非存在共识，因此南非也将新兴大国的崛起视为国际体系转型和全球治理体系变革的积极力量。然而，南非自身国力有限，因而寻求利用新兴大国的集体力量来推动国际体系转型，借助新兴大国的集体力量在全球治理体系变革中维护发展中国家的权益。例如，在气候变化谈判过程中，南非与中国、巴西和印度组成基础四国，通过协调立场和达成共识向发达国家施加压力，以使未来制定的气候规则更加符合发展中国家的利益。利用新兴大国集体力量推动国际体系转型的过程也是提高南非国际地位的过程，因为南非本身便是新兴大国集团（金砖国家合作机制、印度－巴西－南非三方对话论坛、二十国集团等）的一分子。

总之，国际力量对比的变化与国际体系结构的转型会对国家对外行为产生影响。南非决策精英将新兴大国的崛起与当前的国际体系转型视为积极力量。在这种认知前提下，南非积极强化与新兴大国的关系，通过与新兴大国的互助合作共同实现崛起。在南非寻求大国地位的过程中，新兴大国的崛起可以为南非提供经济利益和战略利益。通过加强与新兴大国的关系，利用潜在的经济收益和战略收益，南非可以提高在非洲大陆的领导地位和全球层次的影响力。为利用新兴大国崛起带来的战略机遇，21 世纪以来南非显著加强了与新兴大国的政治外交关系。

二　加强与新兴大国的政治外交关系

1994 年民主转型之后，南非与美欧等西方国家维持了密切的经济联系，当时发展中国家在南非对外经济关系中的地位不高。在发展对外经济关系方面，非国大政府将主要精力放在了与欧盟进行自由贸易协定谈判以扩大南非商品和服务对欧盟市场的准入上。尽管如此，作为发展中国家的一员，南非仍然强调加强与发展中国家之间的政治和外交联系以改变发展中国家在国际体系中的边缘化地位。随着新兴大国的崛起，南非加强与发展中国家特别是新兴经济体的政治外交关系便具备了越来越坚实的物质基础。反过来讲，日益强化的政治外交联系又为南非扩大与新兴大国的经济合作提供了保障。因此，在国际体系结构转型的背景下，南非与新兴大国之间的合作虽然也属于南南合作的范畴，但是与种族隔离制度结束之初的南南合作相比，在形式和内容上都实现了巨大的超越。

新兴大国作为发展中国家体系的一部分在诸多方面与新南非存在广泛的一致性。在种族隔离斗争时期，诸多南方国家特别是当前的新兴经济体都曾给予南非黑人民族解放运动以不同程度的支持。冷战时期，苏联在政治、经济、军事等方面给予非国大支持，以反对南非的种族隔离运动。这一时期，非国大不仅与苏联维持了密切的外交联系，而且深受苏联共产主义意识形态的影响。印度不仅通过联合国、不结盟运动等多边组织批评南非的种族隔离制度，而且首先发起对南非白人政权的经济制裁，并断绝与南非的外交关系以支持南非国内的反种族隔离运动。中华人民共和国成立后，一贯支持南非人民反对种族隔离制度的斗争，与南非白人种族主义政权没有往来。新中国在成立之初，就对南非人民反抗白人种族主义统治的斗争给予了深切的同情和支持。[①] 这些国家对南非反种族隔离运动的支持为非国大执政后加强与新兴大国的关系奠定了情感和道德基础。

非国大执政后，南非坚持在独立自主的基础上与其他国家建立全面的外交关系，在维护发展中国家利益方面尤其强调加强与发展中大国之间的密切联系。苏联解体后，南非成为首个承认俄罗斯联邦的非洲国家，两国于 1992 年 2 月恢复邦交关系。非国大执政后仍然强调继续加强与俄罗斯之间的外交关系。1999 年，南非总统曼德拉访问俄罗斯，双方签署《南非和俄罗斯友好合作伙伴原则声明》，从双边、地区和全球三个方面规划两国未来关系发展方向。1999 年 4 月，南非与俄罗斯建立了政府间贸易与经济合作委员会，以促进双方经贸合作。该委员会下设 7 个次级委员会：农业、教育、健康、科学技术、矿产能源、贸易与工业、司法，这些次级委员会协调双边具体功能领域的合作。此外，南非还与俄罗斯建立了联合商业理事会，以扩大双方之间的商业联系。2006 年 9 月，俄罗斯总统普京对南非进行国事访问，双方签署了《友好伙伴关系条约》，确立了两国之间的战略伙伴关系地位。2014 年 8 月，南非总统祖马对俄罗斯联邦进行工作访问。此次访问是继 2013 年 3 月俄罗斯总统普京成功访问南非，同年 5 月南非总统祖马成功访问俄罗斯索契之后又一次成功的高层访问。除了高层互访，南非与俄罗斯还在金砖峰会等多边外交场合举行双边会晤，探讨共同

① 杨立华：《中国与南非建交的战略选择》（上），《西亚非洲》2007 年第 9 期，第 12 页。

关切的双边和多边问题。例如，2019 年南非总统拉马福萨访问俄罗斯，参加在俄罗斯索契举办的首届俄罗斯 - 非洲峰会。峰会期间，拉马福萨还参加了新设立的俄罗斯 - 非洲经济论坛，并与俄罗斯总统普京、俄联邦政府总理梅德韦杰夫举行了双边会见，南非与俄罗斯双边政治关系得到进一步强化。总体上看，热络的政治外交联系为南非与俄罗斯在能源、科技等领域深化双边合作提供了强有力保障。

南非与印度具有悠久的历史和文化联系，1994 年后南非进一步深化与印度之间的政治外交关系。1995 年 1 月，南非与印度签署《南非外交部与印度对外事务部合作议定书》，在此基础上建立外长层级的南非 - 印度联合部长委员会。1997 年，南非总统曼德拉访问印度期间双方发表了《红堡宣言》，宣布建立战略伙伴关系。2003 年，南非总统姆贝基访问印度，两国签署了五项协议，双边合作领域进一步扩大。2006 年印度总理辛格对南非进行国事访问，两国发表了《茨瓦内宣言》，重申加强两国的战略伙伴关系，进一步扩大在健康、科学技术、贸易投资、国防、文化教育等领域的合作。[①] 此外，2004 年 10 月，南非还与印度建立了南非 - 印度 CEO 商业论坛，以加强双边的贸易和投资关系。通过该论坛，南非与印度确定在投资、农产品加工、汽车及零部件、服务、信息通信技术、卫生医疗、科技和中小企业开发等领域开展合作。2016 年 7 月 8 日，印度总理莫迪应南非总统祖马邀请，对南非进行正式访问。在此次访问中，两国签署了大量双边协定，这些协定不仅有助于强化印度与南非的双边关系，而且有助于促进双方的商业联系，如贸易、投资和旅游。2019 年 1 月 25 ~ 26 日，南非总统拉马福萨访问印度，双方签署了为期三年的“战略合作规划（2019 ~ 2021 年）”，两国承诺要进一步深化在政治、经济、防务、科学、教育和社会文化等领域的合作。作为南非的战略伙伴，印度目前是南非在南亚地区最大的贸易伙伴，双方将矿业、农产品加工、基础设施开发、防务、医疗、金融服务确定为优先合作领域。

南非与中国于 1998 年正式建立外交关系，此后南中双边政治外交关系发展迅速。在南非决策精英看来，中国作为联合国安理会五大常任理事国中唯一发展中国家的地位本身对南非便具有重要性。2000 年 4 月，南非与

① 邓红英：《略论印度与南非战略伙伴关系的发展》，《南亚研究季刊》2009 年第 2 期，第 25 页。

中国签署《比勒陀利亚宣言》，根据该宣言，双方建立了一个高级别的“国家双边委员会”，以进一步加强双边关系。2001 年 12 月，南非总统姆贝基访问中国，双方正式启动南非 - 中国国家双边委员会。2004 年中国国家副主席曾庆红访问南非期间，双方确立了平等互利、共同发展的战略伙伴关系。2006 年温家宝总理访问南非期间，两国签署了《中南关于深化战略伙伴关系的合作纲要》，对今后几年双方各领域合作做出规划。2007 年胡锦涛主席对南非进行国事访问，将中南战略伙伴关系推向新的高度。2008 年 1 月，应南非外长德拉米尼·祖马邀请，时任中国外长杨洁篪访问南非，双方正式启动南非 - 中国战略对话。

在中国迅速崛起为世界第二大经济体的背景下，南非对中国的重视程度进一步上升，对中国影响力的认识不再局限于作为安理会常任理事国的政治影响力，更希望借鉴中国在经济治理领域的基本经验，通过与中国加强经济合作来促进自身基础设施开发和“再工业化”进程，着力推动自身经济结构转型和经济可持续发展。2010 年 8 月，南非总统祖马访华，双方将双边关系提升为全面战略伙伴关系。2014 年 12 月，南非总统祖马再次访华，双方签署《中华人民共和国和南非共和国 5 ~ 10 年合作战略规划（2015 ~ 2024 年）》，为中南关系进一步发展注入了新的强劲动力。此外，南非总统祖马还分别于 2015 年和 2016 年来华出席了中国举办的世界反法西斯战争暨中国人民抗日战争胜利 70 周年纪念活动和 G20 杭州峰会。自 2010 年以来，中南两国领导人通过国事访问、中非合作论坛峰会、金砖峰会、G20 峰会等双多边外交活动确保每年都有会见会谈，有时是一年多次会见会谈，这种热络的高层互动引领着两国战略合作的持续推进。① 从南非国家元首频繁访华及与中国签署的战略合作文件来看，南非与中国关系发展已达历史最好时期。在 2017 年初发表的国情咨文中，南非总统祖马将中国称为南非最为重要和关键的战略伙伴之一。② 拉马福萨执政后于 2018

① 自 2010 年以来，南非总统祖马共七次来华，或进行国事访问，或参加金砖峰会、G20 峰会等多边活动，并在 2015 年来华出席纪念抗日战争暨世界反法西斯战争胜利 70 周年纪念活动。习近平担任中国国家主席后分别于 2013 年、2015 年、2018 年三次访问南非。参见“中国同南非的关系”，外交部网站，http：//www. fmprc. gov. cn/web/gjhdq_ 676201/gj_ 676203/fz_ 677316/1206_ 678284/sbgx_ 678288/.

② State of the Nation Address by Jacob G Zuma，President of the Republic of South Africa on the occasion of the Joint Sitting of Parliament，Cape Town，9 February，2017，http：//www. dirco. gov. za/docs/speeches/2017/jzum0209. htm.

年9月首次以总统身份访华，中南两国元首一致同意，推动中南全面战略伙伴关系再上新台阶。

巴西作为拉丁美洲的地区性大国，是南非在拉美地区的最大贸易伙伴，与南非在诸多方面存在相似性。南非将巴西视为全球多边主义舞台上的重要行为体和战略伙伴。在联合国安理会和布雷顿森林体系改革等重大全球治理问题上，南非将巴西作为可以合作和依靠的重要对象。2000年12月，南非总统姆贝基应邀参加南方共同市场（Mercosur）首脑峰会并做演讲。在此次会议期间，南非与南方共同市场签署了《建立自由贸易区框架协议》，该协议的主要目标是加强现有关系，推动南非与南方共同市场之间的贸易发展，为建立自由贸易区创造条件。在会后对巴西的访问中，南非总统姆贝基与巴西总统卡多索认识到进一步强化双边关系的重要性，双方领导人决定建立双边委员会，以将双边关系互动制度化。2002年8月，南非-巴西联合双边委员会正式在巴西首都巴西利亚启动，该机制为双边关系的发展奠定了基础。除双边关系的制度化发展之外，南非与巴西还在2003年成立的印度-巴西-南非三方对话论坛、金砖国家合作机制等多边组织中存在密切的政治外交互动。

2008年金融危机的爆发，欧洲债务危机、难民危机、民粹主义、英国脱欧等重大事件对欧洲经济发展的拖累，进一步提升了新兴大国对南非经济持续发展的重要性。祖马上台执政后不久便展开了对巴西、俄罗斯、印度和中国等新兴大国的外交访问，以图进一步强化与新兴大国之间的经济关系。祖马在访问印度期间率领由200多人组成的商业代表团，在访问中国期间则率领300多人组成的商业代表团，这说明在金砖国家中，中国和印度对南非经济持续发展的战略重要性。2010年7月，南非总统祖马访问巴西期间，双方签署了战略伙伴关系宣言，将双方关系提升到战略层次。2010年8月，南非总统祖马访问中国期间，南非与中国签署了《中华人民共和国和南非共和国关于建立全面战略伙伴关系的北京宣言》，将双边关系提升为全面战略伙伴关系。总之，在当前的经济危机背景下，南非日益重视新兴大国的地位，并将新兴大国视为南非经济持续增长的动力和战略伙伴。

通过上述分析可以看到，在后种族隔离时代，南非加强了与俄罗斯、中国、印度、巴西等新兴大国的政治外交关系，并将与这些国家的双边关系提升到战略伙伴关系的水平。一方面，南非与新兴大国之间的高层互访比较频繁，显示了南非加强与新兴大国之间政治外交关系的意愿。另一方面，南非与新兴大国之间建立了诸多双边和多边机制（见表 5－1），这为南非与新兴大国之间进行高层互动奠定了制度基础。

表 5－1 南非与新兴大国之间互动主要的双边和多边机制

	中国	印度	巴西	俄罗斯
主要的双边机制	南非－中国国家双边委员会 南非－中国战略对话论坛 南非－中国部级联合工作组 南非－中国高级别人文交流机制	南非－印度联合部长委员会 南非－印度 CEO 商业论坛 南非－印度外交事务磋商机制	南非－巴西联合双边委员会	南非－俄罗斯政府间贸易与经济合作委员会 南非－俄罗斯联合商业理事会
主要的多边机制	印度－巴西－南非三方对话论坛（IBSA） 金砖国家合作机制（BRICS） 基础四国集团（BASIC）			

通过加强与新兴大国之间的政治外交关系，南非可以在变化的国际环境中获取以下几个方面的战略收益。

其一，利用新兴大国的经济力量帮助南非经济实现持续稳定增长。新兴大国（尤其是中国和印度）具有庞大的市场规模，对南非的矿产品具有巨大需求。南非试图在美欧传统市场之外，通过加强与新兴大国的政治外交关系来推动其商品和服务对新兴市场的出口。与此同时，新兴大国在对外投资方面正发挥日益显著的作用，南非试图利用这一机遇吸引新兴大国的资本对南非进行投资。在此过程中，南非的跨国公司也可以实现在新兴经济体市场的扩张。此外，南非在经济转型过程中亦需要新兴大国的支持和帮助。

其二，利用新兴大国的经济力量帮助南非实现其“非洲议程”。南非积极将“非洲议程”推向国际舞台，并试图利用国际社会的集体力量推动“非洲议程”的实现。新兴大国的崛起扩大了其在非洲的存在和影响力。在南非看来，新兴大国可以通过扩大与非洲大陆的贸易、投资以及开发合作等为非洲的稳定和发展做出贡献。特别是在新兴大国纷纷组建多边机制的背景下，南非可以充分借助印度－巴西－南非三方对话论坛、金砖国家合作机制等平台，推动实现“非洲议程”。

其三，利用新兴大国的集体力量推动国际体系转型。南非是国际体系转型的积极推动者，然而，单个国家的力量毕竟有限。南非试图通过加强与新兴大国之间的关系，利用新兴大国的集体力量推动国际体系由以权力为基础的体系向以规则为基础的体系转型，在此过程中应提高发展中国家对国际规则的制定权和在国际舞台上的话语权。此外，中国和俄罗斯都是联合国安理会常任理事国，南非在积极追求加入联合国安理会常任理事国的过程中需要这两个新兴大国的支持。印度、巴西也积极争取加入联合国安理会常任理事国，在推动联合国安理会改革问题上，南非与上述两国具有一致的利益和诉求。以上三大战略收益都有助于提高南非的大国地位和国际影响力。

第二节　利用新兴大国崛起提高自身经济实力

国际体系结构转型不仅体现在国家间实力对比出现变化，而且更重要的是国家间关系因此会出现调整。从南非对外关系的角度来看，国际体系结构调整的一个重要体现是，与美欧传统的西方大国相比，南非强化了与新兴的发展中大国的政治经济关系。从长期的历史视角看，传统上南非对外经济联系过度依赖美欧的现状已被打破，以金砖国家为代表的新兴经济体与南非的经济联系日益密切，成为新时期南非解决国内不平等、贫困和失业三大顽疾并提高自身经济实力的重要依托。新兴经济体的崛起为南非对外经济联系多样化提供了重大机遇。特别是2008年金融危机以来，传统的美欧西方市场遭到严重冲击，这对过度依赖美欧市场的南非经济而言不啻为一种打击。在此背景下，南非更加看重加强与新兴经济体的经济合作，并试图借此摆脱困境。

南非决策层对与新兴经济体之间的经济合作充满期待，并且认为加强南非与新兴经济体之间的经济合作是一种战略上的考虑。以金砖国家合作机制为例，南非前总统祖马曾指出，南非加入这一机制具有战略性的经济考量：一是南非寻求利用金砖国家合作机制与世界上增速最快、最具活力的经济体建立更加强大的经济联系。二是金砖国家合作机制提供了一个平台来应对金砖国家间贸易迅速增长所带来的一些挑战。南非的核心关切是贸易结构问题，即南非向中国、印度、巴西等新兴经济体的出口以低附加值产品为主。南非寻求探索高附加值产品的出口方式，以支持自身的工业化发展目标。三是金砖国家在追求新的合作模式来推动可持续、平等、互利发展上面临着历史性机遇。南非加入金砖国家合作机制，希望金砖国家可以支持南非的增长、发展和减贫目标，以避免国家间竞争。[1] 因此，无论是加强与新兴经济体的经济联系与合作，还是利用新兴经济体的集体力量解决自身国内所面临的发展挑战，其核心与根本在于提高自身的经济实力，这也是南非在地区和全球层面发挥影响力和领导力的关键基础。

一 积极追求经济收益

种族隔离时期，南非与西方国家维持了密切的经济关系，非国大执政后非常看重西方国家在南非对外经济关系中的地位。为扩大与传统伙伴的经贸联系，新南非政府开始与欧盟谈判建立自由贸易区，以改变种族隔离时期的经济孤立地位，使南非经济迅速融入全球经济体系之中。南非与欧盟于 1999 年签署《贸易、发展与合作协定》，该协定寻求在 12 年内建立覆盖双边贸易 90% 的自由贸易机制。《贸易、发展与合作协定》于 2000 年正式生效，南非与欧盟之间的贸易量在 2000 年到 2008 年增长了 61%。欧盟是南非的最大贸易伙伴，2010 年占南非对外商品和服务贸易总量的大约 33%。[2] 南非虽然没有与美国签署类似的自由贸易协定，但是通过《非洲增长与机遇法案》，南非与美国也维持了比较密切的经济联系。根据《非洲增长与机遇法案》，南非的诸多输美产品可以受到优惠对待，南非也因此成为《非洲增长与机遇法案》的重要受益国之一。

虽然在后种族隔离时代南非依然强调美欧传统市场的重要性，并将维持和加强与美欧国家的传统经济联系作为发展自身经济的重要选择，但是与发展中国家特别是新兴经济体相比，西方国家在南非对外经济关系中的地位总体上呈现下降的趋势。如表 5－2 和表 5－3 所示，1990 年欧盟在南非对外进口和出口总额中的比重分别为 46% 和 21%，到 2009 年这一比例分别为 32% 和 24%。亚洲在南非对外进口和出口总额中的比重则由 1990 年的 20% 和 18% 分别提高到了 2009 年的 42% 和 31%。2008 年金融危机以来，欧洲和亚洲分别作为南非传统和新兴市场的重要代表，其在南非对外经济关系中的地位和重要性进一步发生变化。2017 年，南非对欧盟出口规模占其对外出口总量的比例为 23.9%，而其对亚洲出口所占比重为

① Jacob Zuma, "South Africa in the BRICS: Evolving International Engagement and Development", *Harvard International Review*, Vol. 35, No. 2, Fall 2013, p. 19.

② Paul Zille, *White Book on EU Trade and Investment in SA*, Johannesburg: Genesis Analytics, 2012, p. 10.

32.2%；同年，南非自欧盟进口规模占其进口总量的比例为32.2%，而其自亚洲进口所占比重则为45.0%。[①] 因此，从对外贸易的角度看，无论是作为进口来源地还是出口市场，对南非而言，亚洲的重要性都已经超过了欧盟。这一变化反映了南非对外经济关系的深刻调整。

表5-2　南非进口的地区对比（1990~2009年）

单位:%

	1990年	1995年	2000年	2005年	2009年
欧盟	46	45	40	38	32
亚洲	20	32	36	40	42

资料来源：Department of Trade and Industry，SA，*Trade & Industrial Policy Strategies*，*2012*.

表5-3　南非出口的地区对比（1990~2009年）

单位:%

	1990年	1995年	2000年	2005年	2009年
欧盟	21	28	31	33	24
亚洲	18	21	23	26	31

资料来源：Department of Trade and Industry，SA，*Trade & Industrial Policy Strategies*，*2012*.

经过后种族隔离时代近20年的发展，南非对外经济关系开始呈现更加多样化的发展趋势。虽然欧盟和美国等西方国家仍然是南非关键的贸易伙伴，但是伴随着中国和印度等新兴大国的崛起，南非的对外经济关系开始摆脱对西方国家单一依赖的局面，南非与新兴大国之间的经济联系日益深化。南非对其他金砖伙伴国的出口占南非对外出口总额的比例由2005年的6.2%增加到了2011年的16.8%，而从其他金砖伙伴国的进口占南非进口总额的比例则由2005年的13.6%提高到了2011年的20%。仅2011年，南非与金砖国家的贸易额便增长了29%。[②] 南非与金砖国家的贸易额由2011年的2689.96亿兰特增长到了2017年的4621.60亿兰特（见表5-4）。2017年南非与金砖国家间的贸易额占南非对外贸易总量的32%。总体上看，2008年国际金融危机虽然对南非对外经济关系造成冲击，但南非与金砖国家间的贸易关系一直保持了稳步增长的态势。

① Department of Trade and Industry，Republic of South Africa，http：//tradestats. thedti. gov. za/ReportFolders/reportFolders. aspx.

② Speech by Minister of International Relations and Cooperation，Ms Maite Nkoana Mashabane，on the Occasion of the New Age Business Briefing on "South Africa's Role in BRICS，and Its Benefits to Job Creation and the Infrastructure Drive in South Africa"，Johannesburg，11 September，2012，http：//www. dirco. gov. za/docs/speeches/2012/mash0911a. html.

表 5 -4 南非对金砖国家的进出口数据统计

单位：亿兰特

	2011 年	2012 年	2013 年	2014 年	2015 年	2016 年	2017 年
出口	1233.12	1253.40	1556.33	1468.26	1466.58	1590.16	1810.64
进口	1456.84	1729.70	2254.95	2367.56	2769.83	2689.98	2810.96
总额	2689.96	2983.10	3811.28	3835.82	4236.41	4280.14	4621.60

数据来源：根据南非贸易与工业部国际贸易数据库（Department of Trade and Industry）数据整理而成。

在南非与金砖国家的贸易关系中，中国和印度占据了主导地位。根据南非贸易与工业部数据，如表 5 -5 和图 5 -1 所示，南非对中国的出口由 1998 年的 8.8 亿兰特迅速增长到 2010 年的 1176.1 亿兰特，到 2013 年达到了 1666 亿兰特。近年来，受中国经济增速放缓影响，南非对华出口有所下降，2016 年南非对华出口 1001.7 亿兰特，仍维持在较高水平。虽然南非对华出口有所下降，但其规模仍高于南非对美日等发达经济体的出口。2009 年中国超过美国成为南非第一大贸易伙伴国，此后一直维持南非第一大贸易伙伴国地位。自 1994 年以来，南非与印度之间的贸易关系也发展比较迅速。南非对印度的出口由 1998 年的 16.2 亿兰特增长到 2007 年 92.3 亿兰特，自印进口则由 1998 年的 17.5 亿兰特增长到 2007 年的 140 亿兰特。南非与印度之间的贸易额年均增长 30%，南非占非洲对印度出口总量的 2/3 以上。[①] 自 2008 年金融危机爆发以来，南非与印度的贸易关系呈现了快速增长的态势，但受国际经济形势影响，近年来双边贸易规模有所下降。如表 5 -5 和表 5 -6 所示，南非与印度的贸易额由 2007 年的 232.3 亿兰特迅速增长到 2010 年的 883.3 亿兰特，2013 年双边贸易额高达 1202.7 亿兰特，但 2016 年双边贸易额下降为 921.5 亿兰特。印度系南非在南亚地区最大的贸易伙伴，南非对印出口主要包括煤炭、黄金、钻石、磷酸盐，自印度进口主要包括医药、纺织品、服装、香料、机械和金属制品。

虽然欧盟、美国和日本仍然是南非的主要进出口市场，但是与金砖国家相比发展速度较慢。从 2007 年到 2011 年，南非与其他金砖经济体的贸易增长了 108%。而同期，南非与欧盟的贸易才增长了 12%。[②] 受金融危机和债务危机的影响，欧盟的市场需求不断萎缩，南非对欧盟的出口由

① Alex Vines, "India's Strategy in Africa: Looking Beyond the India - Africa Forum", in Tom Wheeler, eds., *South African Yearbook of International Affairs 2008/2009*, Johannesburg: South African Institute of International Affairs, 2009, p. 160.

② "Busa Says SA Must Cement Ties with BRICS", http://mg.co.za/article/2012 - 03 - 25 - busa - says - sa - must - cement - ties - with - brics.

2010 年的 2748 亿兰特下降到了 2013 年的 2449.5 亿兰特，到 2016 年有所提升，达到了 2497.2 亿兰特，但依然未恢复到历史最高水平（见表 5-5）。在进口方面，南非自欧盟的进口规模也呈现明显下滑态势，由 2013 年的 4351.9 亿兰特下降到 2016 年的 3381.9 亿兰特（见表 5-6 和图 5-2）。与之相反，近年来南非与新兴经济体之间的经济关系也受到了国际经济形势的消极影响，但总体上呈稳步增长的态势。就金砖国家而言，2008 年金融危机后南非对中国的出口增长幅度最大，提高了 46%，对印度、巴西和俄罗斯的出口分别提高了 20%、14% 和 7%。[①] 在欧盟和美国有效需求不足的情况下，鉴于新兴大国较高的经济发展速度，未来新兴大国对南非商品和服务出口的重要性将进一步提高。

表 5-5　南非对传统大国和新兴大国的出口数据统计（1998～2016 年）

单位：亿兰特

	1998 年	2001 年	2004 年	2007 年	2010 年	2013 年	2016 年
欧　盟	425	790.9	936.7	1465.4	2748	2449.5	2497.2
美　国	147.5	300.2	292.9	520.4	1050.5	1002.5	805.7
日　本	98.3	194.4	265.2	501.1	932.2	779.5	507.3
中　国	8.8	37.9	64.6	245	1176.1	1666	1001.7
印　度	16.2	32.8	36.8	92.3	443.4	434.1	465.2
巴　西	10.7	17.9	15.6	34.3	104.4	97.5	55.7
俄罗斯	2.8	2.8	6.3	9.9	41	58	41.6

资料来源：笔者根据南非贸易与工业部国际贸易数据库（Department of Trade and Industry）数据整理而成。

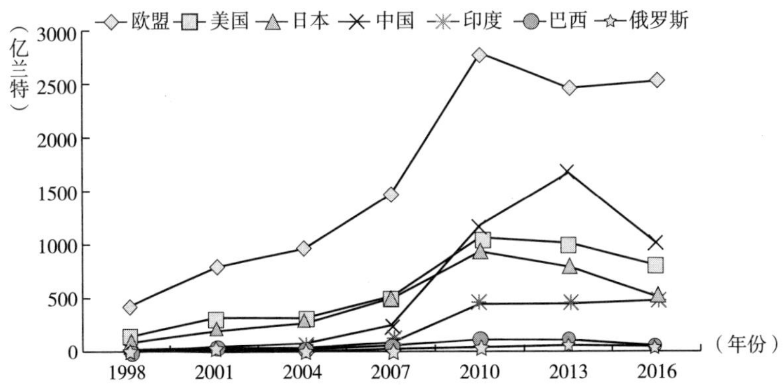

图 5-1　南非对传统大国和新兴大国的出口趋势（1998～2016 年）

资料来源：笔者根据南非贸易与工业部国际贸易数据库（Department of Trade and Industry）数据整理绘制。

① "Steady Growth in SA Trade with BRICS Members", http://www.safpi.org/news/article/2012/steady-growth-sa-trade-brics-members.

表 5－6 南非自传统大国和新兴大国的进口数据统计（1998～2016 年）

单位：亿兰特

	1998 年	2001 年	2004 年	2007 年	2010 年	2013 年	2016 年
欧 盟	724.9	1045.5	1424.2	2144.9	4136.5	4351.9	3381.9
美 国	202.8	266.4	295.7	452	922.7	1027.7	728.5
日 本	152.3	202.7	271.4	477.2	707.2	592.8	375.2
中 国	46.8	98.9	238	628.1	1714.7	2261.2	1989.9
印 度	17.5	22.6	47.9	140	439.9	768.6	456.3
巴 西	15.3	40.2	79.6	152.3	224.1	243.4	206
俄罗斯	2.5	3.6	2.7	40	16.7	54.1	37.8

资料来源：笔者根据南非贸易与工业部国际贸易数据库（Department of Trade and Industry）数据整理而成。

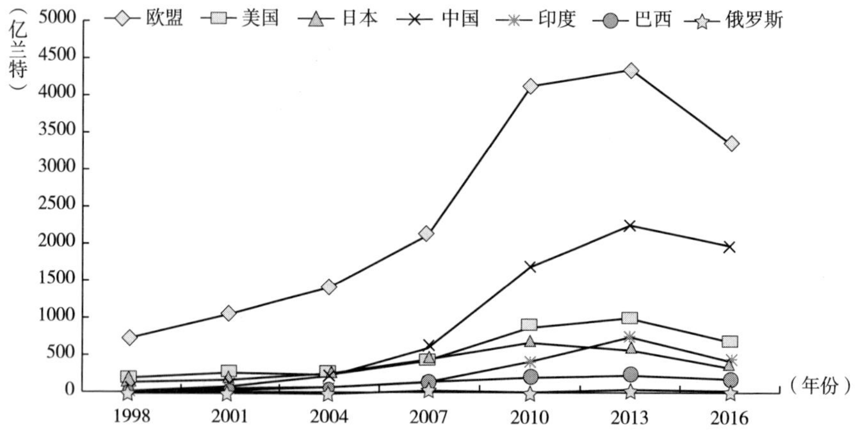

图 5－2 南非自传统大国和新兴大国的进口趋势（1998～2016 年）

资料来源：笔者根据南非贸易与工业部国际贸易数据库（Department of Trade and Industry）数据整理绘制。

投资方面，欧盟仍然维持了南非最大吸引外资来源地的地位。2010 年，欧盟占南非吸引对外直接投资存量的 88%（9157 亿兰特），这一数额占南非国民生产总值的 34%。① 与传统的西方大国相比，新兴大国在南非吸引外资方面的地位相对较低，然而增长速度较快，显示出较大的发展潜力。

① Paul Zille, *White Book on EU Trade and Investment in SA*, Johannesburg: Genesis Analytics, 2012, p. 12.

自1998年建立外交关系以来，中国对南非的直接投资不断增长，到2006年中国企业对南非投资达到1.8亿美元，涉及农业、纺织业、电子、矿业、银行、交通运输以及通信等行业的80多个项目。[①] 2007年，中国工商银行耗资360亿兰特（54亿美元）收购南非标准银行20%的股份，成为当时中国最大的海外投资项目。2010年8月，南非总统祖马访问中国期间，双方达成意向协议，中国将对连接德班与约翰内斯堡的高速铁路进行投资。[②] 改革开放以来，中国的对外直接投资不断增长，由20世纪80年代初的每年1亿美元增长到20世纪90年代的每年23亿美元。到2008年中国的对外直接投资达到了559亿美元。自1982年以来，中国对外直接投资年均增长达到了26%。根据对外直接投资存量衡量，南非在中国对外直接投资目的地中的地位由2005年的第18位提高到了2008年的第6位。[③] 截至2017年底，中国对南非直接投资存量超过102亿美元，涉及矿业、金融、制造业、基础设施、媒体等领域。南非在华实际投资约6.6亿美元，集中在啤酒、冶金等行业。[④] 2018年7月，中国国家主席习近平访问南非期间，承诺向南非投资147亿美元，其中包括南非国家电力公司（Eskom）从中国国家开发银行获取的25亿美元的贷款项目。此外，中国在南非运营的主要投资项目还有中国北汽集团耗资100亿美元在伊丽莎白港建设的汽车生产工厂以及中国海信集团的产能扩大项目。需要指出的是，维护与中国良好的经济关系，不仅有助于吸引中国扩大对南非的投资，而且有助于推动南非企业扩大在中国的存在。南非系唯一在中国拥有重要投资的非洲国家。2018年，南非贸易与工业部部长戴维斯（Davies）表示，南非对中国的投资存量要高于中国对南非的投资存量。[⑤]

种族隔离时期，印度对南非白人政权进行经济制裁，因而双方几乎没

① Garth Le Pere and Garth Shelton, *China, Africa and South Africa: South - South Cooperation in a Global Era*, Midrand: Institute for Global Dialogue, 2007, p. 172.

② Pravin Gordhan, "BRICS and Africa in the New World Order", http://www.southafrica.info/business/trade/relations/brics - order. htm.

③ Stephen Gelb, "Foreign Investment Links between South Africa and China", Paper prepared for African Economic Research Consortium Project on China - Africa Economic Relations, 2010, p. 10.

④ 《中国同南非的关系》，外交部网站，http://www.fmprc.gov.cn/web/gjhdq_676201/gj_676203/fz_677316/1206_678284/sbgx_678288/。

⑤ Thulebona Mhlanga, "China Commits to More Investments in South Africa", 24 July, 2018, https://mg.co.za/article/2018 - 07 - 24 - china - commits - more - investments - in - south - africa.

有经贸关系。非国大执政后，强调加强南非与印度之间的经济关系，在这种背景下印度对南非直接投资不断增长。印度的主要跨国公司塔塔集团、马恒德拉公司（Mahindra）、悉普拉药物公司等在南非均有投资活动。2007年3月，印度召集在南非有投资活动的公司组成印度商务论坛（India Business Forum），其目的是为在南非的印度企业建立一个交流互动的平台，以进一步促进印度企业对南非的投资。截至2011年底，印度对南非的投资约为60亿美元，使印度成为南非的前十大投资国。[①] 与此同时，在日益热络的经济联系推动下，大量的南非企业也走进了印度市场，主要包括萨索尔公司（Sasol）、第一兰德银行（Firstrand）、南非啤酒公司（South African Breweries）等。巴西与俄罗斯在南非的矿业、农业、银行等领域有投资活动，但是与中国和印度相比，投资数量仍然很小。尽管如此，南非仍然看重新兴大国的对外投资潜力，而且南非努力将自身打造成新兴大国对非投资的门户。2011年4月到2012年12月，在不到两年的时间里，南非共吸引来自金砖国家25家企业的31个项目共计126亿兰特的投资。[②]

2008年金融危机对全球经济造成了巨大冲击，南非也不例外，当时南非对欧盟的出口额暴跌了35%，从2008年的163亿欧元跌到2009年的104亿欧元。而南非的GDP增长则从2008年第一季度的5.1%下跌到2009年第三季度的-2.7%。这导致当年南非的失业率显著上升。[③] 全球金融危机使欧盟对南非的直接投资由2007年的324亿兰特跌到了2008年的54亿兰特。[④] 金融危机后，美国经济复苏乏力，欧盟陷入债务危机之中。相反，新兴经济体恢复较快，并成为引领世界经济复苏的引擎。近年来，部分新兴经济体的增速虽有所放缓，但其对全球经济增长的贡献依然强劲。自2006年首次金砖国家外长会议到2016年，金砖国家经济总量占全球经济比重从12%上升到23%，贸易总额比重从11%上升到16%，对外投资比重从7%上升到12%，对世界经济增长的贡献率达到50%。金砖国家已成

① "South Africa, India Ties 'Bearing Fruit'", http://www.southafrica.info/news/international/india-200312.htm.

② Jacob Zuma, "South Africa in the BRICS: Evolving International Engagement and Development", *Harvard International Review*, Vol. 35, No. 2, Fall 2013, p. 19.

③ 《欧洲经济持续"疲软" 南非经济将再次衰退》, http://news.xinhuanet.com/yzyd/world/20120615/c_112228033.htm?anchor=1。

④ Paul Zille, *White Book on EU Trade and Investment in SA*, Johannesburg: Genesis Analytics, 2012, p. 12.

为拉动世界经济增长的重要引擎。[①] 与二十年前相比，新兴市场和发展中经济体占世界 GDP 的比重由 43% 提高到了 59%，其对全球经济增长的贡献到 2017 年达到了 75%。[②] 在这种背景下，南非特别强调加强与以金砖国家为代表的新兴经济体的关系，利用新兴经济体的崛起来带动南非经济增长，以解决其国内面临的贫困、失业和不平等问题。

第一，加强与新兴经济体之间的双边关系，依靠良好的政治和外交关系促进南非对外出口和吸引新兴经济体的直接投资。2008 年金融危机后，南非加强了对新兴大国的外交力度，而且国家领导人的每次出访都会携庞大的商务代表团，带有明显的经济中心主义倾向。依靠与新兴大国的良好政治关系，南非在中国、印度、俄罗斯等国举办南非商品展，以图改变矿产品供应国的地位，增加南非制造业产品和高附加值产品对新兴市场的出口。南非国家领导人也充分利用金砖峰会、印度－巴西－南非三方对话机制等多边平台，阐述南非的经济发展政策及其潜力，旨在吸引新兴大国扩大对南非的投资。例如，为应对全球金融危机的不利影响，保持经济持续稳定健康发展，祖马执政期间将基础设施建设列入国家推动经济发展的优先计划，并承诺要在未来几年投资 8500 亿兰特进行基础设施建设。[③] 面对如此巨大的基础设施建设融资需求，时任南非总统祖马积极进行外交游说，希望新兴大国能够对南非的基础设施建设进行投资。2010 年 8 月南非总统祖马访华期间，双方签署一项贷款协定，中国承诺提供 2.4 亿欧元的贷款以支持南非在太阳能、铁矿石、金融和通信等领域的投资项目。[④] 此外，在高层访问和机制对话过程中，南非都会提出对贸易结构不平衡的关切，中国则承诺扩大自南非进口，并通过扩大对南非投资改变贸易结构不平衡的现状。总之，良好的双边关系为南非扩大对新兴市场的出口和吸引直接投资奠定了政治基础。

第二，积极利用与新兴大国组建的多边机制扩大贸易和吸引投资。当

---

① 《金砖 10 年：五国对世界经济增长贡献率达 50%》，http：//news. cnr. cn/native/gd/20170822/t20170822_ 523912816. shtml。

② “Industrial Policy Action Plan：Economic Sectors，Employment and Infrastructure Development Cluster（2018/19－2020/21）”，http：//www. thedti. gov. za/DownloadFileAction？id＝1245.

③ FaeezaBallim，“Zuma Launches National Infrastructure Plan”，http：//mg. co. za/article/2012－10－19－zuma－launches－national－infrastructure－plan.

④ “China，South Africa Upgrade Relations to ‘Comprehensive Strategic Partnership’”，http：//capetown. china－consulate. org/eng/xwdt/t726883. htm.

前，南非与印度和巴西建有三方对话论坛，并于2011年被邀请加入金砖国家合作机制。南非希望通过新兴大国集团内部贸易的不断增长来促进自身经济的发展，深化与新兴大国之间的经贸关系成为南非经济外交战略的重要内容。例如，南非积极参与建设印度－巴西－南非三方对话论坛的一个重要目的是，推动三国间的贸易增长。经过多年来的努力，截至2014年，印度、巴西、南非三国间的贸易额达到230亿美元，符合三国所确定的贸易增长目标和预期。此外，加入金砖国家合作机制的一个重要目的也是获取经济上的收益。南非国际关系与合作部长马沙巴内明确指出，南非加入金砖国家合作机制的主要目的是“帮助我们实现包容性增长、可持续发展和建立一个繁荣的南非”。[①] 南非积极利用印度－巴西－南非三方对话论坛和金砖国家合作机制等多边组织来游说新兴大国支持南非的基础设施投资，增加对南非商品的进口，寻求合作机遇。南非是金砖新开发银行的重要支持方和推动方。在南非看来，金砖新开发银行的建立不仅是对传统的布雷顿森林体系的重要补充，而且可以为南非自身的经济发展开辟新的融资渠道。如表5－7所示，自2016年全面运营到2019年，金砖新开发银行共向南非提供10余亿美元融资，支持南非可再生资源、清洁能源、基础设施等项目发展。

表5－7 金砖新开发银行向南非提供的项目融资（截至2019年）

借贷方	贷款额度	目标部门	环境和社会影响	批准时间
南非国家电力公司（ESKOM）融资项目	1.8亿美元	清洁能源	－670兆瓦可再生能源（传输） －每年避免1300万吨二氧化碳排放量	2016.4.13
南非国有运输公司（Transnet SOC Ltd）德班集装箱码头泊位重建项目	2亿美元	交通基础设施	－提高德班港的能力，使其可以安全接收9000吨以上标准箱的船只 －促进当地企业的贸易增长 －创造18000个就业岗位 －保护鱼类资源	2018.5.28

① Speech by Minister of International Relations and Cooperation, Ms Maite Nkoana Mashabane, on the Occasion of the New Age Business Briefing on “South Africa’s Role in BRICS, and Its Benefits to Job Creation and the Infrastructure Drive in South Africa”, Johannesburg, 11 September, 2012, http://www.dirco.gov.za/docs/speeches/2012/mash0911a.html.

续表

借贷方	贷款额度	目标部门	环境和社会影响	批准时间
南部非洲开发银行（DBSA）温室气体减排和能源部门发展项目	3亿美元	清洁能源和可持续发展	-降低碳排放 -提高可再生能源资源产能 -提高南非整个能源部门的效率 -扩大私营部门投资	2019.4.01
MEDUPI火力发电厂环境保护项目	4.8亿美元	环境保护	-降低对健康的消极影响，特别是对该地区居民呼吸健康所造成的消极影响 -降低酸雨带来的负面环境影响	2019.3.31
莱索托高地水利工程项目二期	32亿兰特	水利	-征地和移民安置 -减少水库大面积淹没及其相关的耕地、牧场、动植物栖息地损失 -降低河流流量减少对下游环境和社区的影响 -降低流离失所的牲畜和人口对湿地和牧场所带来的压力 -降低对文化遗迹的影响 -减少建设过程中的社区安全风险 -应对建筑工人涌入带来的潜在反社会行为等	2019.3.31
可再生能源部门开发项目	11.5亿兰特	能源	-提高可再生能源产能以降低二氧化碳排放 -提高能源部门效率 -促进私人部门投资	2019.3.31
南非全国收费公路强化提升项目	70亿兰特	交通	-创造就业 -提高联通 -提高对市场和机会的准入 -提高交通运输效率 -提高居民生活质量	2019.9.12

资料来源：根据金砖新开发银行官方网站提供的数据整理而成，参见 https://www.ndb.int/projects/list-of-all-projects/。

第三，充分利用双边和多边机制平台，扩大和深化与新兴经济体的经济合作范围。新兴经济体的崛起使南非经济外交的重心开始由传统的倾向美欧西方国家向以金砖国家为代表的新兴市场国家转移。近年来，南非积极利用与新兴经济体建立的双边对话机制（如南非－中国国家双边委员会）、多边对话机制（金砖国家工商论坛）等平台，逐步扩大经济合作的范围和深度。例如，在双边层面，南非与中国、印度、俄罗斯、巴西等新兴经济体的经济合作已经超越贸易、投资、矿产、农业等传统领域，而逐步向旅游、制造业、通信、金融等领域扩展。海洋经济是近年来南非优先关注的发展领域。2015 年，南非与中国举办海洋合作联委会会议，并启动《南非－中国海洋科技合作规划（2015～2020 年）》的编制工作。海洋合作成为新时期南非发展对华经济关系的重要内容。与此同时，南非还积极推动印度－巴西－南非三方对话论坛建立蓝色经济工作组，旨在通过分享信息和技能，扩大三国在海洋经济领域的合作，充分利用海洋潜力促进三国经济持续发展。作为金砖机制的成员国，南非积极利用担任峰会主席国的机会，主动设置议题，其目的便是通过在相关议题上的讨论和交流，寻找新的合作领域。例如，作为 2018 年金砖峰会的主席国，南非将峰会主题确定为“金砖国家在非洲：在第四次工业革命中共谋包容增长和共同繁荣”。在这一主题之下，南非寻求推动金砖国家加强对第四次工业革命所提供机遇的探讨，并将其作为跨越发展阶段的手段，以此提高金砖经济伙伴战略的影响力。[①] 作为峰会的重要成果，金砖国家决定建立“金砖新工业革命伙伴关系”及其相关的咨询小组，其目标在于通过深化在工业化、创新、投资等领域的合作，将 21 世纪第二个十年的金砖合作理念转变为现实。[②] 因此，从后种族隔离时代南非对外经济联系的互动进程来看，南非充分利用了与新兴经济体建立的双多边机制化平台，极大地拓展了经济合作的范围，并能与时俱进地应对国际经济形势的变化，从而为南非自身经济的可持续发展和经济实力的增强奠定了坚实基础。

二 借鉴新兴大国发展经验实现经济转型

2008 年爆发于美国的金融危机迅速席卷全球，导致全球经济形势不断

---

① Speech by Deputy Minister Ms Reginah Mhaule, “BRICS in Africa – Working Towards the Realisation of the African Aspirations”, in partnership with the Institute for Global Dialogue – University of South Africa – Pretoria, 27 June, 2018, http: //www. dirco. gov. za/docs/speeches/2018/mhaul0627. htm.

② Statement by His Excellency President Cyril Ramaphosa during the Open Session of the 10th BRICS Summit, Sandton International Convention Centre, 26 July, 2018, http: //www. dirco. gov. za/docs/speeches/2018/cram0726. htm.

恶化。欧盟经济深受美国金融危机影响。由于全球信用评级机构不断调低欧元区国家的主权信用等级，市场信心不断丧失，欧元区又陷入债务危机之中。美欧经济衰退的影响不仅体现在对全球经济增长的影响上，而且引发了对经济发展模式的大反思。强调市场主导、弱化国家功能的新自由主义模式（或曰华盛顿共识）遭到严重质疑，而中国、印度等新兴经济体由于保持了较高的经济增长速度，其发展模式开始受到其他发展中国家的青睐。事实上，中国、印度等新兴大国的崛起，改变的不仅仅是国际格局，还引发了国际社会对如何实现发展的反思。正如中共十九大报告中所指出的："中国特色社会主义进入新时代，……意味着中国特色社会主义道路、理论、制度、文化不断发展，拓展了发展中国家走向现代化的途径，给世界上那些既希望加快发展又希望保持自身独立性的国家和民族提供了全新选择，为解决人类问题贡献了中国智慧和中国方案。"显然，对新兴大国而言，其向国际社会特别是广大发展中国家所能提供的不仅仅是经济机遇，还包括实现经济持续增长的基本经验。

冷战结束后，以美国为代表的西方国家占据国际权力分配的制高点，国际观念分配自然被自由化、私有化等新自由主义意识形态所把持，并通过世界银行、国际货币基金组织等西方国家控制的国际金融机构向广大发展中国家输出和渗透。以历史终结论为代表的西方政治理论所传递的，不过是在新自由主义霸权下广大发展中国家已失去选择的空间。然而，历史的脉络并没有按照"历史终结论"所判定的方向发展。恰恰相反，国际政治因新兴大国的崛起而变得日益多元，发展理念、发展模式、发展道路也变得越来越丰富、越来越多样。特别是2008年席卷全球的金融危机更加暴露了新自由主义的内在缺陷，广大发展中国家深刻反思金融危机爆发的根源及其所产生的严重后果，逐步加强与新兴大国的经验理念交流，旨在积极探索适合本国国情的发展道路，试图尽快摆脱经济困境，实现经济的可持续发展。崛起的新兴大国积累了丰富的经济发展经验，更重要的是提振了广大发展中国家探索独立自主发展道路的信心，也为广大发展中国家实现自主发展创造了更多选择。

1994年民主转型后，非国大由民族解放运动转型成为执政党。历史上曾深受南非共产党以及苏联、东欧社会主义国家影响的这一民族解放运动，在执政后所面临的美欧西方国家占主导地位的外部环境制约下，逐步放弃了《重建与发展计划》中所确定的重新分配目标，转而在20世纪90

年代末走向了新自由主义的发展道路，通过自由化、私有化等方式开放南非国内市场，依靠西方国家的投资、市场等促进自身经济发展。1994～2008年这十多年间，南非经济实现了年均达4%的增速。然而，经济增长的成果并没有均衡地惠及广大民众，特别是处于中下层的黑人民众。贫困、失业和不平等种族隔离制度所造成的后果也未能得到有效解决。据统计，2005年，南非国民收入的40%仍由10%的富人所控制。2010年第一季度，16～30岁青年人的失业率达到了40%，35～65岁年龄段的失业率则达到了16%。这种状态使南非成为世界十大就业率最低的国家之一。[①] 美国金融危机与欧洲债务危机使南非的经济形势进一步恶化，无论是创造国民财富还是增加就业都深受经济危机的影响。

姆贝基执政时期，南非经济发展的新自由主义转向遭到非国大领导的三方执政联盟中左翼力量的严厉批评。执政联盟内部的执政理念分歧和权力斗争最终导致姆贝基被非国大召回，并于2008年辞去总统职务。在左翼力量支持下，祖马于2009年上台执政。在金融危机背景下，祖马领导的非国大政府反思新自由主义发展道路的弊端，强调经济发展过程中国家的作用和功能。除了对内通过制度设计和政策规划重拾国家的角色外，南非祖马政府也强化了与新兴大国的政治、外交和经济联系。特别是在西方国家深陷金融和债务危机的时刻，南非决策层普遍认为，过去两年南非与全球北方传统伙伴的低增长被中国、印度和巴西的迅速恢复所弥补。全球经济动荡也为发展中国家超越传统的政策建议开辟了新的政策空间。在通过有效管理市场促进经济社会发展方面，政府可以发挥关键性的作用。[②] 南非在恢复经济发展和促进经济转型方面可以与新兴大国分享和学习经验，以摆脱对西方国家政策发展模式的单一依赖局面。

自2008年以来，为摆脱金融危机的影响，解决贫困、失业和不平等问题，南非政府出台了一系列刺激经济增长的计划。2010年南非出台《新增长道路》（New Growth Path）政策文件，将基础设施建设、农业、矿业、绿色经济、制造业和旅游业确立为增加就业和实现经济转型的关键部门。在南非决策精英看来，通过对以上部门进行投资一方面可以解决国内面临

① The Department of Trade and Industry, SA, “the New Growth Path: the Framework”, 2010, http://www.info.gov.za/view/DownloadFileAction?id=125748.

② The Department of Trade and Industry, SA, “the New Growth Path: the Framework”, 2010, http://www.info.gov.za/view/DownloadFileAction?id=125748.

的高失业率问题，另一方面可以提高高附加值产品的生产和出口。2010年5月，南非成立国家计划委员会，并通过《2030年国家发展规划》（以下简称《规划》）。《规划》指出，由于世界经济格局正发生深刻变化，发达国家经济影响力趋弱，中国、印度等新兴经济体发展迅速，这为南非发展提供了新机遇。面对新形势，《规划》强调要增加政府支出，加大在公路、铁路、港口、电力等基础设施领域的投资，支持经济快速发展。[①] 自2010年以来，南非政府对经济发展的介入和干预日益增强。这与姆贝基执政时期遵循的新自由主义发展道路存在显著差异。2018年2月，南非总统拉马福萨执政后，将吸引国际社会投资作为南非拉动经济增长的主要途径。与此同时，南非正式启动修改宪法的讨论和政治进程，以为无偿征收土地奠定坚实的法律基础。无偿征收土地作为土地改革进程的重要组成部分，是对市场主导的“自愿买卖”原则的一种背离。从中不难看出，南非在经济发展以及纠正历史不公正过程中，对国家角色的肯定和重视。这一理念显然深受“发展型国家”理论和新兴大国发展经验的影响。

近年来，南非强化与新兴大国的政治外交联系，除了推动全球治理体系转型这一共同的外交追求以及寻找各种可能的经济合作机遇外，还有一个更为重要的考虑便是借鉴新兴大国发展道路的成功经验。南非与诸多新兴大国建有机制化的互动平台，这为双方开展治国理政经验交流提供了便利和渠道。事实上，在政府层面的互动之外，议会、政党、公民社会组织、智库研究机构等之间的交流也异常密切。例如，南非执政党非国大及其执政盟友南非共产党便与中国共产党存在密切的党际交流，两国政党不仅保持经常性的互访，而且在政党干部培训等方面存在广泛合作。2018年6月，南非非国大总书记马哈舒勒率领该党考察团访华时表示，非国大新一届全国执委会坚定不移致力于全面加强和深化同中共的关系，希望不断拓展在思想理论研讨、党建经验互鉴、干部交流考察等方面的合作，把中南两党关系提升到一个新高度，为中南关系发展注入新动力。[②] 从马哈舒勒的表态不难看出，中南两国执政党间的思想经验交流对促进国家关系发展所发挥的独特作用。

---

① 《南非计划委公布〈2030年国家发展规划〉》，中国商务部网站，http：//www.mofcom.gov.cn/aarticle/i/jyjl/k/201111/20111107833466.html。

② 《宋涛会见南非非国大总书记》，http：//www.idcpc.org.cn/jwdt/201806/t20180605_96770.html。

通过近年来南非的外交实践来看，南非不断加强与新兴大国的政治互动和外交联系，其根本目的之一是探索符合自身国情的发展道路，并借助新兴大国的力量和经验，推动自身经济实现成功转型。具体而言，主要包括以下几个方面。

其一，在2008年金融危机背景下，为刺激经济发展，南非出台一揽子投资基础设施建设的计划。该计划最初预期到2014年3月投资8600亿兰特改善南非的基础设施。[①] 为对基础设施建设项目进行协调和管理，南非政府还专门成立了总统基础设施协调委员会，直接隶属于总统办公室，显示了时任南非总统祖马对基础设施建设的重视。南非国家领导人利用出席金砖国家领导人峰会的机会积极向其他金砖国家游说，希望其他金砖国家能够对南非的基础设施开发项目进行投资。南非也把金砖国家新开发银行视为对南非基础设施投资进行融资的重要工具。2018年，南非总统拉马福萨执政后，将吸引外资作为促进经济发展的优先举措，并承诺未来五年要吸引至少1000亿美元的资金。其中，基础设施建设也是吸引外资的重要领域。南非政府充分利用2018年金砖国家约翰内斯堡峰会和中非合作论坛北京峰会等多边外交场合，游说中国等新兴大国及其企业加大向南非投资力度。

其二，为支持新增长道路所确立的优先发展部门，提高制造业能力，增加高附加值产品的出口，南非贸易与工业部于2012年出台开发经济特区（Special Economic Zones）的政策。为提升该国的工业制造能力和创造就业，南非政府于2000年建立了四个工业开发区：可嘉工业开发区（Coega）、坦博国际机场工业开发区（OR Tambo International Airport）、东伦敦工业开发区（East London）和理查德湾工业开发区（Richards Bay）。然而，这些工业开发区在吸引投资和创造就业方面并没有达到政府的预期目标。

南非政府试图在吸取工业开发区教训的基础上建设经济特区，并在2012年预算中分配23亿兰特用于未来三年的经济特区建设，这显示了政府对成功建设经济特区的重视。[②] 一方面，南非政府认为，像金砖国家这

① Address by President Jacob Zuma during BRICS Business Breakfast Session Hosted by South Africa, Diwan I Am TajMahal Hotel, Delhi, India, 29 March, 2012, http://www.dirco.gov.za/docs/speeches/2012/jzum0329.html.

② Ann Bernstein, *Special Economic Zones: Lessons for South Africa from International Evidence and Local Experience*, Johannesburg: The Center for Development and Enterprise, 2012, p. 2.

样的集团可以在吸引投资方面向南非提供帮助，而经济特区在这方面是有用的工具。[①] 另一方面，其他新兴大国在发展经济特区方面积累了丰富经验，南非可以向新兴大国学习经济特区建设的经验。如中国将深圳由一个小渔村发展成大都市，显示了经济特区建设的巨大成功。南非贸易与工业部于2012年率团赴深圳进行考察以借鉴中国经济特区建设的经验。2018年9月，南非总统拉马福萨访华时，中南两国承诺要扩大经济特区和工业园区合作，扩大双边贸易规模。在此次国事访问中，中南两国签署大量协议，其中就包括南非贸易与工业部和中国国家发展改革委签署的旨在加强投资合作以促进南非经济特区和工业开发区建设的谅解备忘录。姆西纳－迈克哈多（Musina－Makhado）经济特区中的项目将被优先落实，包括4600兆瓦的火力发电厂、水泥厂及其他冶金项目等，这些产能合作项目的投资总额达11亿美元。[②]

其三，传统的高能耗、高污染的发展模式不仅对人类的生存环境造成了严重破坏，而且证明这种经济发展模式是不可持续的。南非试图在气候变化领域发挥领导作用，因此需要通过绿色发展将经济转变为低碳经济，实现经济的可持续发展。南非政府希望加大在核能、生物质能、太阳能等新能源领域的投资力度，以改变对火力发电的依赖。南非利用与新兴大国之间良好的政治外交关系，试图在绿色经济发展方面借鉴新兴大国的经验，开辟与新兴大国的合作渠道。而新兴大国在这方面也确实具有不同的技术优势和发展经验可以与南非分享。例如，祖马总统访问俄罗斯期间，双方表示在南非核电站开发方面进行合作。巴西在生物燃料研发与生产方面走在世界前列，南非寻求与巴西在利用和开发生物质能方面进行合作。2006年9月，印度－巴西－南非三方对话论坛签署生物燃料谅解备忘录。2009年，南非工业开发公司与巴西经济社会开发银行签署协定以促进巴西在可替代燃料交通工具领域向南非进行技术转移；南非在生物燃料开发和生产方面借助巴西的技术和专家。[③] 总之，新兴大国在经济发展模式、资

① Department od Trade and Industry, SA, "Policy on the Development of Special Economic Zones in South Africa", http://www.thedtic.gov.za/wp－content/uploads/Policy_SEZ.pdf.

② "President Concludes Productive State Visit to China", http://www.dirco.gov.za/docs/2018/chin0903.htm.

③ Lyal White & Tatiana Cyro Costa, "Biofuel Technology Transfer in IBSA: Lessons for South Africa and Brazil", *SAIIA Policy Briefing*, No.7, November 2009.

金、技术等不同领域各自具有不同优势，南非加强与新兴大国的政治外交关系和加入新兴大国集团的主要目的之一是利用新兴大国的不同优势来帮助自身经济实现转型。

第三节　体系转型下全球战略地位的提升

新兴大国的崛起导致传统的国际经济联系发生变化，南非也深受国际经济格局调整影响，突出体现在其与传统的西方国家间的经济联系相对有所弱化，而与发展中国家，特别是新兴大国的经济联系与合作呈现明显增强态势。在这种背景下，南非积极追求国际体系结构变迁所带来的经济机遇，充分利用与新兴大国密切的政治外交互动来获取经济收益。除了获取经济收益外，南非还试图通过加强与新兴大国的战略协调与合作，提高其作为区域大国的地缘政治影响力。1994 年民主转型以来，南非一直致力于推动建立以规则为基础的国际秩序，加强与新兴大国的战略合作则是实现这一目标的重要手段。新兴大国的崛起为南非实现上述战略目标提供了选择空间和机遇，而这一目标的实现有助于提高南非的国际影响力。

种族隔离制度结束后，南非将自身视为发展中国家，并在国际多边外交中积极维护发展中国家的权益。维护发展中国家的利益与南非的发展中国家身份属性是一致的，但决定南非维护发展中国家利益的对外行为不仅仅是自身身份定位使然，还包括其在地区和国际舞台上发挥更大影响力的战略诉求。在地区层面，南非积极追求将非洲建设成为和平、稳定和繁荣的大陆，因为邻国的安全稳定和经济繁荣有利于南非自身的经济发展。南非试图在非洲的安全建设与经济发展过程中发挥领导作用。在全球层面，南非积极追求改变不合理的国际政治经济秩序，以提高发展中国家在国际体系中的地位，提高发展中国家的国际规则制定权。然而，无论是追求发挥地区领导作用还是追求推动国际体系转型以发挥更大的国际影响力，南非的实力仍然有限，单独依靠自身的力量显然难以实现其所追求的战略目标。

21 世纪以来，新兴大国的崛起为南非追求大国地位和国际影响力提供了战略机遇。从姆贝基时期南非对建立南方的“七国集团”的最初设想，到后来最终与印度和巴西这两大区域性大国建立三方对话论坛，再到后来加入金砖国家合作机制，从中不难看出南非对自身作为一个新兴大国的认同和战略定位，以及其对新兴经济体崛起的期待和倚重。南非积极追求组建和加入新兴大国集团至少有两个方面的原因或者说动力：一方面，加入大国俱乐部本身便是国际社会对其大国地位的一种认可。也就是说，对南非而言，加入这些新兴的大国俱乐部及其合作机制，是彰显大国影响力的一种体现。另一方面，南非试图利用这些新兴大国集团来追求实现其所倡议的“非洲议程”和推动国际体系转型，这两大战略目标的实现反过来又有助于提高南非的国际影响力。总体上看，南非的决策精英存在一种普遍的共识，即新兴大国的崛起和国际体系的结构转型是其提高国际地位和发挥全球性影响力的重大机遇，南非理应抓住这一历史性机遇。

一 参与新兴大国集团：合作谋求大国地位

南非将新兴大国的崛起视为国际体系转型的机遇。在这一过程中，发展中国家的利益将得到更加有效的维护，发展中国家在国际体系中的地位将得到进一步提高。21 世纪以来，国际体系中新的政治经济集团不断涌现，成为多边国际舞台上具有影响力的行为体。例如，自 2008 年金融危机后，G20 成为全球经济治理的主要多边制度，该组织由于囊括了主要的西方工业化大国和主要的新兴经济体，被认为更具有代表性和合法性，南非则是 G20 中的唯一非洲国家。

如果说 G20 是国际体系转型背景下南北合作新的表现形式，那么印度 - 巴西 - 南非三方对话论坛与金砖国家集团则是南南团结与合作的新产物。与传统的不结盟运动、“七十七国集团 + 中国”等南南合作不同，诸如金砖国家这样的新型南南合作机制化平台展现了一些新特点：其一，这些机制平台一般由新兴大国组成，与普通的发展中国家相比，它们虽属发展中国家，但在国际事务中以及其所在的区域都具有更大的影响力。其二，这些机制平台超越了对话和交流，即它们聚在一起不仅仅是“清谈”，而是具有围绕广泛议题开展合作的强烈意愿和能力，并已取得显著的成果，如金砖国家建立的新开发银行、应急储备安排等。其三，这些机制平台往往所涉国家数量少，如金砖五国、印度 - 巴西 - 南非三方对话论坛三国、围绕气候谈判形成的基础四国等。它们围绕共同关切的议题，往往更容易达成共识，具有更为强大的执行力和行动力。

南非是一个具有全球性抱负的国家。加强与新兴大国的合作，不仅仅是要解决其国内所面临的贫困、失业和不平等顽疾，而且还包括与新兴大国协调合作推动全球治理体系转型，以塑造一个更加公正合理的国际政治经济秩序。一方面，无论是联合印度和巴西积极构建印度 - 巴西 - 南非三方对话论坛还是在中国邀请和支持下积极加入金砖国家合作机制，都显示了南非对大国地位的追求。而加入大国俱乐部则显示了国际社会对其大国地位的认可。另一方面，单个新兴大国的力量仍然有限，利用新兴大国的集体力量有助于推动“非洲议程”的实现和国际体系的转型。南非试图利用新兴大国的集体力量，合作谋求大国地位和国际影响。

在南南合作的总体框架下，印度 - 巴西 - 南非三方对话论坛和金砖国家集团这两大新兴的南南合作机制，对南非寻求大国地位的外交战略至关重要。2003 年 6 月，在法国埃维昂举行的八国集团首脑会议期间，应邀与会的印度总理瓦杰帕伊、南非总统姆贝基和巴西总统卢拉就加强三国之间的合作进行了磋商，并达成初步共识。同年 6 月 6 日，三国外长在巴西举行了比较详细的会谈。会后，三国决定成立对话论坛，由三国外长组成“三边委员会”定期举行对话，就广泛议题进行磋商。同年 9 月，三国领导人在参加联合国大会期间宣布启动这个论坛。①

印度、巴西和南非分别为南亚、南美和南部非洲的地区性大国，同时三国都实施多元民主制度，具有多元文化、多元种族特征，偏好多边主义外交，这些共同特征成为三国加强合作的纽带。由于具有广泛的地区影响力，所以三国试图在国际事务中加强协调与合作，积极维护发展中国家的利益，提高发展中国家在多边国际舞台上的发言权。三国在坚持维护联合国宪章宗旨和原则的同时，都要求改革联合国安理会体系，都寻求成为联合国安理会常任理事国，都呼吁和要求建立一个公平公正的国际秩序。在世界贸易组织关于贸易问题的多哈回合谈判进程中，IBSA 三国投入大量的外交和政治资源，推动发展中国家加强协调与合作，反对北方工业化国家所提议程，该议程聚焦于“超越边界”、提高投资、竞争政策、政府采购和贸易便利化程度，同时在农业贸易领域继续维持广泛的关税壁垒。在 WTO 谈判进程中，IBSA 国家在维护发展中国家团结与合作上，发挥了外交领导作用。②

① 时宏远：《印度巴西南非对话论坛：缘起、成就与挑战》，《拉丁美洲研究》2009 年第 5 期，第 55 页。

② Matthew D. Stephen, “Rising Regional Powers and International Institutions: The Foreign Policy Orientations of India, Brazil and South Africa”, *Global Society*, Vol. 26, No. 3, July 2012, p. 300.

为加强公共产品供给能力，IBSA 三国于 2004 年在对话论坛框架下成立消除贫困和饥饿基金（IBSA Facility for the Alleviation of Poverty and Hunger，简称 IBSA 基金），并承诺每年分别向该基金注资 100 万美元，以合作项目的形式帮助发展中国家摆脱贫困和饥饿。IBSA 基金于 2006 年正式启动，由联合国南南合作办公室管理。在该基金的资助下，海地的处理固体废弃物项目、几内亚比绍的小规模农业开发项目和佛得角的医疗门诊项目已经完成。此外布隆迪的 HIV/Aids 检测与咨询中心项目、巴勒斯坦体育中心项目、加纳的学校建设项目等也得到了该基金的资助。IBSA 基金与受援国当地政府和具有当地业务的伙伴相联系，这可以避免来自帝国主义的压力。IBSA 基金也是显示三方对话论坛真正潜力的有效工具。① 与经合组织成员国的传统援助方式不同，IBSA 明确表示，其援助不附加任何条件，而是聚焦伙伴关系与项目合作，并由受援国所有，支持发展的可持续性。自 IBSA 基金建立以来，共向 13 个伙伴国提供了 2700 万美元发展援助。② 以 IBSA 基金为手段，三国致力于加强在发展领域的合作，同时将其在项目合作中所积累的经验进行复制和推广，以此提高在全球可持续发展领域的话语权和影响力。

2006 年 9 月首届印度 - 巴西 - 南非三方对话论坛首脑峰会在巴西利亚召开。截至 2019 年首脑峰会已召开五届，其中第五次首脑峰会于 2011 年 11 月在南非行政首都茨瓦内召开。三国希望通过首脑层次的互动、协调与合作来推动国际体系向有利于发展中国家的方向发展。正如南非总统祖马在第五届印度 - 巴西 - 南非三方对话论坛首脑峰会的演讲中所言，“二战后的制度安排主要反映了发达的北方国家的利益，这使全球治理体系的转型显得尤为迫切和关键。很高兴我们能够在追求这一目标上进行通力合作。我们通过在多边外交中密切合作可以取得巨大收益”。③ 印度 - 巴西 - 南非三方对话论坛制度框架除了首脑峰会和三边委员会等部级官员之间的正式会晤外，还包括大量第二轨道的社会互动（如妇女论坛、议员论坛、

① Lyal White, “IBSA Six Years On: Cooperation in a New Global Order”, *Policy Briefing* 8, Johannesburg: SAIIA, November 2009.

② Lesley Masters and Chris Landsberg, “IBSA's Trilateral Constellation and Its Development Fund: Valuable Pioneers in Development Cooperation?” *South African Journal of International Affairs*, 2015, Vol. 22, No. 3, p. 346.

③ Opening remarks by President J. G. Zuma at the 5th IBSA Summit, Presidential Guest House, Pretoria, 18 Oct., 2011.

学术研讨会、商业论坛等)。这些第二轨道的社会互动构成三国公共外交的重要组成部分，他们对政府决策和提高三方国民的相互理解发挥着重要作用。

“金砖四国”(BRIC)这一概念最初由高盛全球经济研究部主管吉姆·奥尼尔在2001年提出。他在2003年预言，到2050年这四个国家将跻身全球前六大经济体，他们的生产总值将超过西方七国，而它们由8亿人构成的中产阶层也将超过美日欧的总和。[①] 经过八年时间，俄罗斯、中国、印度和巴西于2009年在俄罗斯举行首次四国首脑会晤，并将金砖四国机制化，从而将一个西方学者提出的概念转变为一种现实，一种新兴大国进行协调与合作的平台。

2011年三亚峰会期间，中国邀请南非加入金砖国家集团，从而使金砖四国扩容为金砖五国。如表5-8所示，在领土面积、人口规模和GDP总量上，南非与其他金砖国家相比存在巨大差距。若根据奥尼尔对金砖国家应占世界GDP产出的5%的界定，南非更是相去甚远。虽然在物质要素上南非并不具有显著的优势，但是南非具有广泛的地区影响力和软实力，这使其在非洲大陆事务中扮演着重要角色。倘若在这一崛起的新兴集团中应增添一名非洲成员从而使该组织具有更广泛的代表性和合法性，那么非南非莫属。正如奥尼尔所言，倘若能够帮助非洲实现其显著的潜力，那么南非便更能够证明其成为该组织成员的合理性。在这种背景下，南非可以做的便是领导非洲的变迁。[②]

表5-8 金砖国家领土、人口和GDP规模对比数据(2011年数据)

	领土面积(1000平方公里)	人口规模(百万人)	GDP总量(百万美元)
巴西	8514	190	2293954
俄罗斯	17098	142	2383402
印度	3287	1200	4457784
中国	9600	1354	11299967
南非	1200	51	555134

资料来源：Lucy Corkin, “Brazil and South Africa in Africa”, *SAFPA Policy Brief*, No. 10, September 2012.

---

① 黄仁伟：《金砖国家崛起与全球治理体系》，《当代世界》2011年第5期，第24页。

② “SA's BRICS Score not All Doom and Gloom”, *Mail & Guardian*, 30 March, 2012, http://mg.co.za/article/2012-03-30-sas-bric-score-not-all-doom-and-gloom.

南非决策精英认为，金砖国家集团为南非和非洲带来了历史性的经济机遇和战略机遇。南非总统祖马表示，被中国邀请成为金砖国家合作机制的一名成员是南非历史发展过程中所取得的最重要的成就之一。新兴经济体发展迅速、规模巨大。事实上，金融危机主要是被新兴大国遏制的，“否则我们仍将处于衰退之中”。[①] 南非国际关系与合作部副部长马里尤斯·弗兰斯曼（Marius Fransman）在斯坦伦布什大学所做的演讲中概括了南非加入金砖国家集团的主要目标：第一，在国家层面，南非的主要目标在于加强与金砖伙伴国的经济关系，促进金砖国家集团的内部贸易，实现共赢。第二，在地区层面，南非的目标是推动非洲基础设施开发与建设，动员金砖国家集团的资源以加强非洲的基础设施建设，实现可持续发展。第三，在全球层面，金砖国家集团是拥有43%的世界人口的国家之间进行合作和对话的平台。南非加入金砖国家集团使自身置于世界上增长最快、具有最大潜在影响力的国家集团之中。金砖国家集团代表了以伙伴关系为基础的未来国际关系的新模式。南非的目标则是与南方的关键国家在全球治理及其改革相关的问题上建立伙伴关系。[②]

作为IBSA的成员，印度、巴西、南非三国同时也都是BRICS的成员国。这一现实引发关于BRICS是否会取代IBSA的广泛争论。然而，事实上，BRICS和IBSA并不是相互排斥的关系，而是同属新兴经济体的合作平台和机制。双方虽然在某些功能领域的合作存在重叠，如推动全球治理体系转型，但是在功能合作的重点领域，这两大机制平台也存在明显的差异。例如，IBSA关注的焦点是减贫、消除饥饿等可持续发展问题，近年来海洋合作也成为该机制的一项重点合作领域；而BRICS则以成员国间的经济合作为优先。BRICS的机制化程度及其影响力虽然高于IBSA，但是这并不意味着BRICS会取代IBSA。正如有学者所言，IBSA曾对金砖产生深刻影响，因为BRICS大量借用了IBSA的政治、经济和社会议程。IBSA的观念力量有助于形成一种连贯的政治和发展议程，这种议程可以帮助金砖机制找到合适的位置和机会，而不是仅仅充当挑战华盛顿共识霸权的经济大

① “Seize BRICS Opportunities - Zuma Implores SA Business”, http://www.polity.org.za/article/seize-brics-opportunities-zuma-implores-sa-business-2011-04-14.

② Statement by Deputy Minister Marius Fransman, “South Africa: A Strong African Brick in BRICS”, at the University of Stellenbosch, 21 November, 2012, http://www.dirco.gov.za/docs/speeches/2012/frans1121.html.

国组建的集团。[①] 南非前国际关系与合作部部长马沙巴内在2017年召开的IBSA三边部长委员会上也给予IBSA高度评价。她认为，IBSA继续在全球层面发挥着道德和领导作用，为南南合作提供了广阔的空间。在一个充满活力和变化的政治经济环境中，IBSA需要增强作为全球南方集团的优势和独特身份。[②]

由此可见，加入金砖国家合作机制之后，南非并未降低乃至放弃对IBSA的外交投入，而是继续将IBSA看作推动发展中国家进行合作的独特平台，并积极开拓新的合作领域。利用担任BRICS或IBSA主席国的机会，南非积极设置会议议题和议程，以使南非的关切能够在合作进程中得到体现，使自身影响力在合作过程中得到彰显。显然，BRCIS和IBSA作为21世纪以来新组建的两大新兴经济体合作平台，为南非追求大国地位的战略抱负创造了极为有利的条件。

二 借助新兴大国推进“非洲议程”

作为冷战结束后国际体系结构变迁的一种重要趋势，新兴大国的崛起不仅体现在自身相对实力的不断上升，而且体现在国家利益和影响力日益超越自身所在区域，不断向其他地区以及全球层次拓展。21世纪以来，随着非洲大陆的不断崛起，新兴大国与非洲之间的联系日益密切，新兴大国在非洲的利益也在不断拓展。新兴大国的崛起正日益影响非洲大陆在国际体系中的地位，在诸如增强新的贸易联系、为支持南方国家在国际体系中获得更大的代表权创造新的经济政治联盟以及重组北方国家与发展中国家之间互动框架等方面体现得极为明显。[③]具体而言，新兴大国的崛起正在从以下几个方面增进非洲的利益。

第一，新兴大国与非洲之间的经贸联系日益深化，正在改变非洲的对外贸易结构。根据南非标准银行的统计，2001～2011年，金砖国家与非洲

---

① Lesley Masters and Chris Landsberg, “IBSA’s Trilateral Constellation and Its Development Fund: Valuable Pioneers in Development Cooperation?” *South African Journal of International Affairs*, Vol. 22, No. 3, 2015, p. 344.

② “Country Statement by Minister Nkoana – Mashabane at the Meeting of the 8th India, Brazil, South Africa (IBSA) Trilateral Ministerial Commission (ITMC)”, Southern Sun Elangeni, Durban, 17 October, 2017, http://www.dirco.gov.za/docs/speeches/2017/mash1017.htm.

③ Scarlett Cornelissen, “Awkward Embraces: Emerging and Established Powers and the Shifting Fortunes of Africa’s International Relations in the Twenty First Century”, *Politikon*, Vol. 36, No. 1, 2009, p. 9.

之间贸易额由 200 亿美元增长到超过 2500 亿美元，其中中非之间的贸易额超过了 1600 亿美元，在非洲与金砖国家经贸关系中居主导地位。[①] 2011 年非洲对华出口增长了 1/3，由 2010 年的 670 亿美元增长到 2011 年的 930 亿美元。相反，非洲对发达经济体的出口则增长缓慢，低于 2008 年的水平。非洲自华进口由 2010 年的 590 亿美元增长到 2011 年的 730 亿美元，比中国对其他地区的出口增长快 4 个百分点。中国对非出口由 2002 年占中国对外出口总量的 4.5% 增长到了 2011 年的 16.8%，相反，G7 对非的净出口则在同期降低了一半。[②] 自 2009 年以来，中国便超过美国成为非洲最大的贸易伙伴国，2017 年中非贸易额达 1700 亿美元，同比增长 14%。

印度与非洲之间的贸易关系也取得了迅速发展，从 20 世纪 60 年代中期每年 9.76 亿美元的贸易量增长到 2007～2008 年的 300 亿美元。非洲在印度全球贸易中的份额则由 2002～2003 年的 5.8% 增长到了 2006～2007 年的 8%。[③] 2008 年金融危机以来，印非之间的贸易联系依然不断走强，2014 年达到 780 亿美元，印度成为非洲第四大贸易伙伴国。近年来，受国际经济形势影响，印非贸易额有所下降，2017 年为 550 亿美元，占同年非洲贸易总额的 6.8% 以上，而同非洲的贸易额约占印度贸易总额的 8%。[④] 21 世纪以来巴西与非洲之间的贸易也出现了实质性增长，2002～2011 年巴西对非出口和自非进口分别增长了 20% 和 21%，2011 年巴西非洲之间的双边贸易达到了 270 亿美元。[⑤] 过去十年非洲国家的年均经济增长率达 5%，这得益于非洲与新兴经济体之间的战略关系，而金砖国家是新兴经济体经济增长的引擎。[⑥] 新兴大国的崛起正在改变非洲对传统发达国家的

---

① Simon Freemantle and Jeremy Stevens, EM 10 and Africa: New Forces Broaden Africa's Commercial Horizon, 16 March, 2012, https://www.yumpu.com/en/document/read/40522233/new-forces-broaden-africas-commercial-horizon-trademark-.

② Simon Freemantle and Jeremy Stevens, EM 10 and Africa: China-Africa—Taking Stock after a Decade of Advance, 19 March, 2012, https://allafrica.com/download/resource/main/main/idatcs/00031088:755ad06a23c4c88684d946a1295d7abb.pdf.

③ Naidu S., "India's Growing African Strategy", *Review of African Political Economy*, Vol. 115, No. 35, 2008, pp. 116-118.

④《非洲第四大贸易伙伴国家，计划在非洲增设 18 家使馆》，《非洲华侨周报》，2018 年 7 月 27 日，https://www.sohu.com/a/243769588_617282。

⑤ Taku Fundira, "Brazil Africa Relations", http://www.tralac.org/files/2012/06/Brazil-Africa-update-tralac20120627final.pdf.

⑥ "BUSA Says SA Must Cement Ties with BRICS", *Mail & Guardian*, 25 March, 2012, http://mg.co.za/article/2012-03-25-busa-says-sa-must-cement-ties-with-brics.

经济依赖局面，新的南南合作进程成为促进非洲经济可持续发展的重要新兴力量。

第二，伴随着新兴大国经济实力的提高，这些国家的海外投资不断增长，非洲大陆成为吸引新兴大国对外直接投资的重要目的地。近年来，中非投资合作发展迅速，截至 2017 年底，中国对非各类投资存量超过了 1000 亿美元，几乎遍布非洲每一个国家。中非双方加强产业对接，不少重点投资项目取得积极进展，在制造业、金融、旅游、航空等领域的合作也取得新突破。[①] 印度和巴西对非投资也在不断增加，印度对非投资主要以私营企业为主，其中毛里求斯是印度对非投资的主要目的地国，2000～2012 年，印度对毛里求斯的投资总额达 642 亿美元；印度主要跨国公司塔塔集团宣布，到 2016 年其在非洲的投资总额已超过 1450 亿美元，拥有员工数量达 1500 人。[②] 21 世纪以来，巴西对非投资显著增长，巴西时任总统卢拉在 8 次非洲之旅中访问了不下 19 个国家，在其执政时期巴西将驻非洲大使馆的数量增加到了 30 个。[③] 2008 年，巴西对非洲大陆投资达 280 亿美元。近年来，巴西的跨国公司已经超越安哥拉、莫桑比克等传统的葡语国家开始向非洲其他国家和地区扩展。新兴大国对非投资不断增长，既为非洲国家创造了诸多就业岗位，也成为非洲国家工业化和现代化的重要推动力量。

第三，新兴大国逐渐由受援国向援助国转变。虽然援助额与西方国家相去甚远，但是新兴大国所提供的援助一般不附加任何政治条件，在对非援助过程中以伙伴关系和平等相待为原则，与西方国家的援助理念存在巨大差异。中国、印度、俄罗斯等新兴大国都与非洲建立了制度化的双边关系。中国与非洲于 2000 建立中非合作论坛，印度与非洲也于 2008 年建立印非论坛，中印对非洲的援助和发展合作主要是在这种制度框架内展开的。每次论坛都有大量惠非政策出台。例如，在 2008 年 4 月召开的印非论坛首脑峰会上，印度给予所有最不发达国家的出口产品以优惠市场准入，其中有 34 个国家是非洲国家。在此次论坛峰会上，印度将对非贷款额度提高到了 54 亿美元，将 2008～2012 年的对非援助增加到了

---

① 《商务部：我对非投资存量超 1000 亿美元》，http://finance.china.com.cn/news/20180829/4744373.shtml。

② 《印度与非洲重建贸易纽带》，https://www.un.org/africarenewal/zh/magazine/.

③ "Lula and his Squabbling Friends", *The Economist*, 12 August, 2009.

5 亿美元。[1] 2015 年印非峰会上，印度总理莫迪承诺要向非洲提供 6 亿美元的援助，其中包括 1 亿美元的“印非发展基金”，1000 万美元的“印非卫生基金”，同时向在此期间在印度读书的非洲学生提供 5 万份奖学金。2019 年 9 月，俄罗斯与非洲国家举行首届俄非峰会，俄罗斯总统普京在此次峰会上表示，将加强对俄企业对非合作的支持，并免除非洲国家 200 多亿美元的债务。[2]

虽然巴西并没有像中国、印度、俄罗斯那样与非洲建立制度化的互动平台，但是巴西对非洲的援助和发展合作也在不断增长和深化。非洲已经成为巴西的主要援助对象。巴西已经分配了 1100 万美元（占其对外援助预算的一半多）用于支持非洲的技术合作项目。倘若将巴西开发银行与巴西农业研究公司的所有活动和资助囊括在内，这一数字会出现实质性增长。[3] 传统的西方大国及其所控制的国际政策发展机构（国际货币基金组织和世界银行等）在向非洲国家提供援助和进行发展合作时，往往要求非洲国家按照西方的偏好和利益进行国内政治经济改革，即将援助与附加政治条件相结合。新兴大国在向非洲提供援助时，往往不附加政治条件，新兴大国的援助和发展合作为非洲开辟了新型的援助来源与合作模式。

第四，除以上在贸易、投资以及援助等领域的具体经济收益外，新兴大国自身的发展模式日益受到非洲国家的欢迎。无论是 20 世纪 80 年代国际发展政策机构为非洲国家制定的结构调整计划还是冷战后风靡世界的华盛顿共识都暴露了实现经济可持续发展的局限性。在 2008 年全球金融危机的背景下，各国都在反思经济发展模式的问题，并努力走适合本国国情的发展道路。新兴大国较为成功的经济发展以及在不同领域所积累的经验可以为非洲国家提供借鉴。例如，巴西利用自身农业改革和现代化的成功经验与多个非洲国家开展农业合作项目并取得了实质性进展。中国利用在经

---

① Alex Vines, “India's Strategy in Africa: Looking beyond the India - Africa Forum”, in Tom Wheeler, eds. , *South African Yearbook of International Affairs 2008/2009* , Johannesburg: South African Institute of International Affairs, 2009, p. 165.

② 《首届俄非峰会在索契开幕》，新华网，2019 年 10 月 23 日，http: //www. xinhuanet. com//2019 - 10/23/c_ 1125143863. htm。

③ Lyal White, “Understanding Brazil's New Drive for Africa”, *South African Journal of International Affairs*, Vol. 17, No. 2, 2010, p. 233；关于巴西对非援助与合作模式的研究可参见 Enrique Saravia, “Brazil: Towards Innovation in Development Cooperation”, in Sachin Chaturvedi, Thomas Fues and Elizabeth Sidiropoulos, eds. , *Development Cooperation and Emerging Powers: New Partners or Old Patterns*, London and New York: Zed Books, 2012.

济特区、工业园区建设等方面较为成功的经验帮助非洲国家建立了多个经济特区、工业园区。近年来，非洲国家与新兴大国之间的联系日益增强，并通过政党、议会、智库、媒体等之间的交流，加强对彼此治国理政经验的分享与学习，成为新时期南南合作的一个重要领域。新兴大国的崛起从某种程度上增强了发展中国家独立探索符合自身国情发展道路的信心。

在传统的西方发达国家看来，特别是在美国、英国、法国等在非洲具有重要利益存在的国家看来，新兴大国在非洲影响力的不断提升正在挑战其传统利益。在所有的新兴大国中，中国在非洲的利益和影响力增长最为迅猛，自然成为西方国家抹黑的对象。"新殖民主义""债务陷阱论"等成为西方国家抹黑中非关系的舆论话语。然而，作为在非洲具有重要利益存在的非洲区域大国，南非以积极的姿态看待新兴大国在非洲日益上升的影响。顺应国际格局调整的趋势，南非试图借助新兴大国崛起的态势，在南南合作的框架下着力实现其所倡导的"非洲议程"，并借此提高其在非洲和国际层面的影响力。

在南非决策精英看来，新兴大国的崛起给非洲经济发展带来机遇。而南非作为非洲大陆的地区性大国加入新兴大国集团可以维护非洲在这些集团中的利益，并依靠新兴大国集体的力量推动南非所积极追求的"非洲议程"。正如时任南非总统祖马所言，非洲是变迁世界的一部分，是替代性声音的一部分，因此南非作为代表非洲大陆的一个国家加入金砖国家合作机制至关重要。[①] 南非的战略目的是通过双边和多边外交积极维护非洲大陆的整体利益，推动"非洲议程"的实现，通过在多边国际舞台上代表非洲大陆来提高自身的国际影响力。新兴大国的崛起为南非所追求的"非洲议程"提供了新的机遇。

国际体系的结构性变迁对南非的对外关系产生了深刻影响。例如，姆贝基执政时期，南非在追求"非洲议程"方面主要依靠美欧等西方发达国家和国家集团（如 G8）。"非洲发展新伙伴计划"的最初目的便是非洲国家承诺为自身的经济发展负责，并进行相应的政治经济改革以换取西方国家在市场准入、资金以及技术等方面的支持。然而，伴随着新兴大国的崛起，这一依靠西方大国的单一模式正在发生转变。尤其 2008 年全球金融危

① "Seize Brics Opportunities - Zuma Implores SA Business", http: //www. polity. org. za/article/seize - brics - opportunities - zuma - implores - sa - business - 2011 - 04 - 14.

机之后，南非更加强调要依靠与新兴大国之间的战略伙伴关系来推动实现其所倡导的“非洲议程”，这也是加强南南合作的重要体现。

第一，借助与新兴大国之间密切的双边关系来获取新兴大国对“非洲议程”的支持。南非与中国、印度、俄罗斯和巴西都建立了战略伙伴关系，南非决策精英希望通过这种双边战略关系来推动“非洲议程”的实现。中国、印度等新兴大国都曾明确表达对“非洲发展新伙伴计划”的支持。例如，在发展与中国的全面战略伙伴关系时，促进“非洲复兴”成为南中双边合作的重要内容。近年来，南非加强了对中非合作论坛的参与力度，并在2015年主办了中非合作论坛约翰内斯堡峰会。与此同时，作为2018年中非合作论坛北京峰会的共同主席国，南非与中国加强战略协调与磋商，推动中国将诸多非盟倡议纳入中非合作进程中。从某种程度上讲，南非作为非洲的区域大国，其对中非合作论坛的积极参与，大大提升了非洲在中非合作进程中的能动性。此外，印度也明确表达了对南非领导的“非洲发展新伙伴计划”的支持。早在2002年印度政府就组织了捐助者大会，通过该会议将印度公私部门与大量非洲国家的代表组织起来商讨援助事宜。此后，印度向“非洲发展新伙伴计划”基础设施基金开放了2亿美元的年度信贷支持项目，并且通过提供政府间信息通信技术网络的形式向非盟泛非议会的成立提供帮助。① 新兴大国一致支持非盟在维护非洲地区安全和促进非洲地区发展方面发挥主导作用，这与南非所主张的反对域外大国对非事务进行干预的目标是一致的。

第二，通过参与新兴大国集团来代表非洲利益，利用新兴大国集团的集体力量来促进“非洲议程”的实现。在后种族隔离时代，南非将非洲置于其对外关系的中心地位，并在各种多边组织中积极维护非洲的利益。南非积极推动组建和加入新兴大国集团的重要动机之一就是利用新兴大国的集体力量来提升非洲大陆在国际体系中的地位，这也是南非作为非洲区域大国能够得到国际社会和非洲国家认可的重要合法性来源。例如，南非加入金砖国家合作机制之前，金砖四国在2009年和2010年召开的首脑峰会所通过的宣言中并没有对“非洲议程”的明确表达。但是南非加入金砖国家合作机制后，金砖国家峰会2011年通过的《三亚宣言》便明确表示：

① Philip Alves, “India and South Africa: Shifting Priorities”, *South African Journal of International Affairs*, Vol. 14, No. 2, 2007, p. 93.

要支持非洲的基础设施发展，并在“非洲发展新伙伴计划”框架内推动非洲实现工业化。显然，在把“非洲议程”的政治承诺加入金砖国家峰会宣言的过程中，南非发挥了关键性作用。

祖马执政时期，南非的“非洲议程”主要聚焦在非洲大陆的基础设施建设。在南非的积极推动下，非盟和“非洲发展新伙伴计划”提出，要将非洲大陆的基础设施进行新建、改造和升级，形成一个连接非洲大陆各国之间发达的交通网，以促进非洲国家之间的贸易以及非洲丰富的自然资源对世界市场的准入。非洲发展新伙伴计划秘书处确立了 7 个交通走廊建设项目，而这些项目的完成需要为期 10 年 4800 亿美元的资金投入。[①] 祖马积极利用金砖国家集团这一平台游说其他新兴大国对非洲的基础设施建设进行投资。2012 年，南非内阁通过了一份旨在发展与金砖国家伙伴关系的文件，提出要在四个层面加强与金砖国家的接触与互动，其中一个层面就是通过聚焦非洲大陆和区域的基础设施开发，来促进“非洲议程”的实现和非洲经济可持续发展。2013 年南非主办金砖国家德班峰会时，首次邀请非洲国家与会，试图利用金砖峰会机制促进金砖伙伴与非洲国家之间的接触与互动。2018 年南非再次主办金砖国家峰会时，继续延续这一做法，并将峰会主题确定为“‘金砖国家’在非洲：迎接第四次工业革命和实现包容性增长”，旨在充分利用金砖国家的力量，推动非洲实现工业化和包容性发展。在南非的推动和协调下，此次峰会还成立了与非洲和平与安全存在密切关联的维和工作组和疫苗研究中心。南非总统拉马福萨在 2018 年金砖商务论坛上讲话时指出，南非与金砖机制和其他多边平台进行接触和互动，应当促进非洲大陆的一体化和发展。[②]

第三，利用与新兴大国的关系争取新兴大国在更广泛的国际舞台上对“非洲议程”进行支持。新兴大国日益崛起为国际体系中的重要行为体，具有广泛的国际影响力，在国际多边组织中具有越来越大的发言权。例如，中国和俄罗斯是联合国安理会常任理事国，金砖国家都是 G20 成员，在众多国际组织中具有较大影响力。南非希望动员新兴大国的支持以推动

---

① Michael Bleby, “Zuma Invites BRICS to Boost Africa’s Growth”, *Business Day*, April 15, 2011, http://www.bdlive.co.za/articles/2011/04/15/zuma-invites-brics-to-boost-africa-s-growth.

② “Remarks by President Cyril Ramaphosa at the BRICS Business Forum”, Sandton Convention Centre, Johannesburg, 25 July, 2018, http://www.dirco.gov.za/docs/speeches/2018/cram0725.htm.

联合国以及其他多边组织提高对非洲的关切。正如有学者所言，南非与中国之间更加密切的关系正帮助南非在世界贸易组织中维护非洲的利益。[①]南非与中国、印度、巴西之间的伙伴关系，使四国可以在全球气候谈判进程中加强合作，以使发展中国家特别是非洲国家免受气候治理规则谈判所带来的不利影响。在担任联合国安理会非常任理事国期间，南非着力推动联合国与非盟之间的联系，试图借助联合国的力量推动非洲和平与安全建设，在这一过程中南非得到了作为联合国安理会常任理事国的中国与俄罗斯的广泛支持。2018 年 9 月，IBSA 对话论坛发布的联合宣言也强调，三国支持联合国与非盟根据《联合国宪章》加强协调。由此可见，南非与新兴大国之间的伙伴关系不仅仅体现在双边层面，在多边机制领域也有明确的表现，而无论是双边还是多边层面，维护非洲利益和提高非洲影响力，始终是南非加强与新兴大国关系的一个重要出发点。

三　联合新兴大国推动国际体系转型

民主转型后的南非将自身界定为发展中国家，认为冷战后的国际秩序是不合理、不公正的，主要的国际制度依然由美欧等发达国家主导，广大发展中国家特别是非洲国家则处于边缘地位。因此，在后种族隔离时代，南非将推动国际体系转型作为一项重要的外交战略目标，而实现这一目标的重要途径便是加强与发展中国家的团结与合作。南非副外长兰德斯（Landers）2018 年 6 月在南非国际事务研究所发表演讲时指出，随着自身实现民主转型，南非意识到南方国家所面临的经济社会挑战。这一挑战又因导致发展中国家边缘化的国际体系而进一步复杂化了。在此背景下，南非寻求与其他发展中国家建立伙伴关系，通过像金砖国家这样的集团来解决历史性的不平衡和经济不平等。[②] 显然，新兴大国的崛起为南非推动国际体系转型的战略目标提供了新的抓手。

20 世纪 90 年代民主转型之初，南非加强发展中国家团结与合作的主要外交途径是复兴传统的南方国家间组织（如不结盟运动、七十七国集

---

① Garth Le Pere and Garth Shelton, *China, Africa and South Africa: South - South Cooperation in a Global Era*, Midrand: Institute of Global Dialogue, 2007, p. 172.

② Speech by Deputy Minister L. Landers, "BRICS in Africa - Working Towards the Realisation of the African Aspirations", Johannesburg, 18 June, 2018, http://www.dirco.gov.za/docs/speeches/2018/land0618.htm.

团、非洲统一组织）等，使其在国际政治博弈中恢复活力。南非积极参与南方国家间的政治经济集团，并试图在其中发挥领导作用，将自身的偏好和预期融入议程设置过程中。例如，在 WTO 谈判过程中，南非便与广大发展中国家合作，反对发达国家对本国农产品的补贴制度，主张应扩大发展中国家农产品对国际市场的准入，强调发展中国家特别是最不发达国家应享有世界贸易增长的成果，以满足其经济发展的需要。

进入 21 世纪，新兴大国的群体性崛起为南非推动国际体系转型的战略目标提供了新的选择。在国际体系结构变迁的背景下，南非将加强与新兴大国的合作作为外交政策的重要优先，其主要标志便是组建南方的八国集团的战略意图，以及在这一理念指引下与印度、巴西两个发展中大国组建的 IBSA。IBSA 的设计初衷一方面是要提高三个主要发展中国家之间的团结与合作，提高三方之间的贸易和投资，利用三方对话论坛这一平台促进亚洲、南美和非洲发展中国家之间的互动与合作；另一方面则是利用三个发展中大国的集体力量推动国际体系转型，尤其是主张对联合国进行全面改革，以增加亚非拉国家在联合国安理会中的代表权，同时提高发展中国家在全球可持续发展领域的话语权。

21 世纪初新兴大国迅速崛起，实力不断提高。美国次贷危机的爆发则加速了国际体系的结构变迁。G20 开始取代 G8 成为全球经济治理的主要平台，俄罗斯、中国、印度和巴西组建金砖国家集团积极推动国际体系转型。2011 年金砖国家集团三亚峰会邀请南非加入该组织，从而使金砖四国扩容为五国。在南非看来，加入金砖国家集团不仅是彰显自身影响力的一个重要标志，而且可以利用新兴大国的集体力量积极推动国际体系转型。除了维护自身国家利益和推动非洲区域一体化外，建立公正、合理、包容的全球治理体系也是南非加入金砖国家集团的重要目的。

虽然新兴大国实力的提高正在改变国际体系的物质力量对比状态，但是二战后所形成的制度安排、游戏规则和话语权仍然由西方国家主导，发展中国家缺乏对规则制定的参与，其利益诉求也无法得到有效保护。国际体系转型的核心便是改变这种不合理的制度安排以反映物质力量对比的变化，提高发展中国家在国际体系中的参与权、规则制定权和发言权。转型后的国际体系应更好地反映和维护发展中国家的利益。南非外长马沙巴内曾在南非国际关系与合作部主办的杂志《乌班图》（*UBUNTU Magazine*）上撰文指出，南非加入金砖国家合作机制，旨在建设一个公正平等的世界秩序，努力提高新兴市场和发展中国家在全球经济治理中的声音与代表性。① 总体上看，南非利用新兴大国的集体力量推动国际体系转型的目标主要体现在以下几个方面。

第一，政治上对联合国进行全面改革，尤其是需要对安理会制度进行改革。新兴大国支持联合国在应对全球性挑战和威胁中发挥中心作用。然而，作为二战后的全球政治制度设计，联合国并没有反映冷战后的政治发展趋势，联合国的民主赤字和缺乏效率日益明显。2006 年 9 月 13 日召开的印度 - 巴西 - 南非三方对话论坛首脑峰会通过的联合宣言中明确指出，三国致力于推动联合国全面改革，联合国安理会应当扩大，来自非洲、亚洲和拉丁美洲的发展中国家应担任安理会常任理事国和非常任理事国，以反映当前国际体系的现实，并使联合国更加具有民主性、合法性、代表性。② 2019 年 9 月印度、巴西、南非三国外长发表《关于多边体系改革的联合声明》，指出联合国系统包括安理会改革依然是至关重要的国际事业。三国依然承诺继续一道努力推动联合国安理会常任理事国和非常任理事国成员规模扩大，以实现一个更具代表性、包容性和平等性的联合国安理会。③ 在联合国改革进程中，南非积极追求成为联合国安理会常任理事国。南非加入金砖国家合作机制有助于得到安理会常任理事国俄罗斯和中国的支持。事实上，中国和俄罗斯已经明确表示支持印度、巴西和南非在联合国制度中发挥更大的作用。④ 显然，利用中国和俄罗斯两个战略力量的支持，南非可以在联合国等全球政治舞台上发挥更大的作用和影响力。

第二，经济上对布雷顿森林体系进行改革以更好地反映冷战后的经济发展趋势。国际货币基金组织和世界银行作为二战后设计的全球经济制度由美欧控制，并且主要反映了西方国家的利益。发展中国家逐渐成为这些国际经济制度制定的经济发展政策的接受者（如经济结构调整计划等），

① Maite Nkoana - Mashabane, "Salient Perspectives in Respect of the Core Outcomes of the Ninth BRICS Summit," *UBUNTU Magazine*, Issue 14, 2017, http://www.dirco.gov.za/department/ubuntu/ubuntu_ issue14.pdf.

② IBSA, "1st IBSA Summit Meeting Joint Declaration", 13 September, 2006, http://www.ibsa - trilateral.org/images/1st_ summit_ declaration.pdf.

③ "IBSA Joint Statement on the Reform of the Multilateral System", http://www.dirco.gov.za/docs/2019/ibsa1008.htm.

④ BRICS, "Sanya Declaration", 4 April, 2011, http://brics2016.gov.in/upload/files/document/57566e28a911e3rd.pdf.

在这些多边经济组织中没有发言权和规则制定权。新兴大国的崛起要求对这些制度进行改革以更好地反映国际经济力量对比的变化和发展中国家的利益。

金砖国家2012年通过的《德里宣言》明确指出，金砖国家合作机制要求国际金融制度更加具有代表性，以增加发展中国家的发言权和代表性。一个公正的国际货币体系有助于服务于所有国家的利益并支持新兴国家和发展中国家的发展。[①] 正是基于这种改革主义理念，新兴大国密切配合，要求对国际货币基金组织的配额制度和投票权进行改革，增加发展中国家的投票权，以使该组织的经济治理功能更具合法性、代表性和有效性。同时，国际货币基金组织和世界银行的首脑应基于公平原则经选举产生，以打破美欧垄断的局面，更好地反映当前的政治经济现实。正是在新兴大国的积极推动和支持下，巴西外交官罗伯托·阿泽维多（Roberto Azevedo）于2013年当选为WTO总干事。在推动传统的国际金融机构转型的同时，以金砖国家为代表的新兴大国还积极成立自己的多边金融机制，如金砖新开发银行。在南非看来，金砖新开发银行给新兴市场和发展中国家提供了一种替代性的金融制度架构，它既可以提高全球南方的声音，也可以阐明其核心诉求，并根据共同的规则设置全新的议程。可以说，金砖新开发银行已经超出了其最初设计的目标，俨然已经演变成新一代金融机构的象征，并将服务于全球南方国家的发展需要。[②]

第三，在具体的问题领域，通过与新兴大国的合作使最终的问题解决方案更好地反映发展中国家的利益和诉求。其中最显著的案例是气候变化问题领域，南非与中国、印度和巴西相互支持和协调立场，力图以一个声音说话，使最后的气候规则能够反映发展中国家的利益诉求。这些国家主张共同但有区别的责任原则，强调发达国家应率先实现减排目标并向发展中国家提供资金、技术、能力建设等支持以提高这些国家的适应能力。在其他金砖国家的支持下，南非于2011年11月28日～12月9日成功举办了联合国气候变化框架公约第17次缔约方峰会。此次气候变化峰会通过决

① BRICS, "Fourth BRICS Summit - Delhi Declaration", 29 March, 2012, https://mea.gov.in/bilateral-documents.htm?dtl/19158/Fourth+BRICS+Summit++Delhi+Declaration.

② Luwellyn Landers, "BRICS Bank Places Developmental Agenda as Priority for Nations of the South", *UBUNTU Magazine*, Issue 14, http://www.dirco.gov.za/department/ubuntu/ubuntu_Issue14.pdf.

议，继续实施《京都议定书》第二承诺期并启动绿色气候基金。同时，建立德班增强行动平台特设工作组，并于2012年上半年投入工作，不晚于2015年制定一个适用于所有公约缔约方的法律工具或法律结果。可见，通过与其他新兴大国的合作南非可以在具体的全球治理问题领域获取更多的支持，因而可以发挥更大的作用和影响力。

总之，新兴大国的崛起和国际体系的结构性变迁日益对南非的对外政策产生影响，南非在追求大国地位的过程中更加强调借助新兴大国的力量。与新兴大国之间建立战略伙伴关系，不仅有助于扩大南非与这些新兴经济体之间的经贸和投资关系并借此推动解决国内的贫困、失业、不平等的顽疾，而且还有助于推动"非洲议程"的实现和国际体系的转型。借助新兴大国的集体力量，南非可以在多边国际舞台和不同的全球治理问题领域发挥更大的作用和影响力。虽然新兴大国的崛起和国际体系的结构性变迁为南非提供了重大机遇，但是南非借助新兴大国的集体力量来追求大国地位的外交战略也因诸多问题的存在而受到限制。

其一，新兴大国在非洲国家利益的拓展和影响力的提高对南非在非洲大陆的经济存在与利益拓展构成了挑战。过去十年较高的经济增长速度提高了非洲邻国在南非对外经济关系中的地位。2011年南非与非洲国家的贸易额突破2200亿兰特大关（约300亿美元），占南非对外贸易总量的17%。更为重要的是，南非对非洲国家的出口主要是工业附加值产品，在2011年维持了400亿兰特的顺差。与此同时，南非对非投资迅速增长，投资存量由2001年的147亿兰特增长到2010年的1210亿兰特（占南非对外直接投资存量的21%）。[①] 无论是增加南非的商品出口还是扩大对外投资，非洲邻国地位的重要性日益提升。

虽然南非将新兴大国与非洲经贸联系的深化视为非洲经济可持续发展的重要机遇，但是新兴大国在非洲不断拓展的经济利益对南非也构成了某种程度的挑战。尤其是新兴大国的附加值产品由于较低的劳动力成本在非洲市场更加具有竞争力，非洲是南非工业制成品和高附加值产品的主要出口市场，在这方面新兴大国（尤其是中国）的产品无疑对南非构成了挑战。同时，新兴大国的跨国公司在非洲的迅速扩张与南非的同类公司存在

① Standard Bank, "EM 10 and Africa: South Africa in Africa—a Steady, yet Narrow, Ascent", 12 June, 2012.

竞争。例如，有学者指出，中国企业在津巴布韦采矿、工程承包以及建筑等领域的投资和扩张日益对南非在这些领域的企业存在构成挑战。[①]

其二，南非利用新兴大国的力量追求“非洲议程”的目标受到其他非洲国家的质疑。后种族隔离时代，南非将非洲置于其外交政策的中心位置，在多边主义外交中积极维护非洲国家利益，并利用在非洲大陆的优势地位积极追求在全球舞台上的影响力。然而，诸多非洲国家并不承认南非的这一角色，无法认同南非能够代表整个非洲大陆的利益。南非将自身视为非洲大陆的门户国家和金砖国家集团中的非洲代表，并努力借助该组织推动“非洲议程”的实现。然而，也有学者批评南非的自以为是，诸多非洲国家可能对南非产生错误预期。倘若因为贫困和欠发展而引起新兴大国对非洲的特殊关注，然后南非在金砖国家集团中代表非洲大陆的声音和利益，那么拥有严重贫困问题和大量发展与社会挑战的南亚次大陆是否也应该引起金砖国家的注意？印度是否应该成为南亚在金砖国家合作机制中的声音，并代表南亚次大陆的利益？[②] 显然，对于南非能否在新兴大国组建的集团中代表非洲的利益，非洲国家存在着不同的声音。

其三，如何对两个新兴大国合作机制进行协调面临困境。南非于 2003 年与印度和巴西组建三方对话论坛，而这三个国家同时又是金砖国家集团的成员。事实上，印度 - 巴西 - 南非三方对话论坛与金砖国家集团无论是在功能组织还是具体的政策倡议上都是极为相似的。无论是南非还是印度和巴西都将主要的注意力集中到了金砖国家合作机制上，金砖国家合作机制存在把三方对话论坛架空的潜在威胁。有学者甚至指出，金砖国家合作机制取代印度 - 巴西 - 南非三方对话论坛只是时间的问题。[③] 事实上，随着金砖国家合作机制的日益深化，印度 - 巴西 - 南非三方对话论坛已显现出明显的动力不足，三国的互动更多体现在外长层级的会晤，首脑峰会则停滞不前。面对这种复杂情势，南非（以及其他新兴大国）应当思考如何对这两个机制进行协调以使其能够更好地加强彼此的团结与合作，更好地维护发展中国家的

① Interview with Professor Garth Shelton, University of the Witwatersrand, Johannesburg, 20 October, 2012.

② Samir Saran, “The Africa Question”, http://www.safpi.org/news/article/2012/samir - saran - africa - question.

③ Ian Taylor, “*Has the BRICS Killed IBSA?*” http://www.safpi.org/worldview/ian - taylor - has - brics - killed - ibsa.

利益并推动国际体系转型。

其四，在加强与新兴大国战略协调与合作的同时，与传统的西方大国的关系相对弱化。历史上，南非与美欧西方国家存在密切的政治经济联系。民主转型后，南非认识到美欧西方国家在国际体系中的主导地位，试图利用其与西方国家的传统联系以及自身的发展中国家定位，在南北之间发挥桥梁建设者的作用。随着国际体系的结构转型，南非更加看重新兴大国的角色与作用，强调通过与新兴大国的战略协调与合作，建设一个更加公正、合理、包容的全球治理体系。然而，这一战略选择导致南非与传统西方大国的关系不可避免地遭到相对削弱。推动国际体系转型，在一定程度上会弱化传统西方大国在国际体系中的主导地位，并提高发展中国家在全球治理体系中的话语权和代表性。这也是为何近年来美欧等西方国家批评南非出现“反西方”话语的重要原因。

第六章 南非与多边国际制度：彰显影响力的重要平台

种族隔离时代，南非因实施种族隔离制度而逐渐遭到国际社会的孤立和制裁，非洲地区组织和以联合国为代表的全球性多边国际组织纷纷取消南非的成员资格，从而导致南非被排除在多边国际合作进程之外。1994 年种族隔离制度被废除，南非成功实现民主转型并恢复了在诸多国际组织中的成员资格。以和平方式实现民主转型不仅保证了南非国内的政治稳定，而且为其积累了广泛的国际影响力，在短短几年时间内南非与世界的关系发生天翻地覆的变化，遂由国际社会的“弃儿”转变成为国际社会的“宠儿”。后种族隔离时代，南非将多边外交作为其对外战略的一根重要支柱，并且自认为可以在其中发挥重要作用。民主转型之初，南非发布的外交政策讨论文件明确指出，国际社会期待南非在一些国际组织中发挥重要作用，并且认为南非有必要的力量、能力和声望可以发挥这种作用。① 南非坚持多边外交，积极参与全球治理和国际制度建设，从根本上讲是由其在国际权力体系中的地位决定的，而 1994 年的民主转型为南非的多边外交奠定了国内政治基础。

冷战结束后，国际体系结构由两极对抗转变为美国主导下的单极结构。在美国单极主导的权力格局下，二战后建立起来的主要反映美西方国家利益的多边国际制度实现了稳步发展，国际货币基金组织、世界银行、关贸总协定（世界贸易组织）等在全球经济治理中的作用不断彰显。在美国霸权领导下，以新自由主义为导向的多边国际合作成为冷战结束后国际体系层面的一个重要特征。与此同时，区域层面的国家间合作也因冷战两极格局的解体而迎来新的发展机遇，欧盟、北美自由贸易协定、东盟等区域性的多边国际合作进程不断加速，成为影响地区国家对外行为的重要变量。冷战时期两极对抗格局所掩盖的诸多问题和矛盾，或者处于边缘地位的问题和矛盾，在冷战结束之后不断显现，客观上也需要国家之间通过合

① “Foreign Policy for South Africa: Discussion Document”, 1996, http://www.gov.za/documents/foreign-policy-south-africa-discussion-document-0.

作加以解决。气候变化、恐怖主义扩散、跨国有组织犯罪、传染性疾病等各种非传统安全问题持续增多，使得各国凭一己之力很难加以解决，而多边的国际合作成为应对这些跨国问题的有效途径。因此，冷战结束后的国际环境为南非坚持多边主义外交营造了良好的外部环境。

根据在权力格局中的地位、在世界事务中的影响以及外交的性质，南非传统上被界定为中等强国。① 中等强国地位表明，南非本身具备在国际事务中发挥影响的一定实力和能力，但是这种实力和能力是有限的，不足以支撑其采取单边主义行动所要付出的成本。从中等强国本身所处的国际地位来看，这些国家的决策者认为，他们无法有效地采取单独行动，但是如果将自身置于一个集体或者国际制度之中，则可以产生体系性的影响。对中等强国而言，采取多边主义外交政策显然有助于实现自身利益和影响力的最大化。种族隔离时期，南非白人政权不顾国际社会反对，在国内实施有违人权的种族隔离制度，对待与其相邻的非洲国家则采取单边主义的对抗行动。南非白人政权的单边主义行为严重恶化了其所处的地区和国际环境，国际社会的政治孤立和经济制裁则加速了种族隔离政权的垮台。与之相反，种族隔离制度之后，民主南非政府采取多边主义外交政策，不仅使其加速融入了国际社会，而且在诸多多边国际制度中发挥了超出其实力的影响力。

虽然冷战后国际体系结构的变化以及南非自身的中等强国地位从根本上决定了其多边主义的对外行为，但南非国内政治结构的变化作为一种中间变量也是不容忽视的重要影响因素。1994 年民主转型后，非国大取代国民党成为南非执政党，非国大在反种族隔离运动过程中积累的非常丰富的多边外交经验为新南非政府开展多边外交奠定了坚实的基础。种族隔离时期，为反对种族隔离制度，非国大曾积极游说联合国等多边机构，向南非当局施加压力，并最终使南非种族隔离政权失去了在这些多边国际组织中的成员资格。对于多边国际制度的作用和价值，非国大有着深刻认识。1994 年后，非国大将其多边外交的历史传统和实践经验转变成南非民主政府的外交政策原则。多边主义成为 1994 年民主转型以来南非政府所坚持的一贯的外交政策原则。正如南非国际关系与合作部“战略规划（2015～2020

① Philip Nel, Ian Taylor and Janis van der Westhuizen, “Multilateralism in South Africa’s Foreign Policy: The Search for a Critical Rationale”, *Global Governance*, Vol. 6, No. 1, Jan. – Mar. 2000, p. 45.

年)”所指出的：南非承诺坚持多边主义，积极致力于建设基于规则的国际秩序，积极参与联合国系统及其专门机构并在其中发挥积极作用，推动全球安全、可持续发展、人权和国际法等多边国际合作。①

从冷战后的历史演进来看，国际体系结构逐渐由单极向多极转变，特别是2008年全球金融危机以来，国际体系的权力扩散不断加速，以中国、印度等为代表的新兴经济体成为国际格局转换的重要助推力量。国际格局的调整对南非的多边外交产生深刻影响，突出体现在两个方面：一方面，南非主张推动全球治理体系变革，以反映变化了的国际政治现实以及广大发展中国家的声音和诉求；另一方面，针对全球治理体系变革，不断深化与新兴大国的多边合作，通过政策协调、机制建设、共塑议程等方式，使全球治理体系变革反映国际政治权力对比的变化。这两个方面与民主转型之初南非的多边外交存在很大差异。民主转型之初，南非的多边外交更加强调对全球多边合作机制的参与而不是变革，更加强调在全球多边合作机制框架下发展与北方工业化国家的伙伴关系并在南北之间发挥桥梁建设者的作用。显然，冷战后的国际体系结构不仅从根本上决定了南非的多边外交偏好，而且国际体系结构的调整和演变也深刻影响了南非多边外交的走向。从这个角度讲，多边外交不仅是后种族隔离时代南非的一项外交政策原则和方式，更是一种处于不断变化之中的具体实践。对南非而言，践行多边外交，既是国际体系结构决定的结果，同时也是提高和彰显国际影响力的重要途径。

第一节　南非对多边国际制度的基本认知及主要实践

种族隔离时期，南非与国际社会渐行渐远，国际社会“弃儿”也成为南非的历史标签。种族隔离制度结束后，重新回归和融入国际社会，积极塑造非种族、民主、包容的国家形象，成为新南非政府开展对外关系的当务之急。重新融入国际社会的方式主要有两种：一种是与其他民族国家建立正式的外交关系，开展贸易、投资、人文交流等多种渠道的接触和互动；另一种就是加入曾经被排除在外的多边国际制度，并在其中积极发挥作用和影响，在塑造和展示自身国家形象的同时，使多边国际制度的议程

① Department of International Relations and Cooperation, SA, “Strategic Plan 2015 - 2020”, http: //www. dirco. gov. za/department/strategic_ plan_ 2015_ 2018/strategic_ plan2015_ 2020. pdf.

设置、规则制定等尽可能符合自身国家利益和政策偏好。1994 年南非成功实现向民主治理的转型，不仅结束了在国际社会被孤立的状态①，而且借助自身以和平方式实现民主转型的经验，为融入国际社会并在多边国际制度建设中发挥积极作用奠定了重要基础。以联合国为代表的全球性多边国际制度和以非洲统一组织为代表的区域性多边国际制度乃至一些松散的机制平台迅速恢复了南非的成员资格，南非以恢复多边国际制度成员的身份为契机，积极施展多边外交，甚至在很多多边国际制度和治理机制中发挥了领导作用，如不结盟运动、全球禁雷运动等。例如，1993 年，南非在 27 个国际组织中拥有成员身份，到民主转型后的 1995 年已在 37 个国际组织中拥有成员身份。在地区层面，1993 年南非仅在 4 个区域组织中拥有正式成员身份，远低于尼日利亚、津巴布韦等非洲国家，到 2002 年已在 12 个区域组织中拥有正式成员身份。②

通过考察南非执政党非国大党代会通过的决议、南非政府发布的关于外交政策的战略规划、南非外交决策精英的演讲和表态等，可以发现后种族隔离时代的南非政府对多边外交具有高度的认同和坚定的支持。南非的多边外交虽始于重新回归和融入国际社会，但其战略追求远高于此。充分利用多边外交这一彰显自身形象和影响的舞台，并借此维护自身利益和提高国际地位，成为南非决策精英偏好多边外交的战略考量。从实践的角度看，南非对多边国际制度的参与既广泛又深入，它不仅恢复了在联合国、非洲统一组织（非洲联盟）等正式的国际组织中的成员身份，而且还是一系列重要的国家间集团的成员，如二十国集团、金砖国家合作机制、印度 - 巴西 - 南非三方对话论坛等；不仅积极参与多边国际制度对全球和区域问题的治理，而且在诸多多边国际制度的制度建设和问题治理上发挥着关键性的领导作用。

一 南非对多边国际制度的基本认知和定位

1994 年的民主转型为南非与世界确立新的互动模式提供了契机。20 世

① Cyril Obi, "Repositioning South Africa in Global Economic Governance: A Perspective from Nigeria", *South African Journal of International Affairs*, Vol. 22, No. 2, 2015.

② J. Andrew Grant and Spence Hamilton, "Norm Dynamics and International Organizations: South Africa in the African Union and International Criminal Court", in David R. Black and David J. Hornsby, eds., *South African Foreign Policy: Identities, Intentions and Directions*, London and New York: Routledge, 2017, pp. 15 - 17.

纪90年代初，赢得冷战胜利的美欧国家打着“历史终结论”的旗号，在世界范围内推广民主价值理念，试图将世界上的所有国家都塑造成西方式的，并用“民主和平论”来论证这一战略的合理性。南非以和平方式实现民主转型，恰恰迎合了美欧等西方国家民主扩散的战略诉求。在此背景下，南非被美欧主导的多边国际制度广泛接纳。国际货币基金组织、世界银行等多边国际金融机构向南非提供了大量的资金，用来支持民主转型后的重建与发展计划。西方的跨国公司也重回南非市场，试图寻找新的投资机会。无论是美欧国家，还是这些国家所主导的多边国际制度，都期待南非能够在多边国际舞台上发挥更大的作用。

从南非的角度看，迅速恢复在多边国际制度中的成员身份，既是重回国际社会的重要标志，也是重新塑造国家形象的重要途径。正如南非国际关系与合作部副部长兰德斯所指出的，1994年民主转型后，南非的首要外交政策优先就是加速重新回到国际社会的步伐，通过积极建设性地参与多边制度进程，推动建立基于规则的国际体系。① 显然，重新回到国际社会并加强与国际社会的互动，是南非坚持多边主义外交的重要考量。种族隔离制度结束之初，南非自认为成功的民主转型可以使其在北方发达工业化国家和南方发展中国家之间发挥一种独特的桥梁建设者作用。从后种族隔离时代南非的外交实践来看，坚持多边外交并不是仅仅为了回归和融入国际社会的权宜之计，而是旨在追求建立公平、公正、包容的全球治理体系的长期政策原则。从曼德拉到姆贝基再到祖马和拉马福萨，民主转型后的历届南非政府都高度重视多边主义，积极参与多边国际制度建设并谋求从中发挥某种程度的领导作用。即便在单边主义、保护主义浪潮席卷全球的背景下，南非依然强调多边合作的重要性，承诺要与志同道合的国家一道维护全球多边秩序。2018年9月，南非总统拉马福萨在美国外交关系委员会的对话中明确承诺，南非依然坚定地将以规则为基础的多边主义作为管理国际关系的最可持续、最有效的方式。②

---

① Keynote Address by the Deputy Minister of International Relations and Cooperation, Mr Luwellyn Landers, at The Symposium Themed "Centenary of OR Tambo: Leveraging Multilateralism in Support of the Peace, Security and Development Nexus", 31 October, 2017, http://www.dirco.gov.za/docs/speeches/2017/land1031.htm.

② "A Conversation with Cyril Ramaphosa", September 24, 2018, https://www.cfr.org/event/conversation-cyril-ramaphosa.

出于追求塑造良好国际形象及争取国际社会对其作为非洲地区领导国的认同需要，南非积极谋求融入国际社会，在与世界互动过程中坚持多边主义，认为全球性问题的解决有赖于建立一个高效的全球治理体系。因此，后种族隔离时代的南非，反对以权力政治为基础的单边主义行为，强调以规则为基础的多边主义价值理念。当然，坚持多边主义原则并不代表对当前国际制度安排的完全认同。事实上，从发展中国家和非洲国家的身份定位出发，南非认为二战后形成的多边国际制度安排无法反映广大发展中国家的诉求和利益，广大发展中国家在全球治理体系中依然处于边缘地位，因此需要加快变革全球治理体系。概括地讲，后种族隔离时代南非关于坚持多边外交和参与国际制度建设的基本认知可分为以下几个方面。

第一，在一个全球化和相互依赖的世界中，多边国际组织的作用不断增强，多边主义成为解决全球性问题的首要选择。冷战结束后，美欧等西方国家主导的全球化进程不断推进，贸易、投资、人口、技术的流动性明显提高，国家之间的相互依赖持续加深，各种跨国性问题日益涌现，成为影响国际和平与稳定的重要隐患。面对全球化和相互依赖水平不断提高的世界，南非执政党非国大早在民主转型之初就做出判断，认为多边组织在不断协调和缓解国家间利益冲突中的作用必然增强。[①] 21 世纪相互依赖的世界在本质上是复杂的、全球性的，其所面临的挑战对国际社会的集体福祉构成了威胁。这些挑战包括人的安全、环境可持续性、减贫、发展、政治经济危机、人权、裁军和不扩散核武器等。因此，单边主义无法应对这些挑战，而在寻求利用多边途径解决全球问题上，多边合作比以往任何时候都更加重要。[②] 多边主义是管理全球化和国家间经济相互依赖的重要手段，作为非洲的区域大国，南非借助多边主义这一方式，不仅可以提高与多边国际制度的互动水平，而且可以参与对全球化的管理并在全球性问题的治理进程中发挥某种程度的领导作用。

第二，积极开展多边外交、参与国际制度建设是彰显和提升自身影响力的重要手段。多边主义是种族隔离制度结束后南非与世界互动所遵循的

---

① “Foreign Policy for South Africa: Discussion Document”, 1996, http: //www. gov. za/documents/foreign - policy - south - africa - discussion - document - 0.

② “Building a Better World: The Diplomacy of Ubuntu, White Paper on South Africa’s Foreign Policy, Final Draft”, 13 May, 2011, http: //www. gov. za/sites/www. gov. za/files/foreignpolicy_0. pdf.

一项重要原则。在南非看来，冷战的结束为全球性问题的多边解决创造了条件和空间，而南非可以在这样的空间中发挥自身的影响力。1994 年非国大发布的《民主南非的外交政策视角》文件中指出："全球变化的速度和范围改善了多边主义的前景。日益增长的经济相互依赖、地球生态系统的脆弱性和技术的迅速发展使我们有必要从共同的视角审视和解决全球性问题。在解决全球性问题的过程中，多边外交可以提高南非的国际影响力。"① 一个有效、集体的全球治理体系仍然是解决当前世界所面临的挑战的唯一希望。从种族隔离制度走向民主的独特经验则推动南非寻求和支持通过和平方式解决争端。② 对南非而言，有限的实力限制了其外交政策的选择空间，从降低成本和增加收益的角度看，多边主义显然要比单边行动优越。有学者认为，南非国际力量有限。南非努力发挥超越其边界的影响力，却遭到来自其声称为之代言发声的其他发展中国家特别是非洲国家的反对。作为应对方略，南非广泛运用多边外交来扩大影响和缓和来自他国的反对。③ 积极参与多边国际制度建设，不仅涉及对相关议程设置、国际规则制定等的参与，而且包括创造条件使自己的外交官可以担任重要国际组织的领导职务，这样不仅可以增进与国际组织之间的联系，而且可以使多边国际制度的资源向自身倾斜，从而为自身发展带来更多的贸易、投资和援助等。因此，在南非决策者看来，多边外交既可以维护自身利益，也可以为自身发展塑造良好的外部环境，并在国际舞台上大放异彩。

第三，参与国际制度建设和坚持多边外交的目标是构建一个基于规则的国际秩序。在 1994 年南非民主转型的关键阶段，为使国际社会更加清晰地理解新南非的对外战略，时任非国大领导人曼德拉在《外交事务》（*Foreign Affairs*）杂志刊文，系统阐述了非国大执政后南非所要追求的外交价值理念和所要奉行的外交政策，其中有两点涉及南非的国际秩序观，即"应通过国际法和尊重正义来指导国家间关系；和平是所有国家追求的目标，必须通过国际社会共同同意的非暴力机制，包括有效的军控机制来

---

① "Foreign Policy Perspective in A Democratic South Africa", 1 Dec., 1994, http://www.anc.org.za/content/foreign-policy-perspective-democratic-south-africa.

② Deputy Minister Luwellyn Landers: Public Lecture at Pontifica Universidad Catolica Madrey Maestra, http://www.gov.za/speeches/deputy-minister-luwellyn-landers-public-lecture-pontifica-universidad-catolica-madre-y, 3 Nov., 2015.

③ Eduard Jordaan, South Africa, "Multilateralism and the Global Politics of Development", *European Journal of Development Research*, Vol. 24, No. 2, 2012, p. 284.

实现和平”。也就是说，南非主张通过国际法来规范国家间的互动和交往，主张通过国际制度解决国家间的矛盾和分歧，以维护国际和平和安全。经过种族隔离制度结束后二十多年的外交实践，南非关于自身与世界互动的价值取向进一步明晰，并在2011年发布的《外交政策白皮书》中进行了阐述，强调要推动全球治理体系实现由以权力政治为基础向以规则为基础的国际秩序转变。[①] 此后南非国际关系与合作部颁布的战略规划都一再强调建立基于规则的国际秩序的重要性。建立基于规则的国际秩序，既是对传统的权力政治的背离，也是实现可持续和平与安全的必要途径。这一价值追求显然与非国大在种族隔离时期所形成的斗争哲学存在密切关联，即将建立非种族、民主、和平的国内政治秩序转化为在国际上建立以规则为基础的全球治理体系。基于规则的国际秩序观提高了南非对外行为的道德站位，在此价值追求引领下的多边外交则有助于为南非塑造良好的道德形象。

第四，当前的全球治理体系需要改革，以反映变化的国际政治现实，维护广大发展中国家的权益。虽然全球治理体系是解决当前全球性挑战和问题的有效途径，但这并不意味着它就是合理的、公正的。事实上，当前全球治理体系的核心和基础仍然是二战结束后所建立起来的制度安排，如联合国、国际货币基金组织、世界银行等。这些制度安排主要维护的是发达国家的利益，发展中国家在全球治理体系中仍处于边缘地位，其声音得不到倾听、利益诉求得不到有效维护。在南非看来，发展中国家特别是非洲国家，在参与全球贸易、经济和金融制度的决策时发出的声音非常有限，因此国际社会对非洲和南方国家发展诉求的回应遭到了削弱。[②] 南非积极参与全球治理的一个重要理由是，要代表发展中国家，特别是非洲国家在多边组织中发声。南非国际关系与合作部部长马沙巴内强调，南非优先关注全球治理体系转型，目的是要使其能更好地反映发展中国家的需求，确保在全球治理结构中具有公正的代表性。[③] 在《外交政策白皮书》

① “Building a Better World: The Diplomacy of Ubuntu, White Paper on South Africa's Foreign Policy, Final Draft”, 13 May, 2011, http://www.gov.za/sites/www.gov.za/files/foreignpolicy_0.pdf.

② “Building a Better World: The Diplomacy of Ubuntu, White Paper on South Africa's Foreign Policy, Final Draft”, 13 May, 2011, http://www.gov.za/sites/www.gov.za/files/foreignpolicy_0.pdf.

③ Maite Nkoana - Masjanane, “Post - 2015 UN to Deal with Crucial Development, Peace and Security Matters”, *UBUNTU Magazine*, Issue 10, http://uhuruprinters.co.za/digital/Ubuntu/.

中，南非政府承诺要积极参与全球治理体系结构的全面改革，包括联合国体系和布雷顿森林体系，以使其更加有效、合法，并能满足发展中世界的需求。[①] 特别是随着新兴经济体的崛起，国际格局的力量分配已发生重大变化，新兴的国家集团迅速产生并要求改变不合理的制度安排，这为全球治理体系转型提供了动力。作为新兴经济体，南非也谋求利用国际组织来改变不合理的制度安排和规范设计。例如，南非利用其作为联合国安理会非常任理事国的地位，阻止美国和西方推行新的规范，如使用武力实现对他国政权的变更等。[②] 需要指出的是，南非对待全球治理体系只是强调改革，而不是另起炉灶进行替代，即南非并不质疑多边国际制度或机制的基本规范和价值，而是仅仅试图对其进行改革，以使其更加符合自身的利益。[③]

二　南非参与国际制度建设的主要实践

坚持多边主义和参与国际制度建设，是后种族隔离时代南非获取和彰显影响力的重要手段。南非的多边外交实践内涵丰富、形式多样：既有区域层面的，也有全球层面的；既涉及和平与安全问题，也涉及可持续发展问题；既有对传统多边国际制度的参与，也有构建新兴多边制度的尝试和努力。总的来看，南非参与国际制度建设的实践主要包括以下几个方面。

一是积极参与传统的多边国际制度建设和改革。这类国际制度主要指二战结束以来在美国主导下建立的国际层面的规范、制度和机制，如联合国、国际货币基金组织、世界银行、世界贸易组织等。民主转型后，南非积极寻求恢复在以上国际制度中的成员身份或者申请加入这些国际制度之中，并将此视为融入国际社会和发挥国际影响的重要途径。南非在积极参与传统多边国际制度建设的同时，也不断寻求对其进行改革。在南非决策

① “Building a Better World: The Diplomacy of Ubuntu, White Paper on South Africa's Foreign Policy, Final Draft”, 13 May, 2011, http://www.gov.za/sites/www.gov.za/files/foreignpolicy_0.pdf.

② Thomas Mandrup and Karen Smith, “South Africa's ‘Diplomacy of Ubuntu’: An African Approach to Coexistence”, in Cedric de Coning, Thomas Mandrup and Liselotte Odgaard, eds., *The BRICS and Coexistence: An Alternative Vision of World Order*, *Rutledge*, London and New York, 2015.

③ Philip Nel, Ian Taylor and Janis van der Westhuizen, “Multilateralism in South Africa's Foreign Policy: The Search for a Critical Rationale”, *Global Governance*, Vol. 6, No. 1, Jan. - Mar. 2000, pp. 46 - 47.

者看来，传统的多边国际制度是世界秩序的基础，但是这些国际制度存在很多不合理之处——从没有反映广大发展中国家的利益诉求等原则性问题到决策和执行缺乏效率等技术性问题不一而足，因此需要大刀阔斧地进行改革。

在这方面，最为明显的案例是联合国。南非是联合国的创始成员国，但因种族隔离制度的实施在1974年被联合国中止了成员资格，1994年种族隔离制度废除之后南非才重新被联合国接纳。此后，南非一直坚持维护联合国在全球治理体系中的核心地位，并加强与联合国系统中各种机构之间的联系，充分利用在自身民主转型、保护人权、主动弃核等方面的优势，发挥在联合国人权理事会、核不扩散体制等机构和规范建设进程中的作用。为进一步强化与联合国机构之间的联系，充分利用联合国的资源支持南非自身的发展议程，南非于2013年2月与联合国签署了为期五年的“联合国－南非战略合作框架”（UNSCF）。根据这一合作框架，联合国各机构将加强协调，降低交易成本，支持南非实现发展议程。在南非看来，一个多边的、基于规则的全球治理体系有助于其实现自身的发展目标。事实上，通过考察后种族隔离时代南非的多边外交实践，可以发现联合国已成为南非彰显自身影响力和领导能力的重要平台。自1994年以来，南非已三次当选联合国安理会非常任理事国，并曾作为联合国经社理事会、联合国人权理事会等机构的成员在经济社会发展、保护人权等问题上发挥领导作用。

虽然南非强调要维护联合国的核心地位并试图在其中发挥领导作用，但与此同时，对于联合国系统的改革，南非也持有非常坚定的立场。2011年南非政府发布的《外交政策白皮书》明确指出，南非坚定地支持联合国系统的改革，以追求更加平等的决策。在追求非洲在联合国安理会更加平等的代表性时，南非寻求成为联合国安理会常任理事国。① 显然，成为联合国安理会常任理事国，是南非参与联合国外交的一大战略诉求。在南非政府所公布的2016年年鉴中也明确指出，多边制度并没有完全反映出当前全球政治经济的现实，因此需要进行改革。南非外交的一个关键优先是，加速联合国安理会改革，以及推动更广泛的全球治理架构改革，以改善其

① “Building a Better World: The Diplomacy of Ubuntu, White Paper on South Africa's Foreign Policy, Final Draft”, 13 May, 2011, http://www.gov.za/sites/www.gov.za/files/foreignpolicy_0.pdf.

代表性，聚焦于使其对发展中国家面临的需求和挑战做出反应。[①] 总的来看，南非推动联合国机构改革的核心是代表权改革，即提高发展中国家在联合国系统中的代表性，尤其是要根据变化的国际政治现实改革联合国安理会，并使自己成为改革后的联合国安理会成员之一。在南非看来，代表权改革可以提高发展中国家在联合国系统中的代表性，从而有效提高联合国的合法性，并进一步巩固联合国在全球治理体系中的核心地位。

二是加强区域性多边制度建设，塑造良好周边环境，维护自身作为区域大国的优势地位。种族隔离时期，以非国大为代表的民族解放运动与取得独立的非洲国家维持了密切联系，而白人政权则与广大非洲国家陷入敌对状态，遭到非洲区域性多边组织的孤立和抵制。种族隔离制度废除后，掌握政权的非国大政府积极改善与非洲国家的关系，这一政策调整既是历史纽带推动的结果，也是现实利益的考量。在非国大看来，南非的命运与非洲的命运深深地联系在了一起，南非自身的发展离不开和平、稳定、繁荣的非洲区域环境。这与种族隔离时期南非白人政权的战略判断存在根本的区别。南非虽是非洲的区域大国，在南部非洲地区甚至居于主导地位，但是在塑造非洲区域和周边环境过程中并没有采取单边主义政策，而是选择了多边主义外交方式。

从后种族隔离时代南非区域外交的实践来看，多边制度建设是重要优先。在南部非洲关税同盟、南部非洲发展共同体以及非统向非盟转型过程中，南非都发挥了关键性的领导作用。一方面，南非积极参与非洲区域制度的议程设置、规则制定、机制建设，并在诸多方面发挥了主导作用。例如，南非积极推动的非洲发展新伙伴计划和非洲互查机制已成为21世纪非洲区域经济社会发展的长期规划，这两大机制的办公地点都设在了南非。与此同时，南非积极推动泛非议会建设，并向其提供了大量资金，将其办公大楼也设在了南非。以上案例均彰显了南非在区域多边合作进程中的影响力。另一方面，南非积极推动自己的官员到非洲区域组织中任职，促使这些组织通过的合作举措得到有效执行和落实，同时也确保其通过的议程符合南非自身的价值追求和政策偏好。这方面最为明显的案例是，南非前任总统祖马执政时期，通过积极游说非盟成员国，特别是在南部非洲发展

---

① "South Africa Yearbook 2016/2017", https://www.gcis.gov.za/sites/default/files/docs/resourcecentre/yearbook/InternationalRelations2017.pdf.

共同体成员国的支持下，将南非前外长德拉米尼·祖马选举为非盟委员会的主席。此外，南非的很多高官，如前总统曼德拉、姆贝基等，在退休后仍发挥积极作用，在非盟框架下参与非洲区域和国家内部冲突的斡旋和调解工作，在非洲区域和平与安全建设过程中发挥了重要作用。这不仅强有力地展示了南非的领导力，而且有助于对外输出其和平民主转型的经验。需要指出的是，在非洲区域多边制度建设过程中，南非的影响力和领导力主要体现在非洲大陆的整体制度框架（如非盟）和与其地缘上相邻的南部非洲关税同盟与南部非洲发展共同体上。在其他的非洲次区域组织中，如西非国家经济共同体，南非的作用有限。

除了非盟和非洲次区域组织外，南非还积极推动与其地缘上相邻的海洋性国家组建多边合作机制，以塑造良好的周边环境和促进自身国内经济发展。环印度洋区域合作联盟（IORA）便是这方面尝试和努力的产物。1993 年，时任南非外交部长博塔访问印度时首次提出建立环印度洋区域合作设想，曼德拉执政后继续推进这一理念，并最终于 1995 年与几个印度洋国家在毛里求斯发表推动环印度洋经济圈计划的联合声明，1997 年 2 月环印度洋 14 国在毛里求斯召开部长级会议，通过《联盟章程》和《行动计划》，宣告环印度洋区域合作联盟正式成立。截至 2019 年，环印度洋区域合作联盟有 21 个成员国和 7 个对话伙伴：美国、日本、法国、英国、埃及、中国和德国。当前，南非已将环印度洋区域合作联盟视为通过印度洋将非洲、中东、亚洲联系起来的首要地区组织。2017 年南非再次当选该组织的主席国，并承诺要维护该地区海洋安全，包括优先建立海上安全工作组；提高灾难风险管理的应对和恢复能力，包括优先执行搜救谅解备忘录；推动可持续的、负责任的渔业管理和开发，包括解决非法捕鱼活动等。① 显然，南非试图借助与印度洋国家的多边合作进程，为自己营造良好的海洋周边环境；同时通过海上互联互通，加速自身海洋经济发展，从而为解决长期存在的贫困、失业和不平等问题创造有利条件。

三是积极参与新兴多边国际制度的构建，以新兴多边国际制度为平台推动全球治理体系变革和转型。冷战结束后，全球治理进程的一大特点是，涌现了一系列的新兴多边国际制度。这些新兴的多边制度产生的根源

---

① Maite Nkoana－Mashabane，“South Africa Takes IORA Reigns，Makes Donation towards Africa's Maritime Development”，*UBUNTU Magazine*，Issue 14，2017，http：//www. dirco. gov. za/department/ubuntu/ubuntu_ issue14. pdf.

不同，有的是为了应对危机而生，但在危机过后依然得以延续并呈现日益制度化的趋势，如二十国集团领导人峰会；有的则是志同道合的国家为了维护自身战略利益和追求某种相似的国际政治目标而进行政策协调的平台，如金砖国家合作机制；还有的是针对某一具体的全球治理问题而形成的松散的国家间联盟，如为应对气候变化谈判而生的基础四国集团，等等。虽然这些新兴的多边国际制度产生的原因可能不尽相同，但是它们也具有某些相似的特征，其中最为重要的一点就是新兴发展中大国在其中所扮演的角色越来越突出。二十国集团便是以八国集团为代表的发达经济体和以中国、印度、巴西等为代表的新兴大国共同协调政策、参与全球经济治理的多边制度，而金砖国家合作机制的新兴色彩更加浓厚，除了俄罗斯具有传统西方大国的属性外，其他成员国如中国、印度、巴西、南非都是新兴经济体。从根本上讲，新兴多边国际制度的产生是国际权力格局深刻调整的结果，同时也是权力转移和扩散在国际机制层面的反映。

南非决策者深刻认识到国际权力结构转变对多边国际制度的深刻影响。面对转变中的国际权力结构，南非支持新兴的多边国际制度，并且认为这是推动全球治理体系变革和转型的重要抓手。南非 2011 年发布的《外交政策白皮书》指出，“志同道合的国家在正式的多边机构之外组建国家间集团，以解决影响国际社会的具体问题。诸如二十国集团、基础四国、印度 - 巴西 - 南非三方对话论坛、金砖这样的国家间集团聚焦于与政治、安全、环境和经济事务相关的全球性问题，其影响力实现了显著增长。南非支持这些集团作为形成共识的重要机制……”① 自种族隔离制度结束以来，南非一直强调要加强南南合作，并通过参与和复兴不结盟运动、G77 + 中国等机制，来提高发展中国家在全球治理体系中的地位和话语权。然而，这些历史上所形成的传统的发展中国家合作机制并没有焕发出生机活力，更遑论挑战发达国家在国际体系中的主导地位。为了进一步推动发展中国家间的合作，南非借鉴八国集团的经验做法，将关注的焦点转向了发展中大国，即组建所谓的南方大国集团。正是在这一思路和理念指引下，南非积极与印度、巴西等新兴大国协调，组建了印度 - 巴西 - 南非三方对话论坛，同时加入中国、俄罗斯、印度和巴西组建的金砖国家合作机

① “Building a Better World: The Diplomacy of Ubuntu, White Paper on South Africa's Foreign Policy, Final Draft”, 13 May, 2011, http://www.gov.za/sites/www.gov.za/files/foreignpolicy_0.pdf.

制。在这些新兴的多边国际制度中，南非是唯一的非洲国家，这从某种程度上也反映了南非的独特地位和影响力。

总的来看，无论是积极组建还是参与新兴的多边国际制度，南非的目的主要有三：首先，充分利用新兴多边国际制度的资源，解决国内失业、贫困和不平等问题，同时借此提高自身的国家实力和国际地位；其次，充分利用新兴多边国际制度的平台，加强与发展中大国的协调与合作，维护广大发展中国家的权益，提高发展中国家在国际体系中的话语权；再次，以新兴大国的集体力量，建立一个更加公正、平等和包容的基于规则的国际秩序。以目标为导向可以发现，南非支持新兴多边国际制度建设，蕴含着浓厚的革命主义色彩，即要致力于推动全球治理体系变革和转型，以反映变化了的国际政治现实，维护广大发展中国家的权益。2019 年 9 月，印度 - 巴西 - 南非三方对话论坛在纽约发表《关于多边体系改革的声明》，三国承诺要推动多边体系改革，以提高新兴和发展中国家特别是非洲国家在多边机构决策中的发言权和代表性。[①] 这一新兴发展中大国的联合声明，反映了南非追求多边主义的政策偏好和战略诉求。南非秉持以多边外交为手段推进发展中国家团结合作、维护发展中国家特别是非洲国家权益的理念，同时将这一理念付诸外交实践，从根本上讲是国际权力格局调整与南非国内左翼力量占主导地位相结合的产物。正如有学者所指出的，很多南非的政治精英将多边国际制度视为挑战北方权力的少有的舞台之一。[②] 新兴的多边国际制度则为南非提供了战略机遇。

纵观后种族隔离时代南非的多边外交实践，可以发现如下几个方面的特点。一是以联合国为中心。全面参与联合国系统、加强与联合国的合作，是南非多边外交的核心特征。在人权、民主、法治等领域，南非凭借自身国内治理的经验，试图以联合国为舞台发挥领导作用。在短短十多年间南非已连续三次当选联合国安理会非常任理事国，与此同时诸多南非公民到联合国系统任职，如 2002 ~ 2006 年在联合国国际法委员会任职的约翰·杜加特；2003 ~ 2009 年在国际刑事法院任职的皮莱；2005 ~ 2014 年在国际海事法院任职的霍夫曼等，这在一定程度上彰显了南非在联合国系统

① IBSA Joint Statement on the Reform of the Multilateral System，http：//www. dirco. gov. za/docs/2019/ibsa1008. htm.

② Donna Lee，Ian Taylor and Paul D. Williams，*The New Multilateralism in South African Diplomacy*，New York：Palgrave Macmillan，2006，p. 5.

的影响力和领导力。二是具有明显的革命主义倾向。南非是多边主义的倡导者和维护者，但与此同时也极为强调变革传统国际制度的重要性，突出体现在积极推动联合国改革，包括以联合国秘书处为代表的管理制度改革、以联合国安理会为代表的结构性改革等。所谓革命主义倾向，不是要另起炉灶、全面颠覆，而是在传统国际制度的基础上加以变革以适应形势的变化，即便新建或者加入新兴的多边国际制度，也不是寻求对传统多边国际制度的替代，而是对其形成有效补充。三是以非洲区域大国自居，在多边外交中维护非洲国家利益。无论是在传统的多边国际制度还是在新兴的多边国际制度中，南非都强调推动实现“非洲议程”和维护非洲国家利益，这既体现了南非的非洲大国身份，同时也有助于提高其作为非洲区域大国和非洲国家代表的合法性。

第二节 “非洲议程”与多边外交：以联合国和金砖国家为例

多边主义既是后种族隔离时代南非外交所坚持的基本原则和价值追求，也是其外交实践的优先议程。坚持多边主义是冷战结束后很多国家以及同一国家的不同政府所坚持的重要政策选择；但是与其他国家的多边外交所不同的是，南非的多边主义外交具有鲜明的自身特色，即以维护非洲利益和推动实现“非洲议程”为导向。而这一特色是很多其他区域大国，如印度、巴西等所不具备的。印度、巴西等国既是区域大国，也是新兴经济体，它们也将多边主义作为重要的政策选择；但是在参与全球治理的过程中，这些国家并没有将其所在的地区置于优先位置。南非则有所不同，旗帜鲜明地维护非洲整体利益成为其多边外交的显著特征。

后种族隔离时代，非国大政府在身份归属问题上，将南非定性为非洲国家和发展中国家。在南非决策者看来，南非的命运与非洲的命运紧密地联系在一起，非洲的和平与稳定关乎南非自身的发展，因此维护非洲和平、稳定与发展成为南非的一项重要战略追求。在这一逻辑指引下，以非洲为中心成为南非总体对外战略的核心，而“非洲议程”成为南非推进以非洲为中心外交政策的重要抓手。所谓“非洲议程”，在不同时期有不同的内涵和侧重，但其总的目标是要建设一个和平、稳定、繁荣的非洲大陆，即在安全层面，消除非洲大陆的冲突，实现持久的和平与稳定；在经济层面，消除非洲大陆的贫困，实现可持续的经济发展。除了在非洲大陆层面推进“非洲议程”外，南非在全球治理和多边外交进程中也将推进“非洲议程”作为一项重要的战略选择。非国大政府的利益诉求和价值偏好推动了南非在多边外交中坚持推动和实现“非洲议程”，而这样一种战略选择也可以巩固南非在非洲地区的领导地位，提高南非在非洲发挥领导作用的合法性。本节将以联合国安理会和金砖国家合作机制作为案例，系统分析南非在以上两大多边机制中推进“非洲议程”的内在逻辑和具体举措，以管窥南非在多边外交进程中维护非洲整体利益的鲜明特色。

一　“非洲议程”与联合国安理会

作为国际社会的集体安全机制，联合国安理会承担着维护国际和平与安全的重任。在联合国安理会中，拥有否决权的五大常任理事国（美国、英国、法国、俄罗斯、中国）在和平与安全领域占据着主导地位，而其他十个任期两年的非常任理事国虽然不具有否决权，但是在决定和平与安全事务的安理会决议上拥有投票表决权。因此，在联合国安理会改革难有起色的背景下，争取成为联合国安理会非常任理事国也成为很多国家的战略追求。成为联合国安理会非常任理事国除了在相关决议上拥有投票表决的权利外，还可以以此为平台，与志趣相投的国家组成意愿联盟，在安理会会议召集、议题设置、决议通过、规范制定等方面达成与自身利益诉求和价值偏好相一致的共识。与此同时，在联合国这一多边治理平台上的良好表现，还可以为相关国家在未来联合国安理会常任理事国席位改革上谋取一席之地，积累长期的政治资本。

自 1994 年种族隔离制度结束至今，南非已三次当选联合国安理会非常任理事国（2007～2008 年；2011～2012 年；2019～2020 年）。担任联合国安理会非常任理事国期间，南非与其他来自非洲大陆的非常任理事国（非洲大陆在联合国安理会拥有三个名额）进行密切协调与合作，积极推动“非洲议程”。对南非而言，在联合国安理会这一平台上去理解“非洲议程”，就是要充分利用作为联合国安理会非常任理事国的机会，推动解决非洲的和平与安全问题。21 世纪以来，和平与安全问题依然困扰着非洲，国家内部冲突、恐怖主义扩散以及跨国有组织犯罪等使得非洲大陆的安全治理形势不容乐观。无论从联合国安理会决议还是派出的维和部队的数量来看，非洲都占据着主导地位。虽然联合国安理会讨论的大部分议题、通过的大部分决议都是涉非的，但是非洲国家却在议题设置、规范制定等方面处于边缘地位，很难获取话语权，更不要说在和平与安全事务上拥有决定权了。正如2006年时任南非驻联合国大使戴米萨尼·库马罗（Damisani Kumalo）所言，“联合国安理会常任理事国并没有非洲国家，由于缺乏代表性，只能由域外大国来决定是否、何时以及如何对非洲事务进行干预”。[①]

2002年，非统实现向非盟的转型。为了推动解决和平与安全问题，非盟逐步建立包括和平与安全理事会、大陆早期预警系统、非洲常备军、名人小组、和平基金等在内的非洲和平与安全架构。非洲和平与安全架构的建立深刻体现了非洲国家以及非盟维护非洲和平与安全的意愿和决心。21世纪以来，在区域安全治理进程中，地区组织的作用越来越突出，但联合国是维护国际和平与安全的主要机构，如何处理联合国与地区组织之间的关系，成为解决地区安全问题必须要面对的问题。虽然联合国宪章第八章对联合国与地区组织之间的关系问题有着原则性的规定，但是在具体的责任分工、合作机制等方面并没有具体详细的说明。面对非洲大陆所面临的严峻的和平与安全问题以及机制化程度不断提高的非盟，无论是对联合国而言，还是对非洲国家而言，都迫切需要进一步明确联合国与非盟在非洲和平与安全问题上的责任分工与协调合作等问题。在此背景下，2005年召开的联合国峰会，为联合国与非盟就解决非洲和平与安全问题加强合作开启了良好的开端。在2006年通过的“非盟十年能力建设计划”中，联合国承诺要向非洲和平与安全架构提供支持。在南非看来，获得必要的、可预期的资源依然是非洲解决其自身冲突所面临的最大限制。[②] 因此，推动联合国安理会关注非洲的和平与安全问题，使联合国的资源更多流向非洲和平与安全建设领域，成为南非的重要追求。

2007～2008年，南非首次担任联合国安理会非常任理事国。其间，南非将推动联合国与非盟加强合作、利用联合国的力量帮助解决非洲的和平与安全问题，作为其担任非常任理事国的优先事项。2007年3月，南非作为联合国安理会主席国，主持召开安理会会议，将会议主题确定为“联合

---

① Anthoni van Nieuwkerk, “A Critique of South Africa's Role on the UN Security Council”, *South African Journal of International Affairs*, Vol. 14, Issue 1, Summer/Autumn, 2007.

② Statement by President Thabo Mbeki, President of the Republic of South Africa, on the occasion of the United Nations Security Council High - Level Debate on Peace and Security, United Nations, New York, 16 April, 2008, http://www.dirco.gov.za/docs/speeches/2008/mbek0417.html.

国与地区组织特别是非盟间的关系——基于《联合国宪章》第八章”。此后，这一主题贯穿于南非担任安理会非常任理事国首次任期的始终。同年6月，南非与英国一道，联合带领联合国安理会代表团访问非洲，在亚的斯亚贝巴与非盟和平与安全理事会进行会谈。2008年4月17日，时任南非总统姆贝基主持召开联合国安理会会议，此次会议除了安理会成员国外，还邀请了非盟和平与安全理事会成员国，以及安理会议程上所涉及的其他非洲国家。邀请非洲国家与会，可以在解决非洲和平与安全问题上，广泛听取非洲国家的意见和建议。此次会议达成了诸多共识：一方面，要加强非盟的制度建设，以提高非盟解决非洲和平与安全问题的能力；另一方面，需要加强联合国与非盟在和平与安全问题上的合作。根据这一共识，联合国安理会通过由南非起草的1809号决议，支持联合国秘书长的提议——在三个月内建立非盟-联合国专家小组，深入讨论如何支持非盟的维和行动，特别是启动资金、后勤支持等方面的问题。

得益于南非担任联合国安理会非常任理事国期间的积极推动，联合国与非盟之间的互动与合作得以延续并不断强化。2010年联合国秘书长与非盟委员会主席发起成立了和平与安全联合工作组，共同讨论非洲的和平与安全问题。与此同时，联合国在非盟总部设立了办公室，而非盟也在联合国纽约总部设立代表团。加之联合国安理会与非盟和平与安全理事会之间的机制化互动，联合国与非盟之间的交流渠道越来越丰富，这为二者围绕非洲和平与安全问题进行交流与合作提供了制度保障。2010年10月12日，南非获得联合国大会182票赞成票（共计190票），再次当选联合国安理会非常任理事国，任期为2011~2012年。在担任联合国安理会非常任理事国的第二任期，南非积极参与安理会议程设置，并担任联合国安理会非洲冲突预防与解决特别工作组的主席和联合国安理会关于大规模杀伤性武器与非国家行为体1540委员会主席，以及科特迪瓦和利比里亚制裁委员会的副主席。在这些工作组和委员会担任主席或副主席职务，可以使南非在安理会涉非议题上发挥领导作用。基于2007~2008年第一任期所积累的经验，南非在联合国安理会非常任理事国第二任期期间，继续将加强联合国与非盟之间的合作作为其参与安理会进程的核心议题。2012年1月12日，南非常驻联合国代表团组织召开了以“在维护国际和平与安全过程中加强联合国与地区组织特别是非盟关系”为主题的高级别会议。时任南非总统祖马主持召开此次会议，联合国秘书长、非盟以及安理会的其他成员的代表积极参与讨论。会议结束后，安理会通过2033号决议，再次强调了在非盟和平与安全理事会与联合国安理会之间建立更加有效的关系的重要性，包括冲突预防、解决和管理，选举支持等方面。该决议鼓励提高两大机构在相互关切的问题上的互动、协商与协调，以在处理非洲冲突形势中形成连贯的立场和战略。[①] 2033号决议明确规定，进一步同非盟和平与安全理事会加强合作和建立有效伙伴关系以应对非洲的集体安全挑战；联合国支持在维持和平领域给予非盟支持，包括支持非盟努力制定政策、准则和开展培训，特别是安全部门改革、冲突后重建和保护平民，包括处理武装冲突中性别暴力问题等；联合国安理会和非洲联盟和平与安全理事会应根据各自授权、主管范围和能力在和平与安全事项上做出共同协调努力。[②]

在南非决策者看来，担任联合国安理会非常任理事国，不仅可以维护其自身的国家利益，而且可以推动实现其区域目标，即“非洲议程”。正如前南非副外长马里尤斯·弗兰斯曼所言，联合国安理会非常任理事国的席位，可以使南非有机会推动实现“非洲议程”和自身的国家优先目标，以及维护国际和平与安全和经济社会发展。[③] 客观地讲，南非充分利用了其作为联合国安理会非常任理事国的机遇，通过主动设置议题、与志同道合的国家协调立场等方式，推动联合国安理会通过1809和2033号决议，为联合国与非盟加强合作、争取联合国对非盟的支持等奠定了规范基础。在加强联合国与地区组织特别是非盟之间关系这一议题上，南非发挥了某种程度的领导作用。特别是在担任联合国安理会非常任理事国的第二任期，南非同时担任非盟和平与安全理事会成员，并打破非洲传统惯例将其前外长德拉米尼·祖马送上非盟委员会主席的位子，从而能够更好地协调非洲立场，提高非盟在和平与安全治理中的话语权。联合国与非盟关系的强化，不仅有助于维护非洲的和平与安全，而且大大提高了非盟在非洲区

① Speech by Deputy Minister of International Relations and Cooperation, Mr Ebrahim I Ebrahim, on the occasion of a Public Lecture on the Theme “South Africa and the United Nations Security Council: Promoting the African Agenda”, University of Limpopo, Turfloop, Monday, 12 March, 2012, http://www.dirco.gov.za/docs/speeches/2012/ebra0312.html.

② Security Council, UN, “Resolution 2033”, 12 January, 2012, https://undocs.org/pdf?symbol=en/S/RES/2033 (2012).

③ Address by Deputy Minister Marius Fransman to the Inaugural Ma – Holo Foundation Lecture on the topic of “Achieving a Permanent Representation for Africa in the Key International Institutions”, 26 November, 2010, Cape Town, http://www.dirco.gov.za/docs/speeches/2010/frans1126.html.

域安全治理中的地位和作用，增强了非盟解决和平与安全问题的能力。

有学者认为，南非参与联合国安理会多边外交进程，可以使其扮演一种“规范塑造者”的角色，即重塑国际和地区机制的发展方向，以便更好地与“非洲议程”结合起来。① 而南非在联合国安理会开展的多边外交实践以及推动的倡议，其所产生的影响不仅局限于联合国与非盟之间的关系，而且涉及更为广泛的全球治理。在联合国安理会改革进展缓慢的背景下，南非利用担任联合国安理会非常任理事国的机会，促进联合国与非盟之间更加明确的责任分工，提高非盟在非洲和平与安全治理中的自主性。联合国权力下放，极大地提高了非盟等地区组织在区域安全治理中的角色、地位和发言权。这样一种进程也可以使作为区域大国的南非在非洲大陆事务中发挥更大的作用。基于 2007 ~ 2008 年、2011 ~ 2012 年两次担任联合国安理会非常任理事国的良好表现，南非于 2018 年第 72 届联合国大会上再度当选联合国安理会非常任理事国，任期为 2019 ~ 2020 年。南非将此次任期的主题确定为“继承遗产：为建设一个公正和平的世界而努力”，具体涉及解决非洲冲突，促进非盟与联合国间的合作，解决巴勒斯坦问题，以及推动妇女、和平与安全议程等。

总体上看，南非在担任联合国安理会非常任理事国期间，在推动联合国与非盟加强合作这一议题上发挥了领导作用，这充分彰显了南非利用多边外交进程推动实现“非洲议程”的鲜明特色。然而，以联合国安理会为平台，推动实现“非洲议程”也面临着困境，突出体现在南非的立场与非盟或其他非洲国家存在分歧时，其所倡导的“非洲议程”便难以获得广泛的认同和支持。例如，2011 年 3 月，担任联合国安理会非常任理事国的南非投票支持了联合国安理会 1973 号决议，根据这一决议，北约对利比亚进行了军事干预。但是该决议并未得到非盟的支持，特别是后来西方国家滥用该决议，通过武力实现利比亚的“政权变更”。虽然南非方面解释称，其投票支持 1973 号决议是因为要遵守其保护人权的承诺且当时非盟并没有在这一问题上形成明确意见和给出明确信号，但是这一解释并没有消除诸多非洲国家对南非的批评和指责。面对负面舆论环境，南非在北约越过安理会授权实施“政权变更”政策之后，转而支持非盟立场，主张通过和平

① Chris Alden, “South African Foreign Policy and the UN Security Council: Assessing its Impact on the African Peace and Security Architecture”, *Policy Insights*, No. 20, June 2015, SAIIA, https://media.africaportal.org/documents/saia_spi_20_alden_20150706.pdf.

谈判的方式化解危机。[①] 显然，在多边外交领域推动实现“非洲议程”，南非需要尽可能地塑造统一的非洲立场；否则，一个分裂的非洲便会使其“非洲议程”失去广泛的支持，从而丧失合法性。

二 “非洲议程”与金砖国家合作机制

“非洲议程”除了要维护非洲的安全和稳定外，还有一项重要任务就是要促进非洲的可持续发展，特别是通过加强基础设施开发和提高工业化水平，改变非洲对发达经济体的依附，提高非洲在全球经济体系中的地位。传统上，南非外交政策的一个重要方向是加强与发达经济体的关系，充分利用发达经济体的资本、技术、市场和援助来促进非洲的可持续发展。这一政策导向在姆贝基执政时期体现得尤为明显，姆贝基政府不仅提出了“非洲复兴”的宏大愿景，而且通过与非洲伙伴的协调与合作抛出了“非洲发展新伙伴计划”，该计划的一个重要目标就是通过加强与七国集团的合作来促进非洲的发展。虽然当时七国集团提出了向非洲提供援助的承诺，但是这一承诺在后期并没有得到很好的落实。特别是随着2008年金融危机的爆发，美欧国家自顾不暇，在促进非洲可持续发展问题上提供帮助的意愿和能力都有所下降。

21世纪以来，与美欧国家实力相对下降相反的一种趋势是，新兴经济体群体性崛起。新兴经济体群体性崛起不仅冲击了原有的国际体系结构，还促进了二战结束后形成的国际制度的改革，以使国际体系的规则、规范、机制等制度框架更好地反映国际实力对比所发生的变化。为了推动国际体系变革，很多新兴经济体加强了彼此间的战略协调与合作，甚至组建了机制化平台，如金砖国家合作机制、印度－巴西－南非三方对话论坛等。新兴经济体群体性崛起及其机制化发展为南非在多边外交领域推进“非洲议程”提供了难得的机遇和新的选择。特别是金砖国家合作机制的建立，使南非在推动“非洲议程”方面找到了新的抓手。

2009年金砖国家领导人在俄罗斯叶卡捷琳堡举行首次会晤时，这一合作机制并不包括南非，即当时的金砖是BRIC而不是BRICS。南非直到2011年的金砖国家三亚峰会上才正式成为该合作机制的一员。关于南非是

① Mark Paterson and Kudrat Virk, “Africa, South Africa, and the UN Security Architecture”, Centre for Conflict Resolution, June 2013, http://www.jstor.com/stable/resrep05138.10.

否应该加入该机制存在不同的声音。有媒体和学者认为，与其他金砖成员相比，南非的经济、人口、领土等规模太小，就实力而言很难将其划入金砖合作机制的范畴。但是也有学者认为，如果南非没有加入金砖国家合作机制，将意味着非洲在南南合作进程中的边缘化，同时也会令人质疑南方国家的凝聚力。[①] 然而，对南非的决策者而言，加入金砖国家合作机制是一项重要的战略选择。金砖国家不仅是迅速增长的经济体组建的集团，而且是一个寻求变迁的潜在政治和道德力量，这一力量可以帮助创造一个更好的世界，其价值和愿景是南非所追求的。[②]

对南非而言，加入金砖国家合作机制的首要考量显然是国家利益，即通过与金砖伙伴深化发展贸易、投资关系等，促进南非经济可持续发展，摆脱贫困、失业、不平等三大困境。除了国家层面的利益考量，在区域层面通过倡导“非洲议程”促进和维护非洲安全与发展，在国际体系层面推动建立以规则为基础的国际秩序，也是南非寻求发展与金砖国家关系的重要原因。虽然推动全球治理体系变革，建立公平、平等的国际秩序并不直接针对非洲，但是这一战略追求的结果和辐射的受益范围是广泛的，非洲不仅可以面对一个更加平等、包容的国际环境，而且可以提高在国际体系中的参与度和发言权。

在金砖合作进程中推动实现“非洲议程”是南非以非洲为中心外交战略在多边领域的具体实践。对此，南非决策者有高度共识和明确表述。南非前外长马沙巴内指出，每一个金砖国家都寻求与非洲建立真正的伙伴关系，这与南非产生了共鸣，因为非洲一直是南非外交政策的核心。[③] 南非也希望借助金砖国家经济迅速发展的态势，以金砖国家合作机制为平台，促进非洲经济的可持续发展。根据国际货币基金组织的研究，非洲之所以能从 2008 年金融危机中恢复过来，很大程度上是因为其与金砖国家之间的经济关系。据估计，2012 年，金砖国家与非洲的贸易额达到了 3400 亿美元，过去十年增长了十倍多。金砖国家目前拥有世界上最大规模的外汇储

---

① Vladimir Shubin, “Why South Africa Needs BRICS, Why BRICS Needs South Africa”, *Security Index*, Vol. 19, No. 3, 2013, pp. 33 – 44.

② Vladimir Shubin, “Why South Africa Needs BRICS, Why BRICS Needs South Africa”, *Security Index*, Vol. 19, No. 3, 2013, pp. 33 – 44.

③ The Department of International Relations and Cooperation, SA, “BRICS and Africa: Partnership for Development, Integration and Industrialization”, http://www.dirco.gov.za/department/bricks_ _ fifth_ book2014.pdf.

备，可以向非洲的战略性部门特别是基础设施开发等领域提供投资。[①]

成为金砖国家合作机制的一员，可以使南非充分利用这一平台推进其所倡导的“非洲议程”。事实上，南非的加入，也为金砖成员加强与非洲国家的联系提供了新的纽带，使得该机制的地缘范围拓展到了整个亚非拉地区，提高了南南合作的合法性。自南非加入以来，金砖国家明显加大了对非洲事务的关注和资源投入。2011 年 4 月，金砖国家领导人会晤在中国三亚举行，时任南非总统祖马应邀与会，南非在此次峰会上成为金砖的一员。此次峰会通过的《三亚宣言》明确指出，金砖国家支持非洲国家在“非洲发展新伙伴计划”框架下的基础设施建设和工业化进程，同时强调在安理会就利比亚问题加强合作，支持非盟关于利比亚问题的专门委员会提出的倡议。[②] 2012 年 3 月，金砖国家领导人第四次会晤通过的《德里宣言》进一步指出，“金砖国家高度重视支持非洲发展与稳定的经济增长，而许多国家尚未充分实现其经济潜力。我们将继续共同支持这些国家加快经济多元化和现代化。这将通过基础设施发展、知识交流、加大技术获取、加强能力建设、人力资源投资来实现，包括非洲发展新伙伴计划框架”。[③] 事实上，在此之前金砖领导人举行的两次会晤通过的联合声明并未提及非洲事务，正是南非的加入才使得“非洲议程”成为金砖国家领导人会晤探讨的话题。

2013 年 3 月，金砖国家领导人第五次会晤在南非德班举行。作为此次会议的主办方，南非在议题设置、机制建设等方面做了充分考量和精心准备，将峰会主题确定为“金砖国家与非洲：致力于发展、一体化和工业化的伙伴关系”，意在加强金砖国家与非洲之间的伙伴关系。除了峰会议题设置上融入“非洲议程”的主要内容外，南非还邀请主要非洲国家、非盟机构以及非洲次地区组织的领导人与会，在金砖峰会后以“释放非洲潜力：金砖国家和非洲在基础设施领域合作”为主题推动金砖国家领导人与非洲领导人举行对话会，共同探讨在基础设施领域加强合作的可能。自

① The Department of International Relations and Cooperation, SA, “BRICS and Africa: Partnership for Development, Integration and Industrialization”, http://www.dirco.gov.za/department/bricks_ _ fifth_ book2014.pdf.

② 《金砖国家领导人第三次会晤〈三亚宣言〉（全文）》，2011 年 4 月 14 日，https://www.fmprc.gov.cn/web/gjhdq_ 676201/gjhdqzz_ 681964/jzgj_ 682158/zywj_ 682170/t815159.shtml。

③ 《金砖国家领导人第四次会晤〈德里宣言〉（全文）》，2012 年 3 月 30 日，https://www.fmprc.gov.cn/web/gjhdq_ 676201/gjhdqzz_ 681964/jzgj_ 682158/zywj_ 682170/t918949.shtml。

2008年以来，基础设施建设已成为非盟促进地区一体化和经济可持续发展的优先选择。时任南非总统祖马表示，非洲需要4800亿美元投资于基础设施建设，南非迫切需要来自其他金砖伙伴国家的企业一道加速非洲的发展。[①] 在南非看来，非洲基础设施比较落后，特别是连接非洲大陆北南和东西的跨国基础设施建设亟须加强；然而非洲缺乏资金、技术等要素，金砖国家拥有丰富的外汇储备，在基础设施领域拥有技术、建设、管理等方面的经验，金砖国家与非洲在这方面可以建立真正的伙伴关系。南非邀请非洲领导人与会，除了加强非洲与金砖国家的直接对话外，更重要的是使金砖国家理解非洲的优先关切，从而使金砖的资源投入与非洲的最迫切需求实现紧密结合。此次峰会通过的《德班宣言》明确指出，金砖国家将在“非洲发展新伙伴计划”框架下，通过鼓励外国直接投资、知识交流、能力建设以及与非洲贸易的多样化，支持非洲国家工业化进程。金砖国家认识到非洲发展基础设施的重要性，认同非盟在确定和应对非洲大陆的基础设施挑战方面取得的进步。通过制订非洲基础设施发展规划、非盟“非洲发展新伙伴计划”非洲行动计划（2010～2015年）、“非洲发展新伙伴计划”总统基础设施倡议及地区基础设施发展总体规划，非盟确定了对推动区域一体化和工业化至关重要的基础设施重点开发项目。金砖国家将寻求在互惠基础上鼓励基础设施投资，以支持非洲的工业发展，就业、技能发展，食品和营养安全，消除贫困及可持续发展。为此，金砖国家重申对非洲基础设施可持续发展的支持。[②] 考虑到非洲大陆的快速经济增长及基础设施资金方面的巨大需求，金砖国家之间还达成《非洲基础设施联合融资多边协议》。

2013年的金砖国家德班峰会邀请非洲领导人与会，不仅为金砖国家与非洲国家、机构间领导人的直接面对面交流、互动提供了平台，而且为“金砖+”机制的创新性发展提供了丰富的经验，从而使以金砖国家机制化合作为核心的南南合作焕发出更大的生机与活力。金砖合作这一实践经验上的突破充分彰显了南非独特的影响力和领导力。除了在峰会宣言中明

---

① Vladimir Shubin, “Why South Africa Needs BRICS, Why BRICS Needs South Africa”, *Security Index*, Vol. 19, No. 3, 2013, pp. 33–44.

② 《金砖国家领导人第五次会晤〈德班宣言〉（全文）》，2013年3月28日，https://www.fmprc.gov.cn/web/gjhdq_676201/gjhdqzz_681964/jzgj_682158/zywj_682170/t1026097.shtml。

确对南非倡导的“非洲议程”表示支持外，金砖国家新开发银行将其首个区域中心的办公室设在南非约翰内斯堡，也是南非在多边外交领域推进“非洲议程”所取得的一项重要成就。金砖国家新开发银行的建立是国际金融领域多边合作的重大创新。与世界银行等传统的多边国际银行相比，金砖国家新开发银行呈现了很多新的特征，如信贷发放不附加政治条件、以绿色发展等领域信贷支持为重点等。金砖国家新开发银行非洲区域中心的建立可以使该机构将信贷资源更好地投入非洲基础设施建设和可持续发展进程中。目前，金砖国家新开发银行已与南部非洲发展银行签署了协定，聚焦于运营、财政管理合作以及知识和经验交流，与此同时还与南非标准银行签署合作协议，以更好地把握非洲市场风险，提高对非洲国家项目进行准确评估的能力。金砖国家新开发银行与南部非洲发展银行等非洲区域多边金融机构以及非洲国家的私营金融机构加强合作，有助于其加强对非洲的了解和认识，从而可以更好地利用自身资源促进非洲经济可持续发展。对于金砖国家新开发银行非洲区域中心的设立，非洲利益相关方给予高度认可和支持，他们认为这有利于非洲国家获取金砖国家新开发银行的资金，从而提高自身基础设施开发和减贫能力。① 南非政府发布的年鉴也认为，金砖国家新开发银行非洲区域中心通过提供基础设施和可持续发展项目的融资，将在解决南非和非洲基础设施障碍上发挥关键性作用。②

2018 年 7 月，时隔五年之后金砖国家领导人峰会再次在南非召开。南非延续金砖领导人德班峰会的传统，在此次约翰内斯堡峰会上邀请非盟委员会主席、担任非洲区域经济共同体轮值主席国的国家元首、非洲发展新伙伴计划国家与政府首脑执行委员会主席以及非洲地区经济共同体的秘书长等非洲领导人与会，与其他应邀的新兴市场国家和发展中国家共同参加第二次“金砖 +”对话会。此次峰会以“金砖国家在非洲：在第四次工业革命中共谋包容增长和共同繁荣”为主题，再次确认对非洲基础设施建设、工业化、可持续发展以及区域一体化等“非洲议程”的支持。峰会通

---

① Elizabeth Sidiropoulos, Cyril Prinsloo, Luanda Mpungose & Neuma Grobbelaar, “BRICS, Africa and Global Economic Governance: Achievements and the Future”, *Discussion Paper*, July 2018, https://saiia.org.za/wp-content/uploads/2018/07/GA_Th1-DP-sidiropolous-et-al_20180723.pdf.

② “South Africa Yearbook 2016/2017”, https://www.gcis.gov.za/sites/default/files/docs/resourcecentre/yearbook/InternationalRelations2017.pdf.

过的《约翰内斯堡宣言》明确指出：金砖国家认识到推动非洲基础设施建设、互联互通的重要性，认同非盟在确定和应对非洲大陆基础设施挑战方面的进步，特别是在“非洲发展新伙伴计划”、非洲基础设施发展规划上所做的努力；支持在互惠基础上鼓励基础设施投资，以支持非洲发展工业、创造就业、开发技能、食品和营养安全、消除贫困、促进可持续发展；支持非洲基础设施可持续发展，包括解决基础设施融资赤字；充分意识到实现非洲工业化、落实非盟《2063 年议程》的必要性，赞赏非洲国家和非盟签署非洲大陆自由贸易协定。非洲大陆自贸区是迈向非洲经济一体化、释放区域内贸易潜力、应对社会经济挑战的重要一步。为此，金砖国家重申支持非盟《2063 年议程》及促进非洲一体化和经济发展的努力。①2018 年 9 月，金砖国家外长在联合国大会期间会晤所发布的新闻公报再次重申支持落实非盟《2063 年议程》，赞赏非洲国家和非盟签署非洲大陆自由贸易协定。非洲国家对大陆自由贸易协定的巨大支持，非盟通过非洲人员自由流动协议以及非洲单一航空运输市场启动，都代表着非洲经济一体化迈出重要步伐。这有利于减少非洲对外部的依赖，提高非洲政治和经济影响力。②

回顾南非金砖外交的历史进程不难发现，以金砖国家合作机制为平台推进“非洲议程”，已成为南非多边外交的一大特色。南非国际事务研究所发布的报告《金砖、非洲与全球经济治理：成就与未来》指出，没有一个国家像南非这样在各种全球性论坛上如此强调和推进广泛的非洲利益，金砖合作舞台也不例外。③ 南非通过金砖国家合作机制推进“非洲议程”至少在以下几个方面增进了非洲利益：一是自南非加入金砖国家以来，历次金砖峰会所通过的宣言都明确表达了对非洲基础设施建设、工业化、区域一体化等的支持，金砖国家的支持特别是相应的资源投入有助于促进非洲经济的可持续发展。二是南非利用主办金砖峰会的机会，邀请非洲国家

---

① 《金砖国家领导人第十次会晤〈约翰内斯堡宣言〉（全文）》，2018 年 7 月 26 日，http：//www. xinhuanet. com/world/2018 - 07/27/c_ 1123182948. htm。

② 《金砖国家外长联大会晤新闻公报》，2018 年 9 月 28 日，https：//www. fmprc. gov. cn/web/gjhdq_ 676201/gjhdqzz_ 681964/jzgj_ 682158/zywj_ 682170/t1600272. shtml。

③ Elizabeth Sidiropoulos，Cyril Prinsloo，Luanda Mpungose & Neuma Grobbelaar，“BRICS，Africa and Global Economic Governance：Achievements and the Future”，*Discussion Paper*，July 2018，https：//saiia. org. za/wp - content/uploads/2018/07/GA_ Th1 - DP - sidiropolous - et - al_ 20180723. pdf.

及非盟机构领导人与会，为金砖国家与非洲之间的直接对话搭建平台，从而使非洲的利益诉求和关切得到充分表达。这一直接对话的机制有助于促进金砖国家与非洲之间的相互理解，更有效地促进彼此之间的合作。三是金砖国家除了峰会机制之外，在联合国、二十国集团等多边舞台也有密切互动，南非作为金砖国家的一员有助于使金砖国家在多边舞台就非洲事务共同发声，从而使非洲问题的解决符合非洲的预期和偏好。

南非在多边外交舞台积极推进“非洲议程”是其以非洲为中心外交政策的重要体现，同时也是其在国际舞台追求大国地位外交战略的重要举措。例如，南非加入金砖国家集团曾遭到很多质疑，怀疑论者认为南非的规模和实力无法与其他金砖成员相提并论。然而，南非声称是非洲利益的代言人，并在金砖合作进程中推进“非洲议程”，维护非洲利益，这一行动大大提高了南非加入金砖国家的合法性，进一步维护了其在非洲大陆的领导地位。有学者认为，南非利用主办金砖峰会的机会，充当“非洲门户”的角色，维护自身的政治影响力，以谋求在争夺非洲大陆领导角色的过程中走在前列。这也是南非在金砖峰会期间组织非洲领导人与金砖国家领导人开展对话的原因。① 无论是从行动逻辑还是实践结果上看，南非在多边外交进程中推进“非洲议程”和维护非洲利益的努力，都极大地巩固了其在非洲大陆的领导地位，提高了其在全球层面的影响力。南非作为二十国集团、金砖国家等多边机制的唯一非洲国家，从某种程度上展示了自身的全球性影响。

① Vladimir Shubin, “Why South Africa Needs BRICS, Why BRICS Needs South Africa”, *Security Index*, Vol. 19, No. 3, 2013, pp. 33 - 44.

结　论

作为非洲的地区大国，南非充分利用民主转型所获得的软实力和在南部非洲甚至整个非洲大陆的优势地位，积极追求在非洲以及相关的全球治理领域，特别是涉及非洲区域治理问题上发挥领导作用。冷战结束后，国际和地区权力结构的变化为南非追求大国地位的外交战略创造了史无前例的有利条件。从国际层面看，冷战对抗最终以苏联解体、东欧剧变宣告结束，美国成为国际体系中的唯一超级大国，美国领导的西方世界成为整个世界体系的霸权。从地区层面看，美苏对抗的结束使非洲的地缘政治地位有所下降，苏联解体不仅使美苏结束了在非洲的“代理人”战争，而且使非洲大陆出现了一定程度的“权力真空”。冷战结束之初，没有任何非洲国家的实力可以与南非匹敌，而苏联解体、美国“离场”使大国在非洲的对抗和博弈有所下降，这为南非在非洲地区发挥领导作用创造了千载难逢的机会。20 世纪 80 年代末 90 年代初，国际体系结构发生深刻转型之时，南非国内的政治结构也发生了根本上的转变，非国大取代白人政党国民党成为南非执政党，统治南非长达半个多世纪的种族隔离制度走向衰亡。种族隔离时代，为了推翻国内的种族隔离统治，非国大与国际社会建立了密切联系，甚至很多国际组织将其视为南非的“代表”。这种国际性的纽带和联系在种族隔离制度结束后依然得到了维系，并成为提高南非在国际社会影响力的重要基础。南非本身与美欧西方国家存在密切的经济联系，南非的民主转型得到了西方国家的大力支持；与此同时，非国大执政后的南非在身份认同上已转变为非洲国家和发展中国家。在南非看来，与北方工业化国家间的传统联系以及与非洲国家地缘政治和经济上的联系，可以使其在南北之间扮演桥梁建设者的角色。这种角色的发挥本身体现了南非对大国地位的战略追求。回顾种族隔离制度结束后南非外交的历程，可以发现其对大国地位的战略追求主要在以下几个层面展开。

其一，在地区层面，南非以多边合作和提供公共产品的方式追求在非洲大陆的领导地位。国内政治制度变迁导致南非的外交理念发生了根本转变，非国大政府不再将南非视为西方世界文明体系的一部分，而是非洲国家体系的一部分。自我身份认知的转变重新界定了国家利益，即南非的安全与繁荣离不开非洲大陆的和平、稳定与发展，南非的命运与非洲大陆的命运密切交织在一起，这与种族隔离时期南非白人政权将非洲邻国视为自身生存的威胁形成鲜明反差。

虽然后种族隔离时代南非仍然追求在非洲大陆发挥领导作用，但追求这种地位和影响力的外交方式发生了根本变化。一方面，南非联合非洲大陆其他地区性大国（如尼日利亚、阿尔及利亚等）强化非洲大陆和次地区的制度建设，并将自身的价值取向和政策偏好融入地区组织的行为规范之中，利用地区组织处理非洲大陆面临的问题和挑战。这种多边主义方式有助于弱化周边邻国对南非这个“地区霸权”的疑虑和担忧，从而大大降低南非对外行动的成本；与此同时，也有助于以可持续的方式解决非洲面临的问题和挑战，从而塑造和平、稳定、繁荣的区域环境。另一方面，作为非洲的区域大国，南非强调提供公共产品的重要性。南非不仅通过斡旋、派出维和部队、加强非洲和平与安全架构建设等方式深度参与非洲冲突的解决，而且专门成立非洲复兴与国际合作基金，向非洲和发展中国家提供援助，从而使自身成为非洲大陆的唯一援助国。为实现“非洲复兴”，南非联合其他非洲国家设计了“非洲发展新伙伴计划”和“非洲互查机制”，并在这两项制度落实和执行过程中发挥了关键性的领导作用。

经过后种族隔离时代二十多年的发展，南非逐步强化了在非洲大陆的存在和影响力，深化了与非洲国家之间的政治经济联系。南非在非洲国家的使领馆由 1994 年的 7 个增长到了 2015 年的 47 个。南非与非洲的贸易额由 1994 年的 114 亿兰特增长到了 2015 年的 3850 亿兰特，在二十年的时间里增长了 39 倍。截至 2015 年，南非与非洲大陆的贸易额占南非对外贸易总量的 20% 。为促进非洲国家间的经济联系，南非积极推动南部非洲发展共同体、东南非共同市场和东非共同体组建三方自由贸易区，涉及 26 个国家、6.25 亿人口和 1.6 万亿美元的 GDP 规模。① 随着三方自由贸易区的建设和非洲大陆自由贸易协定的逐步推进，南非与非洲国家之间的经济联系日益增强，截至 2018 年南非与非洲国家的贸易额已达 4290 亿兰特，这使得非洲成为南非商品和服务出口的主要目的地市场，特别是高附加值产

① “South Africa Yearbook 2018/2019”, https://www.gcis.gov.za/sites/default/files/docs/resourcecentre/yearbook/InternationalRelations-SAYB1516.pdf.

品，为南非带来1980亿兰特的贸易盈余。需要指出的是，南部非洲发展共同体国家与南非间的贸易额占南非与非洲大陆贸易总量的大约80%，[①]这体现了南部非洲发展共同体对南非经济发展的重要性。

其二，在全球层面，南非妥善应对美国主导的西方霸权，并借助不断崛起的新兴大国的集体力量来提高自身在地区和全球层面的影响力。面对冷战后美欧占主导的国际政治现实，南非以比较务实的态度强化了与西方之间的政治经济联系。这一策略不仅使南非迅速融入了美欧西方国家主导的国际社会，而且获得了西方的援助、投资和市场。由于成功的民主转型，南非得到了西方国家的广泛赞誉和支持。南非也希望借助与西方的传统联系以及民主、人权等价值观的一致性，获取西方对南非追求在南北之间发挥桥梁建设者作用的支持。其中的典型案例就是，南非最初设计的"非洲发展新伙伴计划"和"非洲互查机制"，其所借助的主要外部力量就是以八国集团为代表的西方国家。然而，虽然美国主导的西方霸权在诸多方面给南非带来了实实在在的收益，南非追求大国地位的战略导向却与美国维持霸权地位的基本战略存在矛盾。特别是南非三方执政联盟内部左翼势力的政策影响，使南非的很多对外政策取向与美西方的价值偏好存在冲突。而美国的单边主义和霸权主义倾向也与南非执政党非国大的基本价值观存在矛盾。

国际政治经济的不平衡发展导致国际力量对比发生深刻变化，新兴大国的崛起成为21世纪以来国际政治最为显著的特征之一，这一巨大的国际格局变动为南非追求大国地位提供了新的机遇。南非决策精英紧紧抓住国际权力结构变动的大势，充分利用发展中国家的身份定位和进步国际主义的意识形态，强化与中国、印度等为代表的新兴大国之间的政治经济联系。南非旨在利用新兴大国的崛起态势，推动其所倡导的"非洲议程"和国际体系转型。为此，南非联合印度、巴西组建三方对话论坛，并加入金砖国家合作机制。新兴大国越来越注重运用集体力量追求共同的战略目标，其集团化、机制化的趋势为南非外交提供了新的平台。在南非看来，新兴大国的崛起是提高南南合作水平的重要机遇。后种族隔离时代，南非秉持发展中国家的身份定位，推进南南合作并寻求在其中发挥引领作用，是南非对外政策的重要组

① "South Africa Yearbook 2018/2019", https://www.gcis.gov.za/sites/default/files/docs/resourcecentre/yearbook/yb1919-14-International-Relations.pdf.

成部分。新兴大国的崛起为南非在这一领域发挥影响创造了有利条件。

其三，在国际制度层面，南非积极践行多边外交，参与国际制度改革和建设，着力构建基于规则的国际秩序。南非反对强权政治，强调国际法、国际制度对解决全球性问题的重要意义。南非参与国际制度建设呈现了两个鲜明特征。一方面，南非以发展中国家身份，积极推动全球治理体系变革。在南非决策精英看来，当前的国际制度并没有充分反映变化了的国际格局，发展中国家的利益诉求没有得到充分的回应。为此，南非加大了与新兴大国战略协调的力度，旨在推动全球治理体系变革，以构建一个更加民主、公平、平等的国际秩序。另一方面，南非秉持非洲区域大国身份，在国际制度舞台上推进“非洲议程”。这一行动的内在逻辑是，借助多边机制实现“非洲议程”，这不仅可以巩固南非在非洲大陆的领导力和影响力，提高南非作为非洲大陆代表的合法性，同时南非也可借此发挥在国际层面的影响力。在多边领域推进“非洲议程”是南非以非洲为中心外交政策的重要体现。无论是参与联合国系统，还是作为二十国集团、金砖国家合作机制、气候变化基础四国集团的成员，南非都将推进“非洲议程”作为其外交政策的重要目标。事实上，正是在南非的积极推动和协调下，联合国安理会与非盟之间建立了更加紧密的安全伙伴关系，“非洲议程”也得到了金砖国家合作机制的明确支持。总体上看，后种族隔离时代，南非以积极活跃的姿态参与多边国际制度建设和改革，并在很多问题领域发挥了建设性领导作用，南非诸多外交官也在国际机构中担任要职。南非已三次担任联合国安理会非常任理事国，在联合国人权理事会等机构中扮演着重要角色，是二十国集团、金砖国家合作机制等多边组织中的唯一非洲国家，这些都充分彰显了南非的影响力和领导力。

虽然南非在南部非洲地区甚至整个非洲大陆具有明显的优势地位，但在全球层面的实力地位仍然有限。南非的人口占非洲大陆人口总数的7%，其商品和服务产出却超过了非洲总产出的1/3。尽管如此，南非的经济规模还不到美国经济总量的2%。这说明与美国、中国等经济体相比，南非的经济规模无法相提并论。囿于实力地位的限制，南非在对外交往中更加强调多边主义的价值，在全球和区域治理中善于提出问题解决方案，在双多边互动中以非洲大陆的代表自居推进“非洲议程”，这一系列相互关联的行动逻辑和举措不仅使诸多大国集团接纳南非成为其成员，而且在解决相关国际问题特别是涉非事务时会考虑加强与南非的协调与合作，这使南非发挥了超过其实力的影响力。总体上看，后种族隔离时代，南非追求大国地位的对外战略为其塑造了良好的外部环境，使其在区域和全球治理过程中发挥了重要作用，其作为非洲区域大国和新兴大国的国际地位得到了巩固和认可。然而，南非自身也存在一系列政治、经济、社会问题，对其追求大国地位的对外战略构成了制约。

一是在政治层面，不同政治力量之间的博弈呈上升态势，南非执政党非国大的主导地位遭到削弱。种族隔离制度结束后，南非形成非国大占主导的政党政治格局，这一格局不仅决定了南非的发展方向，而且是南非追求大国地位对外战略的政治保证。然而，近年来，非国大的主导地位不断遭到削弱，其控局能力不断下降。非国大的支持率已由 2004 年的 69.69% 下降到了 2019 年的 57.5%，特别是在 2016 年的地方选举中，在南非具有重要影响的九大都市区，非国大丧失了约翰内斯堡、伊库古莱尼、茨瓦内和纳尔逊·曼德拉湾四大都市区的直接控制权。面对这一现状，时任非国大总书记曼塔谢指出，非国大正在失去支持者的信任。[①] 非国大主导地位遭到削弱，既有内部原因，也有外部挑战。从内部来看，非国大官员腐败严重，围绕党内权力的派系斗争激烈，严重影响了党内团结和在群众中的良好形象。例如，2008 年因时任南非总统姆贝基被非国大召回，非国大党内部分亲姆贝基的势力另立新党——人民大会党，这一新建立的政党在 2009 年的全国大选中分流了一部分支持非国大的选民。2018 年时任南非总统祖马因腐败丑闻缠身和党内权力斗争也被非国大召回，其继任者拉马福萨虽然稳定了大局，在一定程度上重拾了选民信心，但是非国大党内的派系之争并未消除。非国大领导力的下降也影响了与其政治盟友南非共产党、南非工会大会之间的关系。南非共产党全国代表大会明确提出要研究独立参与竞选的问题，而南非工会大会则陷入分裂，这对三方执政联盟的团结与协调构成了挑战。从外部来看，南非最大反对党民主联盟的影响力持续上升，特别是在地方层面上升势头迅猛，削弱了非国大的执政根基。2012 年 10 月，被开除出党的非国大青年联盟主席尤利乌斯·马勒马纠集非国大党内一批极“左”分子另立新党——经济自由斗士党，要求无偿征

① Stella Mapenzauswa, "Mantashe Admits ANC Is Losing Supporters' Confidence", 11 Apr., 2016, http://mg.co.za/article/2016-04-11-mantashe-admits-anc-is-losing-supporters-confidence.

收白人控制的土地、矿山等资产归国家所有，强调“黑人民族主义”,[①] 不仅对非国大非种族包容性理念形成挑战，而且增加了南非政党政治发展的复杂性和不确定性。长期来看，非国大执政地位遭到削弱，将对南非追求大国地位对外战略的连续性产生不利影响。

二是在经济层面，因受2008年国际金融危机、欧债危机等外部经济环境的消极影响，以及国内面临的经济结构不合理、工人罢工持续不断等难题，南非经济增速自2011年以来呈总体下降趋势，特别是祖马第二任期（2014～2018年）南非经济增长从未超过2%。根据南非统计局数据，2018年全年南非经济增速仅为0.8%，2019年经济增速滑至0.2%。南非的对外贸易在2012年出现逆转。当年进出口贸易额仅为1888.22亿美元，下降4%，贸易逆差扩大至142.9亿美元，增长332.3%。同年，经常账户赤字占国内生产总值的比重达6.3%，远高于2011年的3.4%。2017年，南非进口额持续大于出口额，贸易逆差在20亿美元左右，南非经常账户仍为赤字，但规模逐步缩减。外汇储备因此有所减少，2017年外汇储备为481亿美元，与2016年相当，较2012年下降了20多亿美元。2020年初，受新冠肺炎疫情冲击和全球经济形势恶化影响，本已陷入困境的南非经济步入衰退轨道。根据南非央行预估，2020年南非GDP将收缩6.1%，2021年GDP将恢复增长，增长率为2.2%，2022年增长率将为2.7%。负增长和低增长将严重限制南非经济实力的提升。总体上看，南非虽然是新兴经济体，也是金砖国家成员，但是与其他新兴经济体相比，南非近年来的经济表现不佳。而从非洲区域层面看，南非已不再是非洲最大经济体，而是排在尼日利亚和埃及之后，位居第三。如果从经济增速的角度衡量，南非与其他非洲经济体相比就更加黯淡失色了。1994年民主转型之后，南非虽然在政治上废除了种族隔离制度，但深受种族隔离影响的经济结构没有发生根本的改变，这导致南非的贫困、失业、不平等问题长期得不到解决，从而阻碍了南非经济社会的可持续发展。经济基础决定上层建筑。无论是追求大国地位，还是追求在区域和全球层面发挥影响力，最根本的还是要具备经济实力。南非将自身定位为非洲的门户和代表，但是与其他非洲经济体相比，持续下降的经济实力和经济增速，致使南非的代表性遭到越来越多的质疑。总之，疲弱的经济态势难以对南非追求大国地位的对外战略形成可持续的有

① 张凯：《金融危机以来南非政党政治的发展》，《当代世界》2014年第4期，第76页。

力支撑。

三是在社会层面，受经济增速下降及政府公共服务供给不足等因素影响，南非的社会矛盾呈加剧态势。其中，比较突出的是各产业领域层出不穷的罢工事件，特别是 2012 年 8 月 16 日爆发的马里卡纳铂金矿罢工，当地警察与罢工工人发生冲突，34 名罢工工人死亡。罢工导致南非出口收入损失 125 亿兰特，其中黄金和铂金矿的直接损失则高达 101 亿兰特。2008 年金融危机爆发以来，受经济增长乏力、就业形势日趋恶化等方面因素影响，南非针对难民、移民的暴力排外事件时有发生，严重影响了南非与相关非洲国家特别是尼日利亚的双边关系。有学者统计，1994 年以来，针对移民的暴力排外事件多达数百起，对南非造成多重负面影响。其中，2008 年和 2015 年爆发的大规模暴力排外事件情形更为严重，引发国际社会的广泛关切和批评。[①] 由于失业率居高不下、政府公共服务供给不足等原因，南非社会抗议活动的数量与烈度也在不断上升。根据安全研究所对南非公共暴力的跟踪研究发现，2013 ~2015 年南非共发生 2880 件与抗议或公共暴力相关的集会事件，其中 53% 是暴力性的。因此，南非的抗议活动不仅在升级，而且越来越富有对抗性。[②] 持续不断的罢工事件、不断升级的暴力抗议，表明南非面临严峻的社会治理问题。这不仅会因影响外资，拖累经济发展，而且会导致国家形象受损，削弱多年来和平的民主转型积累的软实力。国家形象受损会严重制约南非在区域和全球治理领域影响力的发挥。

总之，近年来，政治分歧日趋扩大、派系争斗不断加剧，经济增速严重下滑、经济结构转型艰难，社会矛盾日益凸显、社会裂痕愈益加深，多重的国内治理困境导致南非软、硬实力呈相对下降态势。一国的实力地位将决定其在国际和地区舞台上发挥影响的空间。国家的实力越强，其影响力辐射的范围就会越广，反之亦然。近年来，无论是与金砖国家为代表的新兴大国相比，还是与非洲的区域大国（如尼日利亚）相比，南非的实力地位都有所下降，这将在很大程度上降低南非的影响力，会对南非追求大

---

① 梁益坚、刘国强，《褪色的彩虹：南非排外行为解析》，《西亚非洲》2019 年第 5 期，第 68 ~69 页。

② Azizza Mosupi, “Suthentira Govebder and Nivashni Nair, ‘Protest – rich’: SA becomes More Violent and Confrontational”, 13 June, 2016, http: //www. bdlive. co. za/national/2016/06/13/protest – rich – sa – becomes – more – violent – and – confrontational.

国地位的外交战略形成严重制约。因此，对南非而言，若要继续追求大国地位和发挥更大的国际影响力，必须将更多精力和资源放在推动经济结构调整和促进经济可持续发展方面，同时需要弥合政治分歧和社会裂痕，夯实追求大国地位对外战略的国内经济政治基础。从根本上讲，南非国际影响力的发挥和提高，关键是要有稳步的经济增长和坚实的国内政治基础。

参考文献

一　学术专著

艾周昌、舒运国等：《南非现代化研究》，华东师范大学出版社，2000。

方伟：《新南非的对外关系研究》，浙江人民出版社，2014。

葛佶：《南非：富饶而多难的土地》，世界知识出版社，1994。

顾学明主编《大国对非洲经贸战略研究》，中国商务出版社，2011。

李安山主编《中国非洲研究评论2011》，北京大学出版社，2012。

刘鸿武、罗建波：《中非发展合作：理论、战略与政策研究》，中国社会科学出版社，2011。

刘青建：《发展中国家与国际制度》，中国人民大学出版社，2010。

陆庭恩：《非洲问题论集》，世界知识出版社，2005。

沐涛：《南非对外关系研究》，华东师范大学出版社，2003。

潘兴明：《南非：非洲大陆的领头羊——南非实力地位及综合影响力评析》，上海人民出版社，2012。

秦晖：《南非的启示》，江苏文艺出版社，2013。

秦亚青：《权力制度文化：国际关系理论与方法研究文集》，北京大学出版社，2005。

时殷弘：《战略问题三十篇——中国对外战略思考》，中国人民大学出版社，2008。

孙红旗：《土地问题与南非政治经济》，中央编译出版社，2011。

温宪：《我是非洲人——姆贝基传》，世界知识出版社，2000。

夏吉生等：《当代各国政治体制：南非》，兰州大学出版社，1998。

夏吉生主编《南非种族关系探析》，华东师范大学出版，1996。

徐国庆：《印度与南非伙伴关系研究》，社会科学文献出版社，2019。

徐济明、谈世中主编《当代非洲政治变革》，经济科学出版社，1998。

杨光、王林聪编著《中东非洲发展报告（2010 ~2011）》，社会科学文献出版社，2011。

杨立华等：《南非政治经济的发展：正在发生划时代变革的国度》，社会科学文献出版社，1994。

杨立华主编《列国志·南非》，社会科学文献出版社，2010。

张象主编《彩虹之邦新南非》，当代世界出版社，1998。

郑家馨：《南非史》，北京大学出版社，2010。

二 中文译著

〔法〕路易·约斯：《南非史》，史陵山译，商务印书馆，1973。

〔加拿大〕诺林·里普斯曼、〔美〕杰弗里·托利弗、〔美〕斯蒂芬·洛贝尔：《新古典现实主义国际政治理论》，刘丰、张晨译，上海人民出版社，2017。

〔美〕肯尼思·华尔兹：《国际政治理论》，信强译，上海人民出版社，2008。

〔美〕罗伯特·基欧汉：《霸权之后：世界政治经济中的合作与纷争》，苏长和等译，上海人民出版社，2006。

〔美〕亚历山大·温特：《国际政治的社会理论》，秦亚青译，上海人民出版社，2008。

〔美〕朱迪斯·戈尔斯坦、〔美〕罗伯特·基欧汉：《观念与外交政策：信念、制度与政治变迁》，刘东国、于军译，北京大学出版社，2005。

〔南非〕S. 泰列伯兰奇：《迷失在转型中：1986 年以来南非的求索之路》，董志雄译，民主与建设出版社，2015。

〔南非〕海因·马雷：《南非：变革的局限性——过渡中的政治经济学》，葛佶、屠尔康译，社会科学文献出版社，2003。

〔英〕马丁·怀特：《权力政治》，宋爱群译，世界知识出版社，2004。

〔英〕玛丽·本森：《黑人领袖曼德拉传》，吴利民译，时代文艺出版社，2003。

三 期刊论文

邓红英：《略论印度与南非战略伙伴关系的发展》，《南亚研究季刊》2009 年第 2 期。

邓祖涛、杨兴礼：《南非对外贸易简论》，《西亚非洲》2001 年第 6 期。

董青岭:《质疑新古典现实主义》,《外交评论》2009年第6期。

韩燕:《聚焦中国与南非经贸关系》,《国际经济合作》2009年第10期。

贺文萍:《新南非与非洲关系初探》,《西亚非洲》1996年第5期。

贾淑荣:《日本与南非经贸关系的发展及特点》,《西亚非洲》2006年第2期。

贾淑荣:《试析日本对南非的经济战略》,《内蒙古民族大学学报》(社会科学版)2008年第11期。

李杰:《从责任论透视国际体系转型》,《国际问题研究》2008年第1期。

李灵玢:《结构现实主义与新古典现实主义的尝试》,《江汉论坛》2007年第5期。

李鹏涛:《静悄悄外交的困境:评姆贝基时期南非对津巴布韦政策》,《西亚非洲》2010年第1期。

李巍:《层次回落与比较政治学的回归》,《世界经济与政治》2008年第7期。

刘丰、左希迎:《新古典现实主义:一个独立的研究纲领?》,《外交评论》2009年第4期。

刘若楠:《新古典现实主义的进展与困境:评〈新古典现实主义、国家和外交政策〉》,《国际政治科学》2010年第2期。

秦亚青:《国际体系的延续与变革》,《外交评论》2010年第1期。

时宏远:《印度巴西南非对话论坛:缘起、成就与挑战》,《拉丁美洲研究》2009年第10期。

舒运国:《南非:非洲的新兴大国》,《上海师范大学学报》(哲学社会科学版)2011年第6期。

宋伟:《从国际政治理论到外交政策理论——比较防御性现实主义与新古典现实主义》,《外交评论》2009年第3期。

唐小松:《外交政策理论建构的新发展——“新古典现实主义流派”评介》,《国际论坛》2000年第4期。

陶坚:《观察当前国际危机与国际体系转型的几个视角》,《现代国际关系》2009年第4期。

吴丹红:《我国企业开拓南非市场的障碍与对策》,《国际贸易问题》

2004 年第 8 期。

吴丹红：《中国南非矿业合作前景分析》，《西亚非洲》2003 年第 2 期。

武敬云：《中国与南非的经贸关系及发展前景——基于贸易互补性和实证性的分析》，《国际经济合作》2011 年第 10 期。

徐国庆：《南非加入金砖国家合作机制探析》，《西亚非洲》2011 年第 8 期。

杨宝荣：《美国对南非政策的战略考虑：美国 CSIS 近期非洲研究报告简介》，《西亚非洲》2001 年第 5 期。

杨立华：《美国—南非关系：互有所求、各有所持》，《国际政治研究》2003 年第 3 期。

杨立华：《南非国别研究综述》，《西亚非洲》2011 年第 5 期。

杨立华：《南非及南部非洲经贸市场前景广阔》，《西亚非洲》1998 年第 8 期。

杨立华：《中国与南非：战略伙伴关系的发展》，《国际政治研究》2006 年第 4 期。

杨立华：《中国与南非建交的战略选择（上）》，《西亚非洲》2007 年第 9 期。

杨立华：《中国与南非建交的战略选择（下）》，《西亚非洲》2007 年第 10 期。

曾强：《南非将与中国建交的原因初探》，《西亚非洲》1997 年第 3 期。

曾强：《新南非外交工作的成就》，《国际资料信息》1999 年第 7 期。

张宝增：《我国同南非的经济关系及对策建议》，《西亚非洲》1996 年第 3 期。

张建新：《后西方国际体系与东方的兴起》，《世界经济与政治》2012 年第 5 期。张瑾：《姆贝基非洲复兴思想剖析》，《改革与开放》2009 年第 8 期。

张跃东：《中国与南非经贸关系中存在的问题及前景展望》，《辽宁行政学院学报》2001 年第 3 期。

张忠祥：《新兴大国南非外交战略评析》，《西亚非洲》2009 年第 6 期。

张宗良：《中国与南非贸易摩擦及对策分析》，《特区经济》2009 年第 1 期。

钟伟云：《姆贝基非洲复兴思想内涵》，《西亚非洲》2002 年第 4 期。

四 英文著作

Alcides Costa Vaz, eds., *International States, Regional Leadership and Security: India, Brazil and South Africa*, Brasilia: University of Brasilia Press, 2006.

Anatoly Gromyko and John Kane - Berman, eds., *The Moscow Papers: The USSR and South Africa Similarities, Problems and Opportunities*, Johannesburg: South African Institute of Race Relations, 1991.

Ann Bernstein, *Special Economic Zones: Lessons for South Africa from International Evidence and Local Experience*, Johannesburg: The Center for Development and Enterprise, 2012.

Anthory Butler, *Contemporary South Africa*, New York: Palgrave Macmillan, 2004.

Berhanykun Andemicael, *the OAU and the UN: Relations between the Organization of African Unity and the United Nations*, New York: Africa Publishing Company, 1976.

Bond and Parrick, eds., *Talk Left, Walk Right: South Africa's Frustrated Global Reforms*, Pietermaritzburg: UKZN Press, 2004.

Chris Alden and Garth Le Pere, *South Africa's Post - Apartheid Foreign Policy - From Reconciliation to Revival*, New York, Oxford University Press, 2003.

Christopher Coker, *the United States and South Africa*: 1968 - 1985 - *Constructive Engagement and Its Critics*, Durham: Duke University Press, 1986.

Christopher Landsberg, *The Quiet Diplomacy of Liberation: International Politics and South Africa's Transition*, Johannesburg: Jacana Media Ltd., 2004.

Cooper and Andrew, *Niche Diplomacy: Middle Powers after the Cold War*, Basingstoke: Macmillan, 1997.

Dani Venter and Ernst Neuland, *NEPAD and the African Renaissance*, Johannesburg: Richard Havenga & Associates, 2005.

Daryl Glaser, eds., *Mbeki and After: Reflections on the Legacy of Thabo Mbeki*, Johannesburg: Wits University Press, 2010.

Denis Kadima, *The Politics of Party Coalitions in Africa*, Johannesburg: EISA, 2006.

Donna Lee, Ian Taylor and Paul D. Williams, eds., *the New Multilateralism in South African Diplomacy*, New York, Palgrave Macmillan, 2006.

Edmond J. Keller and Louis A. Picard, *South Africa in Southern Africa: Domestic Change and international Conflict*, Colorado: Lynne Rienner Publishers, 1989.

Elizabeth Sidiropoulos, eds., *Apartheid Past, Renaissance Future: South Africa's Foreign Policy: 1994 – 2004*, Johannesburg: The South African Institute of International Affairs, 2004.

Elizabeth Sidiropoulos, eds., *South African Yearbook of International Affairs 2000/2001*, Johannesburg: The South African Institute of International Affairs, 2001.

F. R. Metrowich, *Towards Dialogue and Detente*, Sandton: Valiant Publishers, 1975.

Garth Le Pere and Garth Shelton, *China, Africa and South Africa: South – South Cooperation in a Global Era*, Midrand: Institute for Global Dialogue, 2007.

Gilbert M. Khadiagala and Terrence Lyons, eds., *African Foreign Policies: Power and Process*, London: Lynne Rienner Publishers, Inc., 2001.

Greg Mills and John Stremlau, eds., *the Reality behind the Rhetoric: The United States, South Africa and Africa*, Johannesburg: the South African Institute of International Affairs, 2000.

Guy Arnold, *South Africa: Crossing the Rubicon*, New York: St. Martin's Press, 1992.

Hari Sharan Chhabra, *South African Foreign Policy: Principles – Options – Dilemmas*, New Delhi: Africa Publications, 1997.

H. E. Newsum and Olayiwola Abegunrin, *United States Foreign Policy towards Southern Africa – Andrew Young and Beyond*, London: The Macmillan Press, 1987.

Ian Taylor *Stuck in Middle GEAR: South Africa's Post – apartheid Foreign Relations*, London: Praeger, 2001.

International Institute for Strategic Studies, *Strategic Survey 1989 – 1990*, London: Brassey's, 1990.

Iris Berger, *South Africa in World History*, New York: Oxford University

Press, 2009.

James Barber, *Mandela's World: The International Dimension of South Africa's Political Revolution 1990 - 1999*, Athens: Ohio University Press, 2004.

James Barber, *South Africa's Foreign Policy: 1945 - 1970*, London: Oxford University Press, 1973.

Jessica Piombo, *Institutions, Ethnicity, and Political Mobilization in South Africa*, New York: Palgrave Macmillan, 2009.

Jim Broderick, Gary Burford and Gordon Freer, eds., *South Africa's Foreign Policy: Dilemmas of a New Democracy*, New York: Palgrave, 2001.

Jim Broderick, *the United States and South Africa in the 1990 s*, Johannesburg: The South African Institute of International Affairs, 1998.

J. E. Spence, eds., *After Mandela: The 1999 South African Elections*, London: Royal Institute of International Affairs, 1999.

Kato Lambrechts, ed., *Transition to Democracy in Nigeria: How South Africa Assist?* Brammfontein: The Foundation for Global Dialogue, 1998.

Martin Plaut and Paul Holden, *Who Rules South Africa*, Johannesburg: Jonathan Ball Publishers, 2012.

Michael Clough, eds., *Changing Realities in Southern African: Implications for African Policy*, California: Institute of International Studies, 1982.

Michael H. Allen, *Globalization, Negotiation, and the Failure of Transformation in South Africa: Revolution at a Bargain?* New York: Palgrave Macmillan, 2006.

Morgan Norval, *Inside the ANC: The Evolution of a Terrorist Organization*, Washington D. C.: Selous Foundation Press, 1990.

Naison Ngoma, *Prospects for a Security Community in Southern Africa: An Analysis of Regional Security in the Southern African Development Community*, Pretoria: the Institute for Security Studies, 2005.

Narain Yadav and InduBaghel, eds., *Brazil, India, and South Africa: Trilateral Cooperation for Democracy and Development*, New Delhi: Jnanada Prakashan, 2010.

N. J. Padelford and R. Emerson, eds., *Africa and World Order*, New York and London: F. A. Praeger, 1963.

Paul Zille, *White Book on EU Trade and Investment in SA*, Johannesburg:

Genesis Analytics, 2012.

Philip Nel and Janis van der Westhuizen, eds., *Democratizing Foreign Policy, Lessons from South Africa*, Maryland: Lexington Books, 2004.

Robert L. Schuettinger, eds., *South Africa – the Vital Link*, Washington D. C.: Council on American Affairs, 1976.

Robert Ross, *A Concise History of South Africa*, Cambridge: Cambridge University Press, 1999.

Roger Pfister, *Apartheid South Africa and African States: From Pariah to Middle Power1961 ~ 1994*, London: Tauris Academic Studies, 2005.

Ronald T. Libby, *Toward an Africanized U. S. Policy for Southern Africa: A Strategy for Increasing Political Leverage*, California: Institute of International Studies, 1980.

Sachin Chaturvedi, Thomas Fues and Elizabeth Sidiropoulos, eds., *Development Cooperation and Emerging Powers: New Partners or Old Patterns*, London and New York: Zed Books, 2012.

Scott Thomas, *the Diplomacy of Liberation: The Foreign Relations of African National Congress since1960*, London: Tauris Academic Studies, 1996.

Sean Jacobs and Richard Calland, eds., *Thabo Mbeki's World: The Politics and Ideology of the South African President*, Scottsville: University of Natal Press, 2002.

Severine Rugumamu, *Post – Cold War Peace and Security Prospects in Southern Africa*, Harare: SAPES Books, 1993.

Sipho Shezi and Gavin Bradshaw, eds., *Constitution – Making in the New South Africa, London*, New York: Leicester University Press, 1993.

Steven E. Lobell, Norrin M. Ripsman and Jeffrey W. Taliaferro, eds., *Neoclassical Realism, the State, and Foreign Policy*, New York: Cambridge University Press, 2009.

Steven Gruzed, eds., *Crappling with Governance: Perspectives on the African Peer Review Mechanism*, Johannesburg: Fanele – an imprint of Jacana Media Ltd., 2010.

Tim Hugtes, ed., *Composers, Conductors and Players: Harmony and Discord in South African Foreign Policy Making*, Konrad – Adenauer – Stiftung, 2004.

Tom Wheeler, eds., *South African Yearbook of International Affairs 2008/*

2009 , Johannesburg: South African Institute of International Affairs, 2009.

U. Joy Ogwu and Warisu O. Alli, eds. , *AU and the Future of Africa*, Lagos: the Nigeria Institute of International Affairs, 2008.

Walter Carlsnaes and Philip Nel, eds. , *In Full Flight: South African Foreign Policy after Apartheid*, *Midrand*, Pretoria: Institute for Global Dialogue, 2006.

William Mervin Gumede, *Thabo Mbeki and the Battle for the Soul of the ANC*, Cape Town: Zabra Press, 2005.

Wolff – Christian Peters, *the Quest for an African Economic Community: Regional Integration and Its Role in Achieving African Unity – The Case of SADC*, Berlin: Peter Lang, 2010.

Y. G. – M. Lulat, *United States Relations with South Africa: a Critical Overview from the Colonial Period to the Present*, New York: Peter Lang, 2008.

五 英文论文

Alex De Waal, "What's new in the New Partnership for Africa's development", *International Affairs*, Vol. 78, No. 3, 2002.

Alex Vines, "South Africa's Politics of Peace and Security in Africa", *South African Journal of International Affairs*, Vol. 17, No. 1, April 2010.

Alexander Wendt, "Collective Identity Formation and the International State", *American Political Science Review*, Vol. 88, No. 2, June 1994.

Anne Hammerstad, "Domestic Threat, Regional Solutions? The Challenge of Security integration in Southern Africa", *Review of International Studies*, Vol. 31, 2005.

Chirs Alden and Garth Le Pere, "South Africa in Africa: Bound to Lead?" *Politikon*, Vol. 36, No. 1, April 2009.

Chris Alden, "From Liberation Movement to Political Party: ANC Foreign Policy in Transition", *South African Journal of Foreign Affairs*, Vol. 1, No. 1, 1993.

Chris Alden, "From Neglect to Virtual Engagement: the United States and Its New Paradigm for Africa", *African Affairs*, 99, 2000.

Chris Dunton, "PixleyKaisaka Seme and the African Renaissance", *African Affairs*, 102, 2003.

Chris Landsberg, "Afro – Continentalism: Pan – Africanism in Post – Settlement South Africa's Foreign Policy", *Journal of Asian and African Studies*, Vol. 47, No. 4, May 2012.

Chris Landsberg, "Continuity and Change in the Foreign Policies of the Mbeki and Zuma Governments", *Africa Insight*, Vol. 41, No. 4, March 2012.

Claude Kabemba, "Democratic Republic of Congo, *South African Journal of International Affairs*", Vol. 12, No. 1, Summer/Autumn 2005.

Collin Powell, "US, South Africa and Africa", *South African Journal of International Affairs*, Vol. 8, No. 2, Winter 2001.

Cornelia Navari, "The Concept of Practice in the English School", *European Journal of International Relations*, Vol. 17, No. 4, 2010.

David Black, "The New South Africa confronts Abacha's Nigeria: The Politics of Human Rights in a Seminal Relationship", *Commonwealth and Comparative Politics*, Vol. 41, No. 2, June 2003.

Elias K. Bongmba, "Reflections on Thabo Mbeki's African Renaissance", *Journal of Southern African Studies*, Vol. 30, No. 2, June 2004.

Elizabeth Sidiropoulos, "Options for the Lion in the age of the Dragon", *South African Journal of International Affairs*, Vol. 13, No. 1, Summer/Autumn 2006.

George Moose, "U. S. Policy towards A New Southern Africa", *South African Journal of Foreign Affairs*, Vol. 1, No. 1, 1993.

Graham Evans, "South Africa's Foreign Policy after Mandela: Mbeki and his concept of African Renaissance", *the Round Table*, 325, 1999.

Greg Mills, "South Africa, the United States and Africa", *the South African Journal of International Affairs*, Vol. 6, No. 1, 1998.

Herschelle S. Challenor, "The United States and NEPAD", *South African Journal of International Affairs*, Vol. 11, No. 1, Summer/Autumn 2004.

Hussein Solomon, "South Africa in Africa: a Case of High Expectations for Peace", *South African Journal of International Affairs*, Vol. 17, No. 2, August 2010.

James Barber, "The New South Africa's Foreign Policy: Principles and Practice", *International Affairs*, Vol. 81, No. 5, 2005.

Jeffrey W. Legro, "The Plasticity of Identity under Anarchy", *European*

Journal of International Relations, Vol. 15, No. 1, 2009.

Lyal White, "Understanding Brazil's New Drive for Africa", *South African Journal of International Affairs*, Vol. 17, No. 2, August 2010.

Naidu S, "India's growing African Strategy, *Review of African Political Economy*", Vol. 115, No. 35, March 2008.

Nelson Mandela, "South Africa's Future Foreign Policy", *Foreign Affairs*, Vol. 72, No. 5, November/December 1993.

Olusegun Oladipo, "Knowledge and the African Renaissance", *Philosophia Africana*, Vol. 4, No. 1, March 2001.

Orlando Bama, "Assessing Media in Developing Societies: is the APRM an appropriate framework for Africa", *South African Journal of International Affairs*, Vol. 17, No. 3, December 2010.

Patrick Chabal, "The Quest for Good Government and Development in Africa: is NEPAD the Answer, *International Affairs*, Vol. 78, No. 3, 2002.

Peter Vale and SiphoMaseko, "South Africa and African Renaissance", *International Affairs*, Vol. 74, No. 2, 1998.

Philip Alves, "India and South Africa: Shifting Priorities", *South African Journal of International Affairs*, Vol. 14, No. 2, Winter/Spring 2007.

Philip Nel, "Ian Taylor and Janis van der Westhuizen, Multilateralism in South Africa's Foreign Policy: The Search for a Critical Rationale", *Global Governance*, Vol. 6, No. 1, Jan. - Mar. 2000.

Princeton Lyman, "China's Involvement in Africa: A View from the US", *South African Journal of International Affairs*, Vol. 13, No. 1, Summer/Autumn 2006.

Richard Gibb, "Southern Africa in Transition: Prospects and Problems Facing Regional Integration", *The Journal of Modern African Studies*, Vol. 36, No. 2, 1998.

Rok Ajulu, "Thabo Mbeki's African Renaissance in a Globalizing World Economy: the Struggle for the Soul of the Continent", *Review of African Political Economy*, Vol. 28, No. 87, March 2001.

Saurombe Amos, "The Role of South Africa in SADC Regional Integration: the Making or Braking of the Organization", *Journal of International Com-*

mercial Law and Technology, Vol. 5, Issue. 3, 2010.

Scarlett Cornelissen, "Awkward Embraces: Emerging and Established Powers and the Shifting Fortunes of Africa's International Relations in the Twenty First Century", *Politikon*, Vol. 36, No. 1, April 2009.

Scott Firsing, "Asymmetry As Context: the Rollercoaster of South Africa – US relations Post 1994", *South African Journal of International Affairs*, Vol. 19, No. 1, April 2012.

Scott Firsing, "The Expansion of US – South Africa Defense Relations", *Defense Studies*, Vol. 12, No. 2, June 2012.

Thomas E. Mac Namara, "The US Approach to Regional Security: The African Example", *the South African Journal of International Affairs*, Vol. 3, No. 2, summer 1996

图书在版编目(CIP)数据

后种族隔离时代南非对外战略研究 / 张凯著. --北京: 社会科学文献出版社, 2020.12
国家社科基金后期资助项目
ISBN 978-7-5201-6730-7

Ⅰ.①后… Ⅱ.①张… Ⅲ.①对外关系-研究-南非共和国 Ⅳ.①D847.82

中国版本图书馆CIP数据核字(2020)第097057号

·国家社科基金后期资助项目·
后种族隔离时代南非对外战略研究

著　　者 / 张　凯

出 版 人 / 王利民
责任编辑 / 赵怀英

出　　版 / 社会科学文献出版社·联合出版中心 (010) 59366446
地址: 北京市北三环中路甲29号院华龙大厦　邮编: 100029
网址: www.ssap.com.cn
发　　行 / 市场营销中心 (010) 59367081　59367083
印　　装 / 三河市龙林印务有限公司

规　　格 / 开　本: 787mm×1092mm　1/16
印　张: 17　字　数: 276千字
版　　次 / 2020年12月第1版　2020年12月第1次印刷
书　　号 / ISBN 978-7-5201-6730-7
定　　价 / 129.00元

本书如有印装质量问题, 请与读者服务中心 (010-59367028) 联系